高校社科文库
University Social Science Series

教育部高等学校
社会科学发展研究中心

汇集高校哲学社会科学优秀原创学术成果
搭建高校哲学社会科学学术著作出版平台
探索高校哲学社会科学专著出版的新模式
扩大高校哲学社会科学科研成果的影响力

行政决策法治化研究

卢剑峰/著

On the Legalization of Administrative Decision-Making

光明日报出版社

图书在版编目（CIP）数据

行政决策法治化研究 / 卢剑峰著 . -- 北京：光明日报出版社，2011.10（2024.6 重印）
（高校社科文库）

ISBN 978－7－5112－1419－5

Ⅰ.①行… Ⅱ.①卢… Ⅲ.①行政管理—行政法—研
究—中国 Ⅳ.①D922.114

中国版本图书馆 CIP 数据核字（2011）第 166110 号

行政决策法治化研究

XINGZHENG JUECE FAZHIHUA YANJIU

著　　者：卢剑峰

责任编辑：刘书永　宋　悦　　　　　责任校对：谢兴华　刘　洋

封面设计：小宝工作室　　　　　　　责任印制：曹　净

出版发行：光明日报出版社

地　　址：北京市西城区永安路 106 号，100050

电　　话：010-63169890（咨询），010-63131930（邮购）

传　　真：010-63131930

网　　址：http://book.gmw.cn

E－mail：gmrbcbs@gmw.cn

法律顾问：北京市兰台律师事务所龚柳方律师

印　　刷：三河市华东印刷有限公司

装　　订：三河市华东印刷有限公司

本书如有破损、缺页、装订错误，请与本社联系调换，电话：010-63131930

开　　本：165mm×230mm

字　　数：285 千字　　　　　　　　印　　张：15.75

版　　次：2011 年 10 月第 1 版　　　印　　次：2024 年 6 月第 2 次印刷

书　　号：ISBN 978－7－5112－1419－5－01

定　　价：69.00 元

CONTENTS 目　录

导 论

第一节　研究缘由和意义

一、问题的缘起

本课题是一项探索性研究，其理论思考由实践需要催生。我们生活在一个"以行政为中心的时代"，行政决策的影响无处不在、无时不在，或者直接，或者间接，或者强烈，或者微妙。在社会急剧转型的过程中，由于不当决策而引发的社会问题也越来越多。规范行政决策成为执政党和中央政府高度重视的一个课题。2000 年 10 月 11 日通过的《中共中央关于制定国民经济和社会发展第十个五年计划的建议》，提出"加强民主政治建设，发展社会主义民主。加强人民代表大会的立法和监督工作，密切人大代表同人民的联系，推进决策科学化、民主化。实行民主选举、民主决策、民主管理和民主监督，保证人民依法享有广泛的权利和自由，尊重和保障人权。"2003 年 10 月 14 日通过的《中共中央关于完善社会主义市场经济体制若干问题的决定》，首次提出政府决策程序原则，提出要"完善政府重大经济社会问题的科学化、民主化、规范化决策程序，充分利用社会智力资源和现代信息技术，增强透明度和公众参与度。"2004 年 3 月，国务院公布《全面推进依法行政实施纲要》，提出用十年的时间打造"法治政府"，体现"合法行政、合理行政、程序正当、高效便民、诚实守信、权责统一"的要求，"建立健全科学民主行政决策机制"。中共十六大报告要求"改革和完善决策机制"，提出要完善深入了解民情、充分反映民意、广泛集中民智、切实珍惜民力的决策机制，推进决策科学化民主化；要完善重大决策的规则和程序，建立社情民意反映制度，建立与群众利益密切相关的重大事项社会公示制度和社会听证制度，完善专家咨询制度，实行决策的论证制和责任制，防止决策的随意性。十七大报告把"加快行政管理体制改革、建设服务型政府"作为政治体制改革的重要内容，指出要"建立健全决策权、执行权、监督权既相互制约又相互协调的权力结构和运行机制"。2008年5月发布的《国务院关于加强市县政府依法行政的决定》，就加强市县两级政府依法行政的相关问题予以明确规定，要求完善市县政府行政决策机制，具体为完善重大行政决策听取意见制度，推行重大行政决策听证制度，建立重大行政决策的合法性审查制度，坚持重大行政决策集体决定制度，建立重大行政决策实施情况后评价制度，建立行政决策责任追究制度。

以上一系列密集的要求，直指行政决策的集权化、任意化甚至交易化等严重问题。我国是一个典型的"行政国家"，行政决策权覆盖范围大，但行政决策法治状况比较落后，行政决策与社会和谐的要求相去甚远。传统行政决策结构以金字塔形式建构并长期运行，一方面遭受信息短缺之苦，一方面又承受信息泛滥之累。虽然现存制度框架中容许公开讨论政府决策，也开始关注公众知情权的落实，但四个方面的问题需要特别关注。第一，行政决策体制高度集权，行政决策呈现浓厚的精英主义色彩。第二，行政决策机制不健全。许多决策"一言堂"，却以集体决策的面目出现。第三，行政决策的责任不明确。"谁决策、谁负责"的行政决策责任体系尚未建立。第四，行政决策的公正性备受质疑，公共性不足。行政决策失误频繁，甚至决策背后腐败丛生，本书以行政决策法治化为题，探究其战略性问题及制度建构。

一些部门和地方积极探索，为国家层面行政决策法治化提供实践基础。2002年1月，有关部门第一次举行全国性的行政决策听证会，就"铁路部门旅客列车票价实行政府指导方案"进行听证，引起社会广泛关注。近年来，各地举行的各类听证会达数千次，公众参与政府决策的积极性空前提高。各地根据各自实际，积极开展制度创新。2005年1月，湖北省颁布《湖北省人民政府关于推进行政决策科学化民主化的若干意见》，就行政决策的基本规则、程序、民主协商、专家咨询、监督、责任追究等予以规范。2005年4月，《河北省人民政府关于建立健全科学民主决策制度的实施意见》颁布，立意"为规范省政府决策行为，推进科学民主决策，提高决策水平和效率"。同年，国土资源部制定了《国土资源听证规则》，这是我国第一部规范国土资源系统听证工作的规章。2008年4月，《湖南省行政程序规定》颁布实施，要求县级以上人民政府在作出重大决策前，必须严格遵循调查研究、专家论证、公众参与、合法性审查、集体研究的步骤。这是我国大陆首次就行政程序立法，在行政决策机制上有创新性规定，受到普遍关注，其意义在于积累经验，推动全国性立法进程。

二、选题意义

本研究旨在给出一个现时代的中国行政决策法治化规律的一般性思考。

理论层面上，首先是对参与式行政决策法律机制的继续研究。

我国学界关于政府决策民主与法治的研究起步晚，成果相对不足，对行政决策中民主与法治的关系、法治化道路、法治化目标、法治化动力等重要问题没有展开研究。本课题意欲在上述几方面深入探讨，将政府决策的三个维度即民主性、科学性与合法性有机结合，打通学科局限，从理论上探索中国政府决策法治化规律，提出行政决策法治化的战略选择。对行政决策的研究主要集中在公共管理领域，法学界对行政决策的研究以行政行为包含行政决策行为为主，在行政决策的程序规则、行政决策的机制、行政决策的救济及其责任等方面，没有形成有分量的成果。行政决策有诸多价值标准，法治应是其基本的立足点。没有法学的研究，行政决策理论将是不完整、不深入甚至是不正确的。从法学的视角来研究行政决策，可以突破传统行政学、政治学以及管理学的视域局限，把行政决策纳入法学的规范领域。行政决策的内涵、特征、分类、原则和救济应有特定的界定和规范，行政决策应作为行政过程纳入行政法学研究视野。

其次拓展了行政法学的研究视角与研究方法。行政决策作为一种重要的行政活动，对其深入研究，是行政法学体系完善和结构改良不可忽视的领域。传统上行政法学对行政立法、行政许可、行政处罚、行政指导、行政契约等更多从静态角度考察。从行政过程视角研究行政决策，将行政法治的一般原则与具体行政决策结合起来，不仅有具体制度的研究价值，也充实了"行政过程论"的总体成果。从行政过程的角度，动态地考察与分析行政决策的权力配置、运作与被监督的过程，考察行政主体与行政相对人通过协商而发生的权利义务的发展和变化，不再拘泥于若干具体的行政行为形式，这是对传统的行政行为范式的超越。在研究中，以行政决策过程为考察对象，围绕行政法的核心问题——行政权力与相对人权利的关系进行动态分析研究。这样更科学系统地反映行政决策本身的特点，提供了法律规范的动态视野。与此同时，需要对强调法律自治性和规范性以致对社会变迁不敏感的弊端引起警惕。法学的体系并不是封闭自足的，行政法学理论养分来自行政学、政治学、社会学等诸多方面。

行政法体系对于行政决策这个动态的行政过程如何接纳，行政机关如何选择组织架构、活动机制和规制程序，如何更好地把握内在机理以符合行动的法治之要求，必将为行政法学研究注入新的活力。

在实践层面，本研究有助于培育现代行政决策法治观，构建现代行政决策制度和机制，推进政治文明建设。

行政决策法治化课题的研究，不仅关系公民政治权利、社会权利、文化权利以及生存权利的保障与实现进程，关系到服务型政府建设和反腐倡廉制度建设，也关系到国家和社会资源的优化配置和科学合理使用。相当一段时间，我国行政决策的制度资源不足，但同时，行政决策的理性、民主和法治理念更为缺乏。这两个方面是紧密联系，制度资源和理念资源是互为影响的，后者对前者有着制约、阻碍、反制的作用。法治观和法制观的区别在于前者有民主、自由的价值考量，而后者则仅仅强调依法决策。行政决策法治化的内涵在于行政决策依据法治精神作出。行政决策不仅因合法律性而取得正当性，更要通过民众同意而获得有效性。行政决策并不单纯追求理性，现实中追求科学决策往往陷入精英主义的陷阱。理性之于行政决策，体现科学的品质，权力之于决策，体现价值的分配。追求理性，控制权力，必须建立合理、开放的行政决策程序，不仅在决策内容上反映公众利益，在形式上体现公正利益，对于有效平衡公民利益需求，社会公众认同和拥护行政决策非常重要。将行政决策纳入现代法治建设的轨道，以法治精神来规范与整合多样化的行政决策程序，可有效实现行政目的，更好地保障行政相对人的合法权益。

第二节　国内外研究现状

行政决策涉及政治、经济、文化、社会生活等各个领域的国家和公共事务，行政决策不仅是行政管理理论研究中的重要组成部分，而且是管理学、政治学、法学等学科的研究对象。本书选取与法治化相关的文献进行回顾与梳理，主要涉及决策理性、决策过程、决策参与者以及法治理论等方面，这种梳理或许显得松散，但我认为这是论题具有跨学科的特点所致，因而也是需要的。

一、国外的相关研究

(一) 关于决策理性的研究

以赫伯特 A. 西蒙（Hebert A. Simon）为代表提出的有限理性决策理论认为，"管理人"追求满意而不是最优，他们在作出抉择之前，不需要考察所有可能的行动方案，也不需要预先确定所有的备选方案。西蒙提出决策过程包括个四阶段：搜集情况阶段；拟定计划阶段；选定计划阶段；评价计划阶段。这四个阶段中的每一个阶段本身就是一个复杂的决策过程。① 总体而言，西蒙等提出的"有限理性"模型仍在"理性"范畴之内。

查尔斯·林德布洛姆（Charles E. Lindblom）提出渐进决策理论。他认为决策过程只是决策者基于过去的经验对现行政策稍加修改而已，这是一个渐进的过程，政策上大起大落的变化是不可取的。渐进决策作为一种决策思想和方法在公共政策制定上具有不可忽视的价值。渐进决策模型一般适合于比较安稳和变动不大的环境，可能会忽略根本性的社会变革。

(二) 关于决策过程的研究

1967 年埃齐奥尼（Amitai Etzioni）提出"混合模型理论"。埃齐奥尼所提模型是对理性模型和渐进模型的折中与妥协，批评者认为混合模型并不是新的决策理论，只是提高了对现实的说明能力。曼瑟尔·奥尔森（Mancur Olson）在其著作《集体行动的逻辑》（1971 年）中提出集体行动理论模型，揭示了参与集体行动的多种组织的行动原理与准则，在政策学的决策过程理论、政治学的利益集团理论等社会科学领域被评价为集体行动理论的里程碑。

格雷厄姆·阿里森（Graham T. Allison）在其著作《决策的本质》（1971年）中提出了"组织过程"模型和"官僚政治"模型——统称"官僚组织"模型。詹姆斯·马奇（James March）、科恩（Michael D. Cohen）、奥尔森（Johan. P. Olsen）合作发表论文《组织选择的垃圾桶模式》（1972 年），提出了"垃圾桶"决策模型，强调决策过程是缺乏理性的。它在理论上的意义在于断开了问题、解决方案和决策者之间的联系，强调特定的决策并不遵循从问题到解决方案的有序的过程，而是组织内部几个相对独立的事件"流"的产出。②

① ［美］赫伯特 A. 西蒙著，詹正茂译：《管理行为》，机械工业出版社，2004 年版。

② Michael D. Cohen, James G. March and Johan P. Olsen . A Garbage Can Model of Organizational Choice . Administrative Science Quarterly, Vol. 17, No. 1（Mar. , 1972）, pp. 1~25.

琼斯（Brian D. Jones）等人发表的论文《服务传达规则与地方政府服务的分配》（1978 年）认为，地方政府的政策分配与来自官僚制外部的政治影响相比，更受官僚制内部专业决策规则的影响。①这种主张与强调政治因素的公共选择理论或分配性假设正好相反。P. 巴克拉克（Peter Bachrach）和 M. 巴拉兹（Morton Baratz）在其《权力的两面性》（1982 年）一文中，认为科学分析决策过程中的权力作用，不仅要分析那些容易观察到的权力，还要证明虽然不容易观察到但却是存在的权力，需要一种能够克服传统精英主义方法和多元主义方法的局限性的新视角。②

德罗尔（Yehezkel Dror）出版《公共决策重新检视》（1983 年）提出了改善现实决策的综合规范模型——最佳决策模型，具有显著的开放性和包容性，在发展决策一般理论方面有很多贡献。约翰·W·金登（John W. Kingdon）提出的"政策之窗"理论（1984 年）就是为了系统理解在政策过程中政策议题如何设定的重要研究。"政策之窗"理论是基于现实决策的分析框架，对中国行政决策议题确立的研究具有借鉴意义。

（三）关于决策参与者的研究

托马斯·戴伊（T. R. Dye）和哈蒙·齐格勒（L. H. Zeigler）在合著《民主的嘲讽》（1970 年）提出"精英决策"模型。这一理论忽视了现代民主国家公民参与决策的要求和能力，以及对决策形成的影响。厄尔·莱瑟姆（Earl Latham）提出利益集团决策模型。集团模型假定现代政治实际上是各个利益集团为影响公共政策而展开的一系列活动。但是这一模型对多元体制之外的决策缺乏解释力。在理查德·诺伊施塔特（Richard Neustadt）的著作《总统的权力》（1990 年）中，有一个提法很特别，即"总统的软弱"，它表示的是具有强有力正式权限的总统个人，不能充分利用其可动员资源时产生的权力局限性。③

上述文献基本都是从实证角度进行的研究，由于政治体制和历史传统的不

---

① Brian D. Jones, Sadia Rreenberg, Clifford Kaufman & Joseph Drew. Service Delivery Rules and the Distribution of Local Government Services: Three Detroit Bureaucracies. Journal of Politics, 40, 1978, pp. 3332~368.

② Peter Bachrach & Morton Baratz. Two Faces of Power. The American Political Science Review, 1982 (4), pp. 947~952.

③ Richard Neustadt. *Presidential Power and the Modern Presidents: The Polices of Leadership from Roosevelt to Reagan.* New York: The Free Press, 1990.

同，决策者发挥作用的方式和决策过程也是不同的。在公共行政领域考虑决策时，实际上并不存在"最佳模型"和方法，但基于决策理性、决策程序以及决策主体的探索对改善决策质量是有所助益的。对我国行政决策的启示可能是立足我国政体和历史传统，面对政治决策和行政决策某种程度合二为一的现实，以及中国共产党在决策中居于主导地位的实际，批判地借鉴和吸取西方理论的价值。

（四）关于法治理论与行政法学研究范式的研究

行政决策与法治理论特别是法治的道德性紧密相关。新自然法学派的代表人物富勒强调法律的道德性和正义性，他在《法律的道德性》（1969 年）一书中认为法律制度必须符合一定的内在道德（inner morality of law）即程序自然法，以及外在的道德（external morality of law）即实体自然法。他特别强调法的内在道德，提出了内在道德的八项标准。① 哈耶克作为新自由主义的思想大师，认为法治是个人自由的必要条件而非障碍。通过阐述秩序与规则、私法与公法、法与自由、自由与正义、自由与民主等问题，哈耶克提出他的法治观，认为法治不只是规则，还是政治理想，所有法律必须依从于某些原则，即关于法应是什么的原则。哈耶克强调权力分立原则，限制行政裁量权，同时主张个人之间及个人与国家之间的每一个争执都可以适用普遍性的法律来解决。

当代哲学大师尤尔根·哈贝马斯提出民主法治国的商谈理论，确立在普遍商谈原则之上的新权利体系与法治国原则以及协商民主理论。他在《事实与规范之间》（1992 年）一书中提出如下论点，由于立法实践本身要求一种理性的结构，赋予统治以合法性的理性，因此面对人民的自主意志并不具有优先性，也不能凌驾于这种意志之上。② 从法律理论的角度来看，现代法律秩序只能从"自决"这个概念获得其合法性：公民应该时时都能够把自己理解为他作为承受者所要服从的法律的创制者。由此，一种商谈模式或商议模式代替了契约模式：法律共同体不是通过一种社会契约构成的，而是基于一种商谈地达成的同意而构成的。哈贝马斯力图证明法治国与民主之间存在着一种概念关系

---

① 富勒的八项原则是：（1）法应具备一般性；（2）法应公布；（3）法不应溯及既往；（4）法应明确；（5）法不应自相矛盾；（6）法不应要求不可能实现之事；（7）法应稳定；（8）官方行动应与宣布的法律保持一致。［美］富勒著，郑戈译：《法律的道德性》，商务印书馆，2005 年版，第 40～107 页。

② ［德］哈贝马斯：《在事实与规范之间——关于法律和民主法治国的商谈理论》，童世俊译，生活·读书·新知三联书店，2003 年版。

或内在联系，而不仅仅是历史的偶然的联系。民主程序承担了提供合法性的全部负担。程序性法律范式有力地指出了一些参照点，在这些参照点之下，民主过程对于权利体系之实现获得了一种以前忽视了新的意义。哈贝马斯关于法律和民主法治国的商谈理论，立志高远，体系宏大，将民主、人权和法治统一起来，对于探究正当决策或者行政决策法治化提供了极为有益的理论框架。协商民主理论提示决策的途径或许是每个利害相关人，以反思平衡的姿态，与其他利害相关人一起进行无偏私的、理性的对话过程。

行政决策与行政法学的结构性变革相关。早期行政法学经历从行政科学到法律科学的转向，当代行政法学从以司法审查为中心向以行政过程为中心转向。室井力提出"行政领域论"，认为面对日益复杂庞大的行政现实，应当在各个行政领域对行政活动及其法律构造进行客观分析。如果缺乏了这种针对各个行政领域的实证分析，行政法是公法还是私法的先验论断毫无意义。室井力提出的"行政领域论"与"行政过程论"有理论上的互通之处。20 世纪 60 年代末期到 70 年代远藤博也、盐野宏等学者提出"行政过程论"。大桥洋一在《行政法学的结构性变革》（1996 年）指出，从法学上的方法论解放出来的行政法学在与相邻学科进行合作的时候，最应当重视的一个伙伴就是行政学。美国行政法学者托梅恩和夏皮罗在 1997 年的一篇合作论文中提出了"行政法学者的终结"，批评传统行政法学者不能告诉人们什么是好政策，什么是理想的政治蓝图。英国学者卡罗尔·罗（C. Harlow）理查德·罗林斯（R. Rawlings）出版的《法律与行政》（1984 年）指出，行政法的功能被界定为控制权力以及维持行政管理方与公民之间相互冲突的利益的适当平衡。作者提出了"黄灯理论"：行政法注定是黄灯永远闪亮。英国行政法逐渐由"隔岸观火"（fire－watching）的红灯理论，转向"舍身救火"（fire－fighting）的绿灯理论。

二、国内的相关研究

国内学术界对行政决策理论问题研究起步于上世纪 90 年代。在 1986 年全国软科学会议上，万里提出"决策的民主化和科学化是政治体制改革的一个重要课题"。之后，理论界开始重视对包括行政决策、公共政策和管理决策等在内的决策科学的研究。第一类是教材和行政制度与体制的编著。代表性的有邵峰撰著的《行政决策学》（1990 年），胡象明撰著的《行政决策分析》（1991 年）、许文惠等撰著的《行政决策学》（1997 年）、张国庆编著的《现代公共政策导论》（1997 年）、朱光磊编著的《当代中国政府过程》（1997年）、胡伟撰著的《政府过程》（1998 年）、傅小随编著的《中国行政体制改革的制度分析》（1999 年）、陈振明编著的《政策科学》（1998 年）、赵成根撰著的《民主与公共决策研究》（2000 年）、贺善侃等编著的《现代行政决策》（2001 年），刘熙瑞编著的《公共管理中的决策与执行》（2003 年）、王佃利等编著的《公共决策导论》（2003 年），张克生编著的《国家决策：机制与舆情》（2004 年）等。刘峰、舒绍福撰著的《中外行政决策体制》（2008年）从行政决策的制定体制、执行体制、监督体制、问责制度等方面进行了比较研究，对优化我国行政决策体制提出了对策性建议。

第二类是研究决策科学化与民主化等问题的文献。代表性的有孟华的《21 世纪网络技术对中国行政决策的影响》、刘昌雄的《网络化社会中的行政决策主体：大众化？官僚化？》、梁仲明、王建军的《论中国行政决策机制的改革和完善》、崔裕蒙的《论行政决策的软约束》、王洪杰《我国行政决策中公民参与机制探析》、陈炳水《论我国行政决策中的公民参与》、姜晓萍、范逢春《地方政府建立行政决策专家咨询制度的探索与创新》等。李伟权的《"互动决策"：政府公共决策回应机制建设》主张建立有中国特色的公共决策回应机制。王林生博士论文《中国地方政府决策研究》认为完善民主、科学的决策制度是改进地方政府决策的基本方向。罗依平《政府决策机制优化研究》对中国社会主义建设进程中形成的当代中国的政府决策机制进行了分析。张辉博士学位论文《组织结构、行政权力与利益关系——县级行政决策的实证研究》对县级行政决策的制度安排与行政权力分配以及利益关系的博弈等进行了研究。魏淑艳《试论当代中国的决策模式转换方向》认为中国精英决策模式不利于国家决策的科学化，急需向多元参与决策模式转变。荣仕星《论我国行政决策民主化和科学化的制度建设》主张建立行政决策的民主参与机制、科学决策的保障制度以及法治保障机制。金东日《论行政决策》认为，实现行政决策合理性的具体途径主要是重程序，广开言路，强化社会中介组织，权力体制的适当调整。崔裕蒙《论行政决策权的科学分解与合理配置》主张构建"四权配置"（决策权、执行权、监督权和咨询权）的行政决策体制。

第三类是行政法治相关研究。法学界对行政决策的研究起步于对行政法基础理论的探索。一般性研究可追溯到上世纪 90 年代。我国行政法学者认为依法治国的核心、重点和难点是依法行政与法治行政。应松年教授在论文《依法行政论纲》（1997年）中认为，依法行政所要解决的根本问题是政府与人民、行政权与法律、行政机关与权力机关之间的关系，内容包括职权法定、法律保留、法律优先、依据法律和职权与职责统一等。罗豪才等在1993年发表《现代行政法的基础理论：论行政机关与相对一方的权利义务平衡》，构建了比较系统的行政法基础理论——"平衡论"。季卫东《法律程序的意义：对中国法制建设的另一种思考》，雄辩地阐明了建构法律程序的战略性意义。姜明安在《新世纪行政法发展的走向》从五个方面较详细地探讨了行政法的变迁和变革的主要内容，描绘了新世纪我国行政法发展走向和趋势的一个大致图景。郭道晖《现代行政法治理念概述》从法理学的角度对现代行政法治的基本概念如公共行政理念、依法行政原则、实质法治原则和遵守正当程序等作了深刻和富有新意的阐述。章剑生撰著《行政程序法基本理论》（2003年），提出通过行政程序对行政权进行控制，并呼吁认真对待行政程序法典化。吴建依《论行政公开原则》指出行政公开原则包括两个方面内容，一是行政机关的行政决策活动及其过程公开；二是行政机关制定或决定的文件、资料、信息情报公开。姜明安发表论文《公众参与与行政法治》（2004年）提出公民参与是行政法治的重要组成部分的命题。这是一项有分量的研究。湛中乐出版《现代代行政过程论——法治理念、原则与制度》（2005年），提出在当今社会剧烈变迁的大背景下，行政法学范式的转换成为一种历史的必然。这是我国学者中较早系统提出行政过程的概念与构成要素，对行政过程与行政行为、行政过程与行政程序的关系作了概念上的梳理与厘清的一份文献。王锡锌出版《公众参与和行政过程——一个理念和制度分析的框架》（2007年），从法律和行政相结合的角度，提出了完善我国公众参与制度的一些观点和建议。这是我国学者在行政过程理论研究中的又一积极尝试。

杨海坤教授在著作《中国行政法基本理论》（1992年）中认为，行政行为根据行政管理活动过程不同阶段和性质（行政行为）可以分为行政决策行为、行政立法行为、行政执法行为、行政司法行为和行政救济行为。之后，杨海坤与李兵合作发表《建立健全科学民主行政决策的法律机制》（2006年），提出建立健全科学民主行政决策的法律机制。刘莘主编《法治政府与行政决策、行政立法》（2006年），对行政决策科学化、民主化的法律保障进行了探索。李迎春《行政法视角下的行政决策》（2007年），主张对属于行政行为范畴的行政决策应当以行政法原理进行约束，并对目前不能纳入行政行为的可用政策和程序加以规范。张淑芳《论行政决策听证》（2008年）对行政决策听证的法律地位、适用范围、程序构造等内容作了探讨。马飞的硕士学位论文《行政决策法治化研究》（2005 年）从行政决策主体法定化、行政决策规则和行政决策程序法治化以及行政决策法治化保障等方面进行了研究；韩磊的硕士学位论文《重大问题行政决策法律程序研究》（2007 年）对重大行政决策程序法治化基本问题和主要制度及指标进行了研究。王锡锌《行政决策正当性要素的个案解读——以北京市机动车"尾号限行"政策为个案的分析》（2009年），认为合法性、民主性与理性构成行政决策合法性的核心要素。这是一份颇有深度的文献，对行政决策从形式合法性、民主正当性、技术理性三维角度进行分析的框架，突破了传统单一的形式合法性分析框架。从笔者目前掌握的国内外相关文献来看，目前就"行政决策法治化"这一专题进行专门、集中、深入、系统研究的成果尚不丰富，无论在关注程度上，还是研究深度上，都是不够的，已有的文献局限于行政决策法律责任、决策规则、法律控制机制等个别层面，立足转型中国具有现实意义的行政决策法治进化研究还很单薄。

第三节　基本概念

概念是研究问题必不可少的工具。本课题的研究应首先厘清法治、法治化以及行政决策法治化等基本概念。需要指出的是，本书并不打算追随概念法学的路径，而是选择保持概念的开放性。

一、法治

人类社会的历史主要有四种治道，即神治、人治、德治和法治。① 法治也称为法律之治（Rule of Law），指以法律为最高权威、在法律之外不容许其他平行或更高的权威存在。经过历史检验，法治被认为是一种具有崇高意义的概念。

（一）法治的起源

法治的思想溯源于古希腊，法治的实践溯源于古罗马。中国虽为文明古国，法家人物也提出了以法治国、任法而治、"不别亲疏，不疏贵贱，一断于法"的思想，但并没有孕育出法治的思想来。亚里士多德总结希腊各城邦不

---

① 高鸿钧著：《现代法治的出路》，清华大学出版社，2003 年版，第 64 页。

同政体下法律实施的情况得出结论："法治应当优于人之治"。他在《政治学》中对法治的内容及其作用作了较为系统的论述，"法治应包含两重意义，即对已成立的法律普遍的服从，而大家所服从的法律又应该本身是制订良好的法律。"① 亚里士多德把以法律为基础作为达到"善生活"的唯一可行之路。他认为"法律不应该被看做［和自由相对的］奴役，法律毋宁是拯救"②。法律有好坏之分，有合乎正义或者是不合乎正义之分。作为概念，法治和正义并不是处在同一层次上的，正义是一个比法治更为宽泛的概念。早在古希腊时期，法治就包含有浓厚的伦理观念。道德观念与法治观念有许多共通的东西。法治要符合正义的要求。古罗马时期法律和法治实践得到极大发展。如德国法学家耶林（Rudolf von Jhering）所说："罗马曾经三次征服世界，第一次是用武力，第二次是用宗教，第三次是用法律。"③ 罗马法中的权利意识对后世西方发展权利民主论有着不可低估的价值。

古希腊和古罗马开启了法治历史。英国成为近代法治的发祥地。12 世纪英国开始步入法治轨道，以限制王权为发端，《大宪章》（Magna Carta）是其著名成果。《大宪章》第 39 条和第 40 条规定了法治的重要内容：罪刑法定和人权保护。英国也是自由法治的滥觞，主张法律的普遍性、持续性、公开性和法不溯及既往。18 世纪，英国法治进入巩固和扩展时期，代表作是 1701 年颁布的《王位继承法》（The Act of Settlement）。继约翰·洛克之后，大卫·休谟、亚当·斯密、爱德蒙德·伯克提出了系统的自由法治思想。启蒙思想家的法治理论没有脱离古希腊古罗马以降的法治脉络。

（二）法治的类型

世界上没有统一的法治模式，因历史传统、政治体制等不同，形成不同的法治类型。

按法律传统，分西方法治与非西方法治。西方法治不是一个整体性概念，而是多元形态。伯尔曼指出，"西方法律的多元论，已经反映和强化了西方的政治和经济生活的多元论，它一直是或一度是发展或成长（法律的成长和政

---

① ［古希腊］亚里士多德著，吴寿彭译：《政治学》，商务印书馆，1965 年版，第 199 页。

② ［古希腊］亚里士多德著，吴寿彭译：《政治学》，商务印书馆，1965 年版，第 276 页。

③ ［德］鲁道夫·冯·耶林著：《罗马法的精神：第 1 卷》，载《罗马法基础》，中国政法大学出版社，1991 年版，第 47 页。

治与经济的成长）的一个源泉。它也一直是或一度是自由的一个源泉。"① 近代西方法治的两大类型是英国法治与德国法治，它们各自在思想和制度上对世界产生了重大影响。法治多元论是符合历史规律的。中国作为法治后进国家，在推进现代化进程之中不断学习和调适，正在探索自己的法治化进路。

以法治与民主的关系为轴，分为民主型法治与非民主型法治。这种分类的依据可能会受到质疑。从历史经验看，建立在民主基础之上的法治为民主型法治，建立在非民主基础之上的法治为非民主型法治。法治的历史不可能如此泾渭分明，这种分类或许是一种所谓"逻辑的理念类型"，虽从经验中得来，但并不是经验的全部反映。民主型法治亦可追溯至古希腊。公元前 7 至 6 世纪，雅典进入了民主政体时代，公民大会是最高的立法机构，全体公民都有权出席大会，参与讨论并决定有关城邦国家的重大事务。司法权由陪审法庭行使，同时以民主的方式抽签产生陪审员。罗马共和国时期，执政官、百人团会议和元老院组成政体，其中执政官由百人团会议从贵族中选出，执政官任命元老院成员。法律成为治理社会、管理国家的主要机制。罗马私法发达，法律中的契约精神对个人权利予以尊重和承认，与官僚法相比有更多的民主成分。

非民主型法治肇始于古罗马帝制时期。公元前 27 年，罗马共和制开始向帝制演化，公元 284 年确立了绝对君主专制，共和国时期的民主型法治转变为非民主型法治。"尽管帝制时期的法治已经失去了民主的基础，时而出现'君王不受法律束缚'（Princeps Legibus Solutus）的倾向，但从总体上讲，'皇帝本人根据法律获得治权'的信条仍没有动摇，法治的传统仍没有终结，只不过是发生了类型的转变，即由民主形式的法治转为非民主形式的法治"。② 在市民法基础上，帝国时期制定颁布了适用罗马境内所有公民的"万民法"，并最终使两个法律体系一。但自然法被认为体现上帝的理性，是普遍适用和永恒不变的正义，也是各国成文法的准则和依据。

公元 11 世纪至 15 世纪是欧洲法治传统形成的一个关键时期。"以法律的方式去限制权力"在许多城市特许状（charter）中得到体现。城市通过"自治联盟"取得自治，通常就是凭借封建权力授予的"特许状"来实现的。城市取得自治权后，社会共同体为市民社会提供了"自由团体"的生存空间。

---

① ［美］哈罗德·J·伯尔曼著，贺卫方等译：《法律与革命——西方法律传统的形成》，中国大百科全书出版社，1993 年版，第 12 页。

② 高鸿钧著：《现代法治的出路》，清华大学出版社，2003 年版，第 110～111 页。

经过 1075~1122 年的教皇革命，新的教会法体系和世俗法体系产生，还附带产生了"一个职业的法律家和法官阶层，分等级的法院制度，法学院，法律专著，以及把法律作为一种自治的、完整的和发展的原则和程序体系的概念。"① 法治既得到盛行的宗教意识形态的支持，又得到统治者流行的政治经济权限以及多元的权威和管辖权的支持。②

法治通常可以从形式意义、实质意义两方面进阐释，即形式法治与实质法治。形式法治是对法律秩序的要求，体现法治的形式性和工具性内容。由英国法学家约瑟夫·拉兹（Joseph Raz）和美国法学家郎·富勒（Lon L. Fuller）提出。拉兹首先提出了法治八项原则。认为法治就是法律的统治（the rule of the law），强调法治而非人治，人应当服从法律并接受法律的统治。"良法之治"没有被纳入拉兹的理论体系，法治只具有消极的价值，不能自动产生"善"。富勒也提出了八项原则。主张法应具备一般性，法应公布、明确、稳定，要求法不自相矛盾，不应溯及既往，不应要求不可能实现之事，官方行动与宣布的法律保持一致。德国人创造了"法治国"这一概念，将法与国家连接到一起。19 世纪 30 年代至 20 世纪初，德国法治国进入形式化的道路，主张法律的统治、立法权优先、司法独立和对行政的法律控制，法治国也成为"法律国"或"司法国"。德国行政法学奠基人奥托·迈耶（Otto Mayer）从依法行政角度来讨论法治国，认为法治国是一个业已规范好的行政法之国。形式法治国缺乏对立法者的限制，对公民基本权利保障并不有力。实质法治则强调法的正当性，突出法的价值判断。二战后人们对实质法治进行反思，认为法治不能非公正，民主应当成为与法治平行的另一重要目标。伯恩基本法将传统上属于法治国核心内容的基本权利、分权、行政合法性等融入民主元素，提出"民主的法治国"概念③，并赋予基本权利直接有效性，在法治实践上取得很大的进步。

（三）法治的一般理解

法治的研究文献可谓浩如烟海，法治的概念界定可谓纷乱复杂，随历史流

① ［美］哈罗德·J·伯尔曼著，贺卫方等译：《法律与革命—西方法律传统的形成》，中国大百科全书出版社，1993 年版，第 142 页。

② ［美］哈罗德·J·伯尔曼著，贺卫方等译：《法律与革命—西方法律传统的形成》，中国大百科全书出版社，1993 年版，第 363 页。

③ 1949 年 5 月 23 日的《德意志联邦共和国基本法》规定了"共和的、民主的和社会的法治国基本原则"。

变，法治含义似乎越来越难以统一。可以判断，法治是一个具有开放特征与道德价值的社会实践。当前国际学术界普遍认为，法治基于立宪政体，确立起法律至上的理念与司法独立的原则以及公平正义的价值追求。

立宪主义。宪法享有高于法律制定机关的权威，宪法享有至高权威意指应当为立法者进行限制。宪法作为母法是整个法律规范体系的基础，是法治的前提。宪法的修改必须与人民协商同意进行，修改程序严格复杂。宪法中基本权利的设置是法治建构的基石。1948 年《联合国人权宣言》以及国际法学家委员会确定的准则，都把法治与宪政联系在一起。

法律的最高性、可预测性、可信赖性。法律权威至上，法律必须约束政府，这个观点早在 13 世纪布雷克顿撰写有关英格兰法律专著时就提出来了，他指出"国王不应在任何人之下，但应在上帝和法律之下"。① 哈耶克认为，"法治的意思就是指政府在一切活动中都应受到事前规定并宣布的规则的约束——这种规则使得一个人有可能十分肯定地预见到当局在某一情况中会怎样使用它的强制权力，和根据对此的了解计划他自己的个人事务"。② 政府行为要有法律的授权或许可，政府不得任意行为，政府不得侵害人民的利益。法治同时要求有秩序，在法治社会中人们可以依据法律对自己和他人行为进行判断，法律之内人们是自由的。法律必须公平地、前后一致地应用。政府必须守法，法外之权与法上特权都是反法治的。法律面前人人平等，"法不阿贵，绳不绕曲。"③ 权力精英与普罗大众一样都服从法律的统治。

司法独立。司法独立的理念是用权力制约权力，这是西方法治的基本经验。1660 年英国《威斯敏斯特议会宣言》最早明确肯定了分权思想，规定议会不得干预日常行政，不得干涉司法机构的活动。④ 司法独立要求职业法律专家保障人民与政府的争议、政府部门之间的争议都能被公正的裁判，而不是被权力等因素主导。法官不能被法律之外的原因随意撤换，而法官也服从法律基本原则。司法独立要落实在一些细节上，比如法官委任、任期、工资、地位、训练、免职等。高素质的法官队伍是司法独立的关键性因素。

① 上海社会科学院法学研究所编译：《法学家与法学流派》，知识出版社，1981 年版，第 553 ~ 554 页。

② ［英］哈耶克著，王明毅等译：《通过奴役之路》，中国社会科学出版社，1997 年版，第 73 页。

③ 《韩非子·有度》。

④ F. D. Wormuth. *The Origins of Oodern Constitutionalism*, New York, 1949. P7. 转引自 ［英］哈耶克著《自由秩序原理》（上册），读书·生活·新知三联书店，1997 年版，第 213 页。

司法审查原则。一切法律都应该接受司法审查和违宪审查，这个审查一般由最高法院、宪法法院或宪法委员承担。在议会主权体制下，议会最高权在加强法治的同时增加了议会专制的风险，为此，需要通过司法审查等实施制衡。设立独立司法审查，从权力分立和制衡角度设置机制，让法院居中对政府立法与行政是否违法予以裁判，可敦促政府敬畏法律、遵守法律。

法律的目的为正义本身。在古希腊与古罗马，"法"有正义的涵义，体现的是社会正义的规范，"良法之治"意指权利有保障的理想社会状态。亚里士多德将正义寓于某种平等之中。赫伯特·斯宾塞和伊曼纽尔·康德认为正义与自由紧密关联。约翰·罗尔斯提出作为公平的正义理论。"正义"具有一张普洛透斯的脸。E·博登海默认为，"……正义提出了这样的要求，即赋予人的自由、平等和安全应当在最大程度上与共同福利相一致"。① 没有正义这一内核，法治将不会被人们所信仰。法律的正义价值与人们的自由、平等与安全相牵连，正义是法治追求的目标。

上述法治普遍规律、普适精神和普遍要求是法治化过程应予吸收与借鉴的。保障人权、公平正义、正当程序、诚实信用、以人为本是法治的基本精神要素。

二、法治化

（一）内涵

法治化是指由传统的非法治社会向法治社会的变迁过程。人类的大多数历史在人治时期，法治的历史不超过千年。在古代东方亚细亚生产方式形成的东方专制主义传统下，金字塔式政治结构是其政治特征，小农生产是其经济基础，"以吏为师，以法为教"是其治理模式。在专制政体下，社会力量弱小，不足以与国家分庭抗礼，无法形成分权制约。西方国家的法治是一个"完成"的状态——尽管还有诸多不完善，而非西方国家的法治化则正在发展过程中。法治化可能要跨越两个阶段，一是从威权主义的人治向软威权主义的法制转变，二是从法制向法治转变。行政决策实现法治化，指行政决策从任意的无法律约束的状态向有法可依的状态转变，再向决策的民主与法治阶段转变。

---

① ［美］E·博登海默著：《法理学：法律哲学与法律方法》，邓正来译，中国政法大学出版社，1998 年版，第 251～152 页。

（二）法治化道路

　　归纳世界各国的法治道路，大体分为社会演进型、政府推进型、政府推进与社会演进结合型三种类型。

　　社会演进型的典型是英国和美国。英美法治有地方自治和普通法传统。普通法的基本原则是遵从先例，法官制定法律。自然演进是英美法治的基本轨迹，当英国普通法的司法权战胜了王权，法律至上原则大大拓展，个人主义成为法律至上原则的精神。英国的法治化演进具有保守性、连续性和渐进性的特征。① 1215 年《大宪章》及其他一些限制王室权力保护国民自由权利的法律文件都是普通法的重要组成部分。英国的法律制度的形成是缓慢而保守的，如贤人会议（后来的议会）、法院体系、巡回审判制度。陪审制、判例法的地位、中央集权的王权体制以及信托制等都是从中世纪一直延续下来，逐渐成形为现代的法律制度。在统治型权力之外发展起来的制度和法律，深深扎根于文化传统。

　　政府推进型法治化道路，发展中国家法治化基本上属于这一类型。由于受到较为严厉的"时空挤压"②，发展中国家不可能选择社会演进之路，纷纷走上政府主导的法治化道路。20 世纪下半叶日本、韩国、新加坡对西方法律制度展开学习与移植，以行政主导力量将国家和政府的权力配置及其运行纳入法治的轨道，社会生活方面也被纳入法律的治理范围。90 年代至今是"法治全球化"阶段，发展中国家的法治化压力升级。1952 年国际法学家委员会（International Commission of Jurists，英文简称 ICJ）成立，在全世界范围内动员和支持法治，形成几个具有历史意义的宣言和决议，成为当代国际法治的重要思想资源，如 1955 年的《雅典决议》、1959 年的《德里宣言》、1961 年的《拉各斯规则》、1962 年的《里约宣言》、1965 年的《曼谷宣言》、1966 年的《科伦坡宣言》等。这些实践揭示法治是一个能动的概念，在政府推进型道路上并不一定完全照搬西方标准，各个国家可以坚持自己的法治特色。在法治化道路上坚持以西方为师，但不拘泥于西方模式，应当立足传统文化和历史背景，探索适合国情的可行之路。

　　第三种是政府推进与社会演进结合的混合道路。在政府推进型法治化过程

---

　　① 何勤华主编：《英国法律发达史》，法律出版社，1999 年版，第 67 页。
　　② 蒋立山著：《法律现代化——中国法治道路问题研究》，中国法制出版社，2006 年版，第 85 页。

中，国家进行大量的法律移植，在一个较短时间里，人为地甚至强制性地完成社会制度变迁，遗留下许多隐患与问题，造成法律先进、周详，但距离现实很遥远的奇怪状况。法治只有在社会、经济、政治和文化转型并大致形成秩序的基础上才有可能实现。法律本身并不能创造秩序，而是秩序创造法律。"任何正式制度的设计和安排，都不能不考虑这些非正式的制度。如果没有内生于社会生活的自发秩序，没有这些非正式制度的支撑和配合，国家正式的制度也就缺乏坚实的基础，缺乏制度的配套。这样，不仅谈不上真正有社会根基的制度化，甚至难以形成合理的、得到普遍和长期认可的正当秩序"①。经过30年改革开放，我国经济、社会得到长足发展，初步形成了公民社会，催生了二元结构——国家与社会，已经具备社会推动法治进程的条件。政府推进与社会演进相结合，走混合法治道路，是一条积极进路。

三、行政决策法治化

（一）行政决策法治化的含义

1. 行政决策的内涵

综合我国行政学界对行政决策的定义②，行政决策是指具有法定行政权的国家行政机关或有合法权限的政府官员为了实现行政目标，依据既定的政策和法律，对面临要解决的问题，拟定并选择活动方案，作出决策的行为。行政决策具有公共性、执行性、广泛性、法定性之特征。公共性，即行政决策的宗旨是谋求公共利益和社会利益。执行性，指将执政党的决策和立法机关的决策变为政府的具体措施。广泛性，指行政决策的内容涉及整个国家和社会的公共事务，从中央到地方，涵盖政治、经济、文化、社会生活各个领域，随着社会发展，行政决策在保障民生等方面还可能进一步扩大。行政决策的制定和实施以法律为依据，行政决策的权限、内容、程序要具有法律的授权。只有宪法和法律赋予行政权的组织和人员才可行使行政决策权。行政决策以国家权力为后盾，通过行政方式作用于社会，对相对人形成相应的拘束力。

行政学中，行政决策一般被认为指行政机关或政府官员为履行行政职能就

---

① 苏力：《20世纪中国的现代化和法治》，载于《法学研究》1998年第1期，第3~15页。

② 参见徐文惠等著：《行政决策学》，中国人民大学出版社，1997年版，第2页；吴肇基编著：《行政学》，中国戏剧出版，2001年版，第135~136页；贺善侃、黄德良主编：《现代行政决策》，上海大学出版社，2001年版，第17页；刘峰、舒绍福著：《中外行政决策体制比较》，国家行政学院出版社，2008年版，第2页。

面临的问题制定与选择行动方案，作出决策的行为。在法学层面上，界定行政决策概念具有法律规制的目的。以清晰的法律要素加以描述，并赋予其法律意义与法律效果，是行政决策法治化研究的基础。有研究指出，在我国，行政决策是指国家行政机关执行宪法、法律，发挥行政管理职能作出的处理国家公共事务的决定，行政决策将形成政府的方针、政策、规定、规划等具有普遍约束力的决定以及行政机关在行政管理过程中针对特定对象、特定事件、特定问题所出的具有重要意义的决定。① 还有研究将行政决策定义为：行政机关、管制型机构以及其他具有公共管理职能的组织或者机构做出的可能对特定多数人或者团体的利益产生重大影响的决定的行为；包括但不限于城市规划、大型建筑工程建设、资源配置、价格调整、公共资源使用率设定、公共设施管理等的决定。② 行政决策不同于一般的行政决定行为，后者所产生的影响通常仅限于特定的当事人，而往往是对特定群体利益产生重大影响的决定。如关于城市改造和拆迁的决定、土地征用决定、公共交通路线的设定或者改变、垄断性行业价格等行为，都会对特定多数人或群体产生重大的利益影响。③ 这两个界定是静态意义上的行政决策，揭示了行政决策具有的"重大影响"。

我国行政学界和行政法学界都把行政决策作为一种公共行政的核心活动看待。从"行政主体的决策"角度看，行政决策包括行政法规、部门规章和行政措施、决定和命令，这是一种广义的理解；从"行政性的决策"角度看，主体并不局限于行政机关，立法机关和司法机关有关"行政性"的决策也应包含于"行政决策"之中。本书主张从决策主体性质与决策内容性质两个维度来界定行政决策活动，即，行政决策应排除"行政立法"（行政立法属于"立法决策"），也应排除"行政司法"（如美国行政法中的"行政裁决"）。行政决策专指行政主体关于行政性事务的决策活动，体现行政自由裁量权综合运用的过程和结果。这是狭义上的行政决策概念。

此定义摆脱了行政学的"决策目的论"。行政决策单纯为履行"行政职能"，或为解决"行政管辖领域的问题"，或宽泛为实现"公共利益"，都存在偏颇之处。行政决策确定为行政决策主体在行政管理过程中发生、变更或消灭行政法律关系的活动。通过权利与权力、权力与权力、权力与义务、权利与义

---

① 杨海坤、李兵：《建立健全科学民主行政决策的法律机制》，载于《法律与政治》2006 年第 3 期，第 20～27 页。

② 王锡锌主编：《行政过程中公众参与的制度实践》，中国法制出版社，2008 年版，第 2 页。

③ 王锡锌主编：《行政过程中公众参与的制度实践》，中国法制出版社，2008 年版，第 2 页。

务的平衡来调适行政决策过程：本书将行政决策界定为，因此，行政决策主体基于国家法律和政策，根据预定目标，做出旨在分配资源和价值的，从而设立、变更和终止行政法上的法律关系的对策行为。

2. 行政决策法治化的内涵

在现代行政国家，行政决策作用的范围非常宽泛，在一个具有强大行政权传统的国家，行政决策不纳入法治轨道进行法治化转型，"法治国家"则无从实现。行政决策法治化是国家法治的重要内容。行政决策法治化要求行政决策结果与行政决策过程符合法治原则。前者要求符合实质正义；后者要求符合程序正义，行政决策主体受到良好的监督与制衡，行政决策责任制度健全。行政决策的作用范围限定在宪法和法律规定之内。这里包含有一个悖论：行政决策主体必须严格遵守法律，同时行政决策主体又是法律变革、建构以及法律信仰培育的主体。如何解决这一悖论，本书的思路是引进体制外民主监督资源，倒逼体制内制度发挥作用，重视社会力量，保持行政决策体制的开放性，促进法制完善。总之，行政决策法治化既描绘一种应然状态，又叙述一个复杂过程，同时也建构重要制度。

行政决策法治化的命题隐含一个没有实现法治的情境：缺乏相关的制度性规范，也没有政府依法行政的历史传统，行政决策的责任机制和公务员的法律素养尚未确立，克服这些障碍恰恰成为法治化的内容。在法治化系统之内的行政决策——作为行政管理最重要的环节——其制度化和环境都是在一个"正在法治化"的行政生态之中，行政决策法治化成为与"整体"法治化进程既互相促进又互相抑制的互动过程。

（二）行政决策法治化与科学化、民主化的关系

行政决策的科学化、民主化、法治化三者密切联系，构成一个多层次的目标与行动体系。行政决策民主化是行政决策科学化与行政决策法治化的前提和基础，行政决策科学化又是行政决策民主化的要求和目标，行政决策的法治化则为行政决策民主化、科学化提供了可靠保障。具体而言，行政决策的科学化包含决策理念、决策机制与决策方法等的科学化。行政决策要强调理性化和系统化的思维方式，还要具有反思性和规划性的行为方式。法律理性（客观性、普遍性、可预测性等）与行政决策的合理的决策标准、有效的信息系统、系统的决策观念、理性的思维逻辑相对应，法律理性与决策理念的一致性保障了决策理念的科学化。行政决策机制的科学化需要法律保障，行政决策方法的有

效性需要法律的保障。① 行政决策的民主化,以维护和增进公共利益为目标,这是行政决策民主化的价值取向;从民众的利益表达中获取具有广泛性和连贯性的信息来源,以此作为行政决策方式民主化。行政决策的民主化突出的是社会公正性,合乎法治的正义性。法治维护群众的知情权、参与权、监督权,要求建立健全相关的法律制度。行政决策法治化保障行政决策民主化。

本书提出如下假设:即参与式民主对中国行政决策法治化有着更为直接的影响。我国法治基础薄弱,历史承继而来的是专制决策模式。中华人民共和国成立后,致力于社会和经济重建及社会转型,为了达到目标,必须集中权力。但是当集权达到一定程度时,也就陷入了举步维艰的境地。行政权缺少有效制约,决策规则缺失,决策责任虚化,法治化无从入手。开展参与式民主,让公众分享行政决策权力,参与决策过程,监督决策者行为,并依法问责,可能是一条可行的法治化道路。这是"增量民主"的背景,但也是必须走出的困境。

第四节　研究方法及基本框架

一、研究方法

主要采用了如下几种研究方法:

实证分析与规范分析相结合的研究方法。实证研究是对社会各种活动和现象进行解释、分析、证实或预测的研究方法,要说明"是什么"的问题。规范研究以一定的价值判断作为出发点,提出行为的标准,并研究如何才能符合这些标准,要说明"应该是什么"的问题。本书一方面进行价值导向的思考,另一方面注重实证研究,进行田野调查与现场进入,跳出文本,取得第一手资料,检验理论的适当性。

案例研究方法。笔者在2009年主持完成浙江省社科联研究课题"参与式民主的地方实践——浙江温岭'民主恳谈'十年回顾"(2009XZ51),在课题研究的前期调研中,多次深入浙江温岭观摩、访问,向权威人士请教,力图"保留真实生活实践的全景和有意义的特征"②,并通过调查问卷等方式获得量

---

① 刘莘主编:《法治政府与行政决策、行政立法》,北京大学出版社,2006年版,第227~228页。

② [美]应国瑞著,张梦中译:《案例学习研究:设计与方法》,中山大学出版社,2003年版,第3页。

化数据。笔者还跟踪观察浙江杭州"开放式决策"的探索创新，以及宁海人大代表票决实事工程改革的发起和推广。案例研究为行政决策民主化、法治化论证提供了直接的实证基础。

比较研究方法。对行政决策的主体制度、程序制度、监督制度、责任制度、民主模式、决策模式、权力配置等问题进行了比较分析，挖掘普遍价值以及对中国的借鉴意义。

历史研究的方法。研究我国行政决策法治发展的历程、民主制度的演变、温岭民主恳谈的发展等，通过历史研究，探索行政决策逐步推向法治的基本规律。

法解释学的方法。明确行政决策法治的构成要素、规则适用范围和法律效果的各种解释方法，如文意解释、目的解释等。

二、基本框架

本书由导言、正文和结论三部分构成。正文部分包括五章内容。

第一章考察我国行政决策法治化的历史进程。我国自新中国成立以来行政决策法治化经过了五个阶段：行政决策法制初创时期、行政决策法制停滞与破坏时期、行政决策法制重建与发展时期、行政决策法制全面建设时期、行政决策从法制化走向法治化时期。行政决策从人治到法制，从法制到法治，这是一个曲折漫长甚至充满艰险的征途。

第二章反思我国行政决策法治化的现状。在转型时期，行政决策的非法治特征表现为行政决策议程确定上的官僚主义、行政决策目标设定上的冒进主义、行政决策方案制定上的经验主义、行政决策方案抉择上的形式主义。探究这些非法治现象的背后原因，主要是行政决策体制不合理、行政决策监督滞后、行政决策责任虚置、行政决策法律体系不完善以及决策者的法治观念与法治能力不强。

第三章论证行政决策法治化的战略选择。行政决策法治化应采取以民主化带动法治化的发展思路，确立形式法治与实质法治相统一的发展目标，坚持渐进主义的发展道路，形成政府推进与和社会推进相结合的动力模式。中国已经进入法治和宪政建设的新的历史时期，行政决策的民主化已经开启，通过参与式民主启动行政决策法治，应解决高度参与与低度制度化之间的矛盾。中国行政决策法治化目标同样应当以形式法治（正义）和实质法治（正义）的统一为目标，即行政决策的综合法治观，以民主作为决策程序，实现公平优先与兼顾效率。行政决策法治实现的最佳策略是政府推进和社会推进的结合，因为法治不可能仅仅依靠国家创造出来。

第四章建构行政决策法治化的具体制度。从四个方面入手，即行政决策主体法治、行政决策程序法治、行政决策监督法治以及行政决策责任法治。这四个方面只有整体联动，形成统一整体的战略，方可能实现行政决策的法治化。应当重构中国行政决策主体制度，明确权限法定原则和分权法定原则，建立正当行政决策程序理念与规则，激活代议机关的监督、司法机关的监督、独立舆论的监督以及社会监督等职能，改造"非法治"的监督机制，整合监督合力。建构行政决策的责任体系，包括宪法责任、刑事责任、行政责任和行政赔偿责任。

第五章对行政决策法治化进行实证检验。用案例研究方法检验理论命题是否成立。首先系统分析了温岭民主恳谈个案，挖掘其制度意义。接着对行政决策制度的地方创新案例进行了分析，主要是广州市重大决策信息预公开制度、杭州市政府开放式决策规定、湖南省行政决策程序规定、成都市重大行政决策事项专家咨询论证办法、青海省人民政府重大行政决策程序规定，总结行政决策法治化的初步成效，法治意识已经基本确立起来，决策法制正在逐步健全，公众参与正在逐步扩大，控权机制趋于多元化。鲜活的实践证明，行政决策法治化的战略选择与制度建构是可行的，也是必要的。

第一章

行政决策法治化的历史考察

法治化受限于一国的社会和历史条件。研究者必须正视深层次"不可避免"的社会事实。中华人民共和国建立以来，经历了曲折的行政法治探索道路，从行政决策的法制初创到行政决策法制的停滞与破坏再到行政决策法制重建与发展，积累了宝贵的经验和历史的教训，随着认识的深入和理念的更新，行政决策法制开始全面建设乃至最终开始从"法制化"转向"法治化"，这是一个漫长与渐进的过程，也是一个探索与创新的过程。

第一节 新中国行政决策法制初创（1949～1957）

新中国的法制体系是在废除国民党政府"六法全书"基础之上，按照苏联模式逐渐建立起来的。1949 年 2 月，中共中央发布《废除国民党的六法全书与确立解放区的司法原则的指示》，彻底废除旧法律，确立新的司法工作原则，即："有纲领、法律、命令、条例、决议规定者，从纲领、法律、命令、条例、决议之规定；无纲领、法律、命令、条例、决议规定者，从新民主主义的政策"，开始制定新政权自己的法律法令。这一段时期，党和国家领导人重视法制，法制建设取得了一定成绩。行政决策法制初创可分为两个时期，第一个时期，1949 年至 1953 年，是政权巩固和制度重建时期。也被称作在摧毁旧法统的基础上建立新法制的"过渡时期"①。第二个时期，1953 年至 1956 年，是社会主义建设和改造时期。1954 年新体制建立，接着 1954 至 1955 年大区行政机构及相应党、军队机构撤销，计划经济建设开始，法制建设步入正轨。

---

① 蔡定剑著：《历史与变革——新中国法制建设的历程》，中国政法大学出版社，1999 年版，第 15 页。

一、临时宪法与"五四宪法"的制定

1949 年 9 月，中国人民政治协商会议在北京召开，会议通过了临时宪法性文件——《共同纲领》和《中央人民政府组织法》，选举产生了中央人民政府委员会。《共同纲领》确立了新中国的性质和任务、政权机关、军事制度、经济政策等总原则，规定了公民基本政治权利，规定各级政权机关一律实行民主集中制。《中央人民政府组织法》规定中央国家政权机关组织、职权、活动方式及构成原则。根据这两个宪法性文件建立的中华人民共和国是中国共产党领导的民主联合政府。1953 年 2 月，中央人民政府委员会颁发建国后第一部选举法《全国人民代表大会和地方各级人民代表大会选举法》。1954 年 9 月20 日，第一届全国人民代表大会第一次会议通过、颁布《中华人民共和国宪法》。这是中国第一部社会主义宪法。"五四宪法"是以《共同纲领》为基础制定的，它确立了国家体制，奠定了新中国立国、治国最根本的法律基础。它规定全国人民代表大会为最高国家权力机关，并且是行使国家立法权的唯一机关。1955 年，为了适应立法的需要，授权全国人大常务委员会可以制定单行法规。"五四宪法"标志着社会主义法制建设的全面开始。

在 1957 年第一届全国人民代表大会第四次会议上，周恩来总理作了《1957 年国务院政府工作报告》，他特别提到了法制建设的问题，对法制建设持积极态度：

我在这里要说一说许多人表示关心的法制问题。我国今天的法制，的确还没有完备，但是也并不像有些人所说的"完全无法可循"。中华人民共和国成立以来，我们在颁布宪法前后，已经制订了许多重要的法律，如工会法、劳动保险条例、土地改革法、农业合作社示范章程、民族区域自治实施纲要、选举法、婚姻法、兵役法、惩治反革命条例、惩治贪污条例、逮捕拘留条例等等。同时政府根据工作需要，还制订了许多单行条例和规章，发布了许多决定和指示，这些在实际上都起了法律的作用。在国家建立之初，特别是在过渡时期，政治经济情况变动很快，在各方面都制订带有根本性的、长期适用的法律是有困难的。例如民法、刑法，在生产资料私人所有制的社会主义改造没有基本完成，社会主义所有制没有完全确立以前，是难以制订的。在这种情况下，国家颁布暂行条例、决定、指示等等来作为共同遵守的工作规范，是必要的，适当的。只有在这些条例、决定、指示行之有效的基础上，才可以总结经验，制订

长期适用的法律。就是资本主义国家的法律，在初期也是不完备的，也是经过很长时期才逐渐制订出来的。现在生产资料私有制的社会主义改造已经基本完成，社会主义所有制已经确立，国家在各方面工作的实践中也取得了一定经验，这就使我们有可能在总结过去经验的基础上，在整理过去已有法规的同时，制订社会主义的各种法律，例如刑法已经有了初步草案，民法和治安管理处罚条例也在由有关方面草拟中。①

周恩来总理在报告中客观评价了新中国法制建设的滞后状况，清醒地认识到法制重要性，同时还规划了建设社会主义各种法律的初步设想。

二、行政决策相关法律制度的建立

主要包括行政组织立法、行政管理法规、行政监察制度、行政机关内部法制机构建设等几个方面。

行政组织立法方面，制定和颁布了行政组织法律法规，规定各级国家行政机关的组织、职权、工作方式和责任。其中，关于中央人民政府的有《中央人民政府组织法》、《国务院组织法》；关于中央人民政府工作部门的有国家计委、国家体委、监察部、劳动部等组织条例，国务院秘书处、法制局、人事局、专家局、计量局、机关事务局等直属机构或办公机构组织简则；关于地方人民政府的有《大行政区人民政府委员会组织通则》、《省人民政府组织通则》、《市人民政府组织通则》，以及《地方各级人民代表大会和地方各级人民政府组织法》等。

行政管理法规方面，规定了国家行政机关对政治、经济、文化等各方面事务以及人、财、物各个领域的管理权限及方法。1949 年 10 月至 1956 年 12 月，国家共颁布行政管理法律法规 829 项，其中有关机构、人事编制管理的法律法规 52 项，有关财政、金融、税收管理的法律法规 98 项，有关公安、民政、司法、行政管理方面的法律法规 97 项，有关经济建设管理的法律法规 261 项目，有关教育、科学、文化、卫生管理的法律法规 149 项。

行政监察制度建设方面，1949 年的《共同纲领》第 19 条规定，在县市以上各级人民政府内设人民监察机关，《中央人民政府组织法》明确规定政务院

---

① 周恩来：《1957 年国务院政府工作报告——1957 年 6 月 26 日在第一届全国人民代表大会第四次会议上》，载于《人民日报》1957 年 6 月 27 日。

设人民监察委员会，人民监察委员会负责监察政府机关和公务人员是否履行其职责。"五四宪法"规定了公民对于各级国家机关的控告权和求偿权。《国务院组织法》和《地方人民代表大会和地方人民委员会组织法》更明确规定国务院设立监察部。在省、直辖市、设区的市人民委员会和专员公署中设置监察机关。监察机关普遍建立起来，较为完整的监察系统和网络初步形成。

行政机关内部法制机构建立。1954 年 11 月，国务院法制局批准成立，主要任务是审查国务院交付审查的法律草案，根据国务院的决定草拟法规草案，整理国务院发布和批准的现行法规，办理国务院交办的其他法制工作等。1955 年 4 月，国务院批转了《国务院法制局关于法律室任务职责和组织办法的报告》，确立在中央各部门设立法律室，省、市人民委员会和规模较大的重要国有企业根据需要也可以试建。法律室实际上是一个协助部门和企业贯彻法律、法令和进行有关法律工作的专门机构。1956 年 7 月，国务院批准《司法部关于开展公证工作的请示报告》，明确了公证机构的性质、任务和建制，并决定在 30 万人以上的市和侨眷较多、工商业发达的市、县设立公证处，其他市、县在人民法院附设公证室。1957 年底，全国有 51 个市设立了公证处，1200 多个市、县法院受理公证业务，专职公证员接近千名，共办理公证事项 29 万多件。①

这一时期进行的法制建设填补了大量法律空白，但是还没有直接规制政府决策的立法。政府决策主要依据党的政策和领导人的指示，从统治与管理角度制定了一些行政法律法规。国家百废待兴，法律人才缺乏，从革命家到治国者的转变尚在探索过程。第一代领导人更擅长政策治国，对他们而言，社会主义法制是新生事物。这是国家基本法制的初创阶段。

三、行政性分权体制的初步探索

1955 至 1956 年，毛泽东在视察和听取汇报的基础上认为要发挥中央和地方两个积极性，地方权力过小，对社会主义建设不利。他在《论十大关系》中提出了"正确处理中央同地方的关系"和企业自主权问题。八大会议决定，"根据统一领导、分级管理、因地制宜、因事制宜的原则，改进国家的行政体制，划分企业、事业、计划和财政的管理范围，适当扩大各省、自治区、直辖

---

① 周振想、邵景春主编：《新中国法制建设 40 年要览（1949—1988）》，群众出版社，1990 年版，第 222 页。

市的管理权限。并且逐一改进和加强中央各部的工作。"根据八大关于体制改革的决策，八届三中全会通过《关于改进工业管理体制的规定》、《关于改进商业体制的规定》、《关于改进财政体制和划分中央和地方财政管理权限的规定》，这三个文件由国务院通过并公布施行。这次关于行政体制的改革，具有重大的现实和历史意义。薄一波在晚年回忆中对这次改革给予高度评价，认为它是我国经济体制改革的一次有益的探索和尝试，对于当时被认为神圣不可侵犯，以高度集权、纯而又纯、政企不分为特征的传统体制模式来说，打开了一个重要缺口。①

1949 至 1957 年，在废墟中建立一个新中国，领导阶层集中权力，集中决策，有其历史必然性。这一时期，党的重大决策坚持集体领导和民主讨论原则，对重大事项公开讨论，讨论气氛活泼，决策过程比较公开。② 虽然最终决策权属于党中央，但行政决策还是有一定独立空间。大量与经济管理有关的行政决定由国务院及其部委作出，地方党委对纯行政决策事务并不干涉，中央行政官员直接控制着省、市、县。

四、行政决策法制第一个"黄金时期"的形成

新中国行政法制的初创，是以苏联模式为样板进行的。上世纪 50 年代初期，党和国家领导重视宪法和法律，基本依照宪法和法律办事。社会主义改造基本完成以后，周恩来提出："专政要继续，民主要扩大"。刘少奇在八大政治报告中指出，"革命的暴风雨时期已经过去了，新的生产关系已经建立起来，斗争的任务已经变为保护社会生产力的顺利发展，因此，斗争的方法也就必须跟着改变，完备的法制就是完全必要的了。""我们目前在国家工作中的迫切任务之一，是着手系统地制定比较完备的法律，健全我们国家的法制。"③董必武在八大会议上发言指出，在废除旧的"六法全书"之后，要逐步完备法制，制定新的"六法全书"，制定刑法、民法、诉讼法、劳动法、土地法等一系列法律。他还提出党政职能分开的原则，认为加强民主与法制建设，可以

---

① 这次经济管理体制的改革，"大跃进"期间一度出现下放失控的混乱局面，不得不在调整中回收管理权。参见薄一波著：《若干重大决策与事件的回顾》（下卷），中共中央党校出版社，1993 年版，第 552 页。

② R. 麦克法夸尔，费正清编：《剑桥中华人民共和国史——中国革命内部的革命 1949～1965》，中国社会科学出版社，1990 年版，第 63 页。

③ 《刘少奇选集》（下卷），人民出版社，1985 年版，第 253 页。

使党和政府的活动"有法可依"、"有法必依"。这是高屋建瓴的认识。

这一时期的重大行政决策，如第一个五年计划、年度计划与预算、综合治理黄河的方案等都经过广泛论证和征求意见，促进了决策法制化水平的提高，是行政决策法制发展的第一个"黄金期"。同时，这一阶段由于复杂的国际环境和国内形势，行政决策法制建设带有斗争意味，重视法律的政治性，而忽视法制的科学性。由于一些基本法律尚不完备，不可避免地把领导人指示当作法律。人民代表大会的审查作用不足，讨论不充分，人大代表是一种政治待遇，对政府的监督不够。"新中国的法制建设不是在一种平和、理性的条件下进行的，它创建时就背着重负，并密切地同政治斗争联系在一起，法制成为政治斗争的手段和工具"。① 从大跃进到反右扩大化，法制逐步被搁置起来直至被践踏。

第二节　行政决策法制停滞与破坏（1957～1976）

从"大跃进"开始，法制建设不再被关注，重大决策逐渐背离了民主集中制原则，意见分歧被视为阶级斗争的表现，往往以运动方式展开批斗。1957～1976年的前十年法制建设处于徘徊与停滞，后十年法制遭受严重破坏，行政决策法律虚无主义泛滥。

一、以党代政、以党代法局面的形成

1958年6月10日，中共中央发出《关于成立财经、政法、外事、科学、文教各小组的通知》，规定大政方针在政治局，具体部署在书记处。只有一个"政治设计院"，五个小组直接隶属于中央政治局和书记处，向它们直接报告。大政方针和具体部署都是一元化，由党中央决定，具体执行和细节决策归政府机构及其党组。毛泽东还提出了一元化方针："大权独揽，小权分散；党委决定，各方去办；办也有决，不离原则；工作检查，党委有责。"② 此后，党委不仅大权独揽，大小决策都管，中共中央通过党的系统直接指挥国务院各职能部门的工作，政府决策的独立性消失，以党代政、以党代法的局面形成。国务

① 蔡定剑著：《历史与变革——新中国法制建设的历程》，中国政法大学出版社，1999年版，第16页。

② 薄一波著：《若干重大决策与事件的回顾》（下卷），中共中央党校出版社，1993年版，第650～651页。

决策权高度集中，呈现出"一言堂"特征。1957年，党与政权组织高度融合，党权代替了国家权力。

二、阶级斗争重提与"七五修宪"

受到国际上"波匈事件"和国内"右派"言论的影响，毛泽东认为"八大"关于无产阶级和资产阶级的矛盾已经基本解决的论断不妥当，重新提出无产阶级和资产阶级的矛盾是我国社会的主要矛盾。1962年，中共八届十中全会是左倾理论系统化和阶级斗争扩大化的一个重要标志，会议提出了贯穿社会主义历史时期的阶级斗争纲领。重新提出无产阶级和资产阶级的矛盾是重要矛盾，国内政治风向发生逆转，完全中断了1956年提出的从革命到建设的转变的进程，冲击了脆弱的社会主义法制基础。薄一波认为，这种受国际事件和国内暂时情况的影响修改基本路线的做法是一件很深刻的教训。① 在法制层面解读，其危害尤甚。

1975年修改宪法，初衷是把"文化大革命"的经验和成果确定下来，建立所谓新秩序。宪法总纲15条，有关国家机构和公民权利的条文15条。"七五宪法"是极"左"思想的政治宣言，它把阶级斗争作为国家基本路线，把无产阶级专政下继续革命的理论作为国家的指导思想。国家政权体制上强化党的一元化领导，削弱国家机构和国家政权的职能，以党代政、党政不分的弊端得到宪法的确认。宪法结构先规定公民义务，再规定公民权利，违背制宪基本原则，缩小了公民权利和自由的范围。

三、从弃置法制到否定法制

1960年以后，全国的立法全面停滞，大量的行政法律、法规被实际废止。首先，"大跃进"和人民公社的决策，给中国生产力发展造成了大灾难、大危机，让新生的共和国丧失了发展机遇期。中国GDP占世界总量比重由1958年的5.9%下降到1962年的4.0%，是1820年以来的最低点。"大跃进"和人民公社运动破坏了生产的协调和结构失衡，更为严重的是人口死亡率大幅度上升。以运动方式搞经济建设违背科学规律。这一时期作出了许多反科学的决策。"原有的决策机制由制度化变为非制度化，由集体化变为个人化，对领导

---

① 薄一波著：《若干重大决策与事件的回顾》（下卷），中共中央党校出版社，1993年版，第632页。

人的权力的制衡机制与失误纠正机制开始弱化。"①

其次，"反右派"运动开始否定法制，取消法制。1957 年 6 月，中国共产党发动"反右派"运动，用群众性的阶级斗争的方式向在共产党整风中提意见的"右派"发动攻击。一些民主人士发表了正确的认识和见解，被划为"右派分子"批斗。"反右运动"开始后，人人自危，言路闭塞。1957 年的反右派运动扩大化本身就是一件违反法制的重大事件。② 社会主义法制原则遭到批判和抛弃，如：法律面前人人平等的原则；公检法机关分工负责、互相制约原则；法院依法审判原则；检察院行使一般法律监督原则；被告有权获得辩护原则等。反右派运动迅速演变到阶级斗争扩大化。"反右扩大化是我国民主法制建设走向悲剧的开始，是"文化大革命"的一次预演。"③

再次，"文化大革命"是法制完全沦丧的十年。1966 年至 1976 年的"文化大革命"，成了党和国家一场自我否定的"革命"。毛泽东的第一张大字报开启了红卫兵冲击合法政权机关的乱象。作为最高权力机关的全国人民代表大会被命令停止工作。1967 年 1 月至 1968 年，红卫兵开展夺权行动，各级政府处于瘫痪状态。踢开党委闹革命，建立起"革命委员会"——这一组织并不具有法定权威与控制能力。各地发生了红卫兵"武斗"并开始升级，最后人民解放军出面才恢复社会秩序。"文革"期间，上至国家主席、各级政府领导，下至知识分子、普通官员，被批斗、监禁和公开羞辱，公民权利毫无保障。司法机关被彻底砸烂，公检法机关遭到清洗，大批领导干部、司法干警被打成"叛徒"、"特务"、"反革命"、"走资派"。1968 年 12 月，最高人民检察院、最高人民法院、内务部的军代表和公安部领导小组联合提出《关于撤销高检院、内务部、内务办三个单位，公安部、高法留下少数人的请示报告》得到批准。1969 年人民检察院被正式宣布撤销，职权由公安机关行使，人民法院军事管制达五六年之久，最高法院只留七八个人的办案组，地方人民法院的审判工作由公安机关军管会"审批组"取代。1969 年 4 月召开九大会议，林彪作政治报告，强调了阶级斗争，中央委员会中军人占了多数，务实作风的行政官员几乎都靠边站或被打倒。"造神运动"使个人崇拜达到了极致，民主

---

① 胡鞍钢著：《中国政治经济史论（1949～1976）》，清华大学出版社，2007 年，第 3406 页。

② 蔡定剑著：《历史与变革——新中国法制建设的历程》，中国政法大学出版社，1999 年版，第 89 页。

③ 蔡定剑著：《历史与变革——新中国法制建设的历程》，中国政法大学出版社，1999 年版，第 87 页。

集中制原则遭到空前破坏。民主与科学遭受压制，决策的极权主义盛行。"文革"抛弃宪法，砸烂法治机关，破坏一切法律秩序，是一场史无前例破坏法制的运动。

1958～1976年，重大决策抛弃"没有调查就没有发言权"的优良传统，偏离"从实际出发"、"分类指导"、"因地制宜"的原则，表现出狂热的激进主义与轻率的浪漫主义，这种革命热情违背法治精神，抛弃实事求是原则，决策科学性无法保障。"大跃进"、"农业大放卫星"、"工业大炼钢铁"、"人民公社红遍全国"、"踢开党委闹革命"等，给新中国脆弱的法制以毁灭性打击。

第三节　行政决策法制重建与发展（1976～2002）

1976年开始拨乱反正，重振纲纪，重视民主与法制。这是一个全新的时期，显著的开端是1979年的大规模立法。1989年以后，随着经济体制改革的深入和市场经济目标逐步确立，党和国家逐步形成加强法制、依法治国以及依法行政的政治共识，逐步推进社会主义民主的制度化、法律化，行政决策法制进入全面建设时期。这一时期是行政决策法制建设的第二个"黄金时期"。

一、法制重建过渡期

1976年10月～1978年底，我国进入法制重建的过渡期，清除"七五宪法"，制定并通过"七八宪法"。"七八宪法"仍然保留了一些错误的和过时的政治理论观点，是一部过渡时期的宪法。这一时期重点是终止动乱，开启自我纠错，恢复社会秩序，是徘徊过渡阶段，为以后大规模的法制建设作准备。

二、法制重建新阶段

1978年12月召开的十一届三中全会开启了行政法制重建的新阶段。邓小平站在国家和民族前途命运的高度，痛定思痛，坚决提出走法制道路。他在多次讲话中提到法制化、民主化、制度化问题。国家和人民生活亟须进入正常轨道。1978年12月22日，中国共产党十届三中全会通过的《公报》指出：

"为了保障人民民主，必须加强社会主义法制，使民主制度化、法律化，使这种制度和法律具有稳定性、连续性和极大的权威，做到有法可依，有法必依，执法必严，违法必究。从现在起，应当将立法工作摆到全国人民代表大会及其常务委员会的重要议事日程上来。检察机关和司法机关要保持应有的独立性；要忠实于法律和制度，忠实于人民利益，忠实于事实真相；要保证人民在自己的法律面前人人平等，不允许任何人有超越法律之上的特权。"

这176字被认为是我国的法治建设的宣言，象征着中国当代法治进程的开始。① 这个宣言同时开启了行政决策的法制建设新进程。

1980年邓小平指出最重要的是制度问题。② 他从党和国家的制度根源分析了毛泽东晚年发生错误的原因，"我们过去发生的各种错误，固然与某些领导人的思想、作风有关，但是组织制度、工作制度方面的问题更重要。这些方面的制度好可以使坏人无法任意横行，制度不好可以使好人无法充分做好事，甚至会走向反面。……不是说个人没有责任，而是说领导制度、组织制度问题更带有根本性、全局性、稳定性和长期性。这种制度问题，关系到党和国家是否改变颜色，必须引起全党的高度重视。"③ 第二代领导人深刻的反思，促使1978年以后中国走向法制建设的道路。1986年7月31日，万里发表《决策民主化和科学化是政治体制改革的一个重要课题》的讲话，指出政治体制改革的一个极为重要的方面就是充分发挥社会主义民主，真正实行决策的民主化和科学化。这里提到的决策的民主化和科学化，与法制问题紧密相连，是破除迷信、解放思想、发扬民主的一次动员。

行政决策无法可依的问题开始着手解决。首先是恢复了部分法律法规的效力。1979年11月，第五届全国人大常委会通过《关于中华人民共和国建国以来制定的法律、法令效力问题的决议》。决议决定恢复1949年10月1日以来中央人民政府制定、批准的法律、法令，恢复1954年9月20日以来全国人大和全国人大常委会制定、批准的法律、法令，包括调整行政社会关系的法律、法令的效力。其次，在恢复旧法的基础上制定出一系列与行政决策制度相关的法律法规。第五届全国人大二次会议审议通过《地方各级人民代表大会和地方各级人民政府组织法》，对地方政权机关"拨乱反正"，结束了"文革"中

---

① 何海波编著：《法治的脚步声——中国行政法大事记（1978～2994）》，中国政法大学出版社，2005年版，第1页。

② 《1980年6月27日邓小平同中央负责同志的谈话》，载《邓小平文选》（第二卷），人民出版社，1994年版，第297页。

③ 《党和国家领导制度的改革》，载《邓小平文选》（第二卷），人民出版社，1994年版，第333页。

形成的党政军合一的革命委员会体制，明确全国人大是最高权力机关，地方各级人大及其常委会是地方国家权力机关，规定地方各级人民政府的组织、职权和工作方式。第六届全国人大五次会议通过《国务院组织法》，将国务院的组织活动重新纳入法制轨道。其次，颁布了行政决策相关的法律法规。1987 年 4 月《行政法规制定程序暂行条例》颁布。该《暂行条例》对行政法规制定程序、名称、内容乃至结构作了一般规定，从而显示其与一般行政公文的区别。1988 年，国务院办公厅《关于改进行政法规发布工作的通知》规定，今后行政法规由国务院总理签署发布令，新华社发稿，《国务院公报》、《人民日报》全文刊载，国务院不另行文，国务院各部门、地方各级政府及其所属机构都应遵照执行。1982 年 3 月，第五届全国人大常委会通过《民事诉讼法（试行）》。该法第 3 条第 2 款规定："法律规定由人民法院审理的行政案件适用本法规定。" 1989 年 4 月，七届全国人大二次会议通过《行政诉讼法》，该法共 11 章 75 条。这是我国贯彻落实宪法、保障公民权利的重要制度。尽管行政诉讼法并未将行政决策行为纳入诉讼范围，但它有助于克服官僚主义和官本位思想。

1981 年召开的党的十一届六中全会做出《关于建国以来党的若干历史问题的决议》，系统总结了历史经验教训，为"八二宪法"的制定扫除了历史包袱。1982 年 9 月召开的十二大，作出"党必须在宪法和法律的范围内活动"的规定。同年 12 月 4 日，第五届全国人民代表大会第五次会议通过了新中国历史上的第四部宪法——"八二宪法"。"八二宪法"是一部反思历史、加强法制的宪法。"八二宪法"在序言和总纲第 5 条确立了社会主义法制原则，规定了宪法的根本地位和宪法保障制度，为行政决策奠定了法制的基石。一是确立了国家政权组织活动的根本原则，即民主集中制原则。在政府与人民的关系上，政府由民主选举为主；在国家机关之间的关系上，由人民代表大会集权，其他国家机关对它负责，受它监督，以集中为主。二是确立了法制统一原则和宪法监督原则。规定宪法是国家根本法，一切国家机关必须遵守宪法和法律，任何国家机关的行为必须符合宪法和法律，一切违反宪法和法律的行为必须予以追究；任何国家机关和公职人员都不得有超越宪法和法律的特权。三是确立多层次的立法体制。这一体制的结构是：最高国家权力机关立法——最高国家行政机关立法——地方国家权力机关立法——特别立法权。赋予国务院制定行政法规的权力，国务院各部委制定规章的权力。四是确定了国务院和地方各级人民政府的性质、地位。需要提及的是，确立宪法地位在中国共产党和它领导的国家政权机关之上，是中国共产党在新时期对法制认识的一个重大突破，法律至上的观念从此逐步确立起来。但是"八二宪法"并没有建立宪法诉讼制度，行政决策违宪并不能启动审查程序。1988年2月28日，中共中央向全国人大常委会提出修改宪法个别条款的建议，全国人大常委会研究并征求了法律专家的意见，提出宪法修正案的草案。七届全国人大一次会议通过了宪法修正案，增加了保护私营经济和土地使用权可依法转让的规定。此后，中共中央向全国人大常委会提出修宪建议，启动修宪程序，成为一个惯例。①

三、行政决策体制的改革

1984年10月20日，十二届三中全会通过了《中共中央关于经济体制改革的决定》。《决定》提出，政府机构管理经济的主要职能是：制定经济和社会发展的战略、计划、方针和政策；制定资源开发、技术改造和治理开发的方案；协调地区、部门、企业之间的发展计划和经济关系；部署重点工程特别是能源、交通和原材料工业的建设；汇集和传布经济信息，掌握和运用经济调节手段；制订并监督执行经济法规；按规定的范围任免干部；管理对外经济技术交流和合作，等等。《决定》明确规定，各级政府部门原则上不再直接经营管理企业，全国性和地区性的公司必须是企业而不是行政机构。行政决策逐渐从微观经济管理中分离，推进了政企分开，这是一步具有深远意义的改革措施，这份《决定》也是我国行政决策法制化进程中的一份重要文件。1985年，全国人大作出《关于授权国务院在经济体制改革和对外开放方面可以制定暂行的规定或者条例的决定》，旨在解决重大决策与行政立法的合法性问题。同年，《中共中央、国务院关于进一步活跃农村经济的十项政策》、《关于国营企业工资改革问题的规定》、《国务院关于行政区划管理的规定》、《国务院关于严禁淫秽物品的规定》、《国务院关于口岸开放的若干规定》等重大行政决策出台。

1987年，十三大报告明确提出要加强社会主义法律制度建设。"国家的政治生活、经济生活和社会生活的各个方面，民主和专政的各个环节，都应做到有法可依，有法必依，执法必严，违法必究。""法制建设必须贯串于改革的全过程"。报告要求，逐步做到"党、政权组织同其他社会组织的关系制度

---

① 何海波编著：《法治的脚步声——中国行政法大事记（1978～2994）》，中国政法大学出版社，2005年版，第70页。

化，国家政权组织内部活动制度化，中央、地方、基层之间的关系制度化，人员的培养、选拔、使用和淘汰制度化，基层民主生活制度化，社会协商对话制度化。总之，应当通过改革，使我国社会主义民主政治一步一步走向制度化、法律化。"确立了有关行政立法的基本任务，即"为了巩固机构改革的成果并使行政管理走向法制化的道路，必须加强行政立法，为行政活动提供基本的规范和程序。要完善行政机关组织法，制定行政机关编制法，用法律手段和预算手段控制机构设置和人员编制。要层层建立行政责任制，提高工作质量和工作效率。要制定行政诉讼法，加强对行政工作和行政人员的监察，追究一切行政人员的失职、渎职和其他违法违纪行为。"行政决策体制改革的关键是解决党"一元化"领导问题，实行党政职能分开。对此，十三大报告予以明确阐述：

党的领导是政治领导，即政治原则、政治方向、重大决策的领导和向国家政权机关推荐重要干部。党对国家事务实行政治领导的主要方式是：使党的主张经过法定程序变成国家意志，通过党组织的活动和党员的模范作用带动广大人民群众，实现党的路线、方针、政策。党和国家政权机关的性质不同，职能不同，组织形式和工作方式不同。应当改革党的领导制度，划清党组织和国家政权的职能，理顺党组织与人民代表大会、政府、司法机关、群众团体、企事业单位和其他各种社会组织之间的关系，做到各司其职，并且逐步走向制度化。中央、地方、基层的情况不同，实行党政分开的具体方式也应有所不同。党中央应就内政、外交、经济、国防等各个方面的重大问题提出决策，推荐人员出任最高国家政权机关领导职务，对各方面工作实行政治领导。省、市、县地方党委，应在执行中央路线和保证全国政令统一的前提下，对本地区的工作实行政治领导。它们的主要职责是：贯彻执行中央和上级党组织的指示；保证国务院和上级政府指示在本地区的实施；对地方性的重大问题提出决策；向地方政权机关推荐重要干部；协调本地区各种组织的活动。它们与同级地方政权机关的关系，应在实践中探索，逐步形成规范和制度。乡、镇一级的党政分开，可以在县一级关系理顺后再解决。企业党组织的作用是保证监督，不再对本单位实行"一元化"领导，而应支持厂长、经理负起全面领导责任。事业单位中的党组织，也要随着行政首长负责制的推行，逐步转变为起保证监督作用。

1980 年 5 月和 1981 年 7 月，国务院办公厅法制局和国务院经济法规研究中心先后成立。1986 年 4 月，国务院合并两个机构，重新成立国务院法制局，为国务院直属机构。国务院法制局的任务是全面负责国务院法制行政工作，对国务院各部门的法制工作通盘考虑、综合研究、组织协调、具体指导，同时，检查行政法规的实施情况，办理有关行政规章和地方性法规的备案工作，以及监督国务院各部门和省级政府加强法规建设等工作。此后，地方法制机构也如雨后春笋般建立起来。到 1989 年底，全国省级政府成立了法制机构，一批市县政府也分别设立了法制机构，加强了政府法制工作。政府法制机构建立之后，积极参与立法工作，组织清理行政法规和规范性文件，建立法规规章备案审查制度，有力推进了行政法制建设。

根据国务院关于重新设立行政监察机关的议案，1986 年 12 月，第六届全国人大常委会第 18 次会议决定设立监察部，其主要职能是监督监察国家各级行政机关及其工作人员，企业事业单位中由国家行政机关任命的领导干部执行国家政策、法律法规、国民经济和社会发展计划的情况，调查处理其违法违纪行为。到 1989 年，全国行政监察机构已建立健全，县级以上各级政府都建立了监察厅、局。行政监察机构实行双重领导体制，地方各级检察机关主要受所在地人民政府领导，同时又受上级行政监察机关领导。检察机关权力和权威的加强，在反腐倡廉和民主法制建设上发挥出重要的作用。这一阶段，我国行政法制加快建设步伐，是第二个"黄金期"——开启了基本法制的建设，制定了一些行政决策相关法律法规。这也是行政决策法制建设的起步探索阶段。

四、依法行政原则的逐步确立

上世纪 90 年代以前行政决策依据党的政策、领导人讲话，没有确立依法决策的理念。1989 年 4 月 4 日通过的《行政诉讼法》正式确立依法行政原则。国务院将《行政诉讼法》的实施作为行政法制建设中的一件大事，要求各级政府主动配合法院开展工作。国务院总理李鹏在 1990 年第七届全国人民代表大会第三次会议上所作的政府工作报告中指出，各级政府要纠正比较普遍存在的有法不依、执法不严的现象。"建立和健全民主决策、民主监督的程序和制度。""各级政府要自觉接受人民代表大会及其常委会的监督和检查，主动加强同人民政协、各民主党派、无党派爱国人士和群众团体的联系，为他们参政议政、发挥民主监督提供必要的条件，高度重视他们的各种意见和建议，逐步使协商办事和民主决策经常化、规范化、制度化。"① 行政决策规范化和制度化的命题在中央政府层面上提了出来。

1993 年 11 月 14 日，中共中央作出《关于建立社会主义市场经济体制若干问题的决定》。中国社会开始从计划经济向社会主义市场经济转型，这意味着全能政府向有限政府转变，对行政决策的领域、范围和方法有意义深远的重大的影响。

1993 年政府工作报告提出："各级政府都要依法行政，严格依法办事。一切公职人员都要带头学法懂法，做执法守法的模范。"这是中央政府文件首次提出"依法行政"。依法行政的前提是掌握法律，了解法律。1994 年 12 月 9 日，中共中央根据司法部党组的建议举行第一次法律知识讲座，中共中央政治局、书记处和国务院的领导听取讲座，中共中央、国务院有关部门的负责人也参加了听讲。中央领导同志学法重法用法的机制开始形成。全国人大常委会、国务院各部门、各省市区普遍举办了领导干部法律知识讲座，各级党政干部学法用法的局面开始形成。1996 年第八届全国人大第四次会议通过的《关于国民经济和社会发展"九五"计划和 2010 年远景目标纲要及关于（纲要）报告的决议》进一步将依法行政，依法治国，建立法治国家作为国家的治国方针。

中国共产党第十五次全国代表大会报告第一次明确而完整地提出依法治国方略，这是具有历史性的进步。报告指出，"在坚持四项基本原则的前提下，继续推进政治体制改革，进一步扩大社会主义民主，健全社会主义法制，依法治国，建设社会主义法治国家。"报告提出到 2010 年形成有中国特色的社会主义法律体系。一切政府机关都必须依法行政，切实保障公民权利，实行执法责任制和评议考核制。提高领导干部的法制观念和依法办事能力。十五大强调要推进决策科学化、民主化，提高决策水平和工作效率。

1998 年，中央对政府职能转变明确方向，即把政府职能转变到宏观调控、社会管理和公共服务三个领域。九届人大一次会议通过国务院机构改革方案，这次机构改革的重点是国务院组成部门。除国务院办公厅外，国务院组成部门原 40 个减为 29 个。机构改革的目标是建立办事高效、运作协调、行为规范的行政管理体系，完善公务员制度，建设一支高素质的公务员队伍。国务院还下

---

① 李鹏：《为我国政治经济和社会的进一步稳定发展而奋斗——1990 年 3 月 20 日在第七届全国人民代表大会第三次会议上》，中央政府网，http：//www. gov. cn/test/2006～02/16/content _ 200883. htm，2008 年 12 月 20 日访问。

·发了关于议事协调机构和临时机构设置的通知、关于部委管理的国家局设置的通知、关于成立保险监督管理委员会的通知、关于调整撤并部门所属学校管理体制的决定等规范性文件。

1999 年，国务院召开全国依法行政工作会议。中央政府就依法行政召开专门会议研究部署，这是新中国成立以来的第一次。同年，国务院颁布《关于全面推进依法行政的决定》。各级政府及其工作部门加强了制度建设，严格行政执法，强化行政执法监督，依法办事的能力和水平有了提高。2001 年 5 月，中组部、国务院法制办和国家行政学院共同举办省部级干部依法行政专题研究班，就依法行政的基本理论、行政立法、行政执法、行政复议、行政诉讼、行政赔偿以及其他相关法律制度的有关问题进行专题学习，强调领导干部带头依法行政。自此，依法行政原则在我国确立起来。

五、行政立法的进一步发展

依法行政中的"法"包括宪法和法律法规。1993 年 3 月 29 日，第八届全国人大一次会议通过了宪法修正案。"有中国特色社会主义理论"、"中国共产党领导的多党合作和政治协商制度"、"国家实行社会主义市场经济"写入宪法。1999 年 3 月 14 日，第九届全国人大二次会议通过《宪法修正案》，"依法治国，建设社会主义法治国家"的基本方略写进宪法。

1993 年出台《国家公务员暂行条例》，对公务员队伍开始依法管理。暂行条例把国家公务员定义为各级国家行政机关中除工勤人员以外的工作人员。这是建立中国公务员制度的初始阶段，在此基础上，2005 年《中华人民共和国公务员法》颁布。现代国家公共预算与决策民主法治紧密关联，通过预算约束政府决策是预算法内容之一。1994 年，《中华人民共和国预算法》颁布，这是我国第一部规范预算行为的法律，明确审查批准财政预算是人大的职权，是人民行使当家作主权利的重要体现。全国人民代表大会审查中央和地方预算草案，全国人民代表大会常务委员会监督中央和地方预算的执行；县级以上地方各级人民代表大会审查本级总预算草案，县级以上地方各级人民代表大会常务委员会监督本级总预算的执行；设立预算的乡、民族乡、镇的人民代表大会审查和批准本级预算和本级预算执行情况的报告；监督本级预算的执行。1995 年，国务院颁布《信访条例》，对建国初建立的信访制度进行了修正。《信访条例》确立了"属地管理、分级负责，谁主管、谁负责"的体制。2005 年国务院修订《信访条例》，对信访表现方式的非理性化和信访解决机制的非终结化予以规范。但信访制度在给公民提供救济渠道、表达内心意愿的同时，也暴露出内在缺陷，陷入法治化困境，对此制度的质疑和争论至今仍在进行。

1990 年代中期到 2002 年，控制和约束行政主体的行政程序规则有所发展。1996 年通过并施行的《中华人民共和国行政处罚法》发挥了奠基和开拓性作用。我国首次以法律形式赋予行政相对人以程序权利，行政相对人可以运用这种程序上的权利对抗行政机关。行政处罚法确立了"处罚法定"原则和"法律保留"原则、"法律优先"原则，第一次引入听证制度，对行政法治产生了深远影响。1997 年《中华人民共和国行政监察法》颁布实施。该法对行政监察机关和监察人员、检察机关的职责、检察机关的权限、检察机关行使职权的程序以及违反行政监察法的法律责任等作出了明确规定。1999 年颁布实施《中华人民共和国行政复议法》，在 1990 年国务院制定《行政复议条例》的基础上，建立完善公民权利救济和行政纠纷化解的一种重要机制。行政复议也成为行政机关自我纠正错误的一种监督制度。

清理行政法律法规，是维护法制统一和政令畅通、推进依法行政的客观要求和重要措施。2000 年，国务院对行政法规进行清理，2001 年，国务院公布了《关于废止 2000 年底以前发布的部分行政法规的决定》，决定废止 71 件行政法规，宣布失效 80 件行政法规。规范性法律文件的清理，适应了加入 WTO 的需要。

我国的行政诉讼制度始于 1982 年民事诉讼法（试行）颁行。《行政诉讼法》的颁布标志"民告官"法律的正式创立以及行政诉讼制度形成。这是我国行政法制建设中具有里程碑意义的一部法律，它对于保障公民权利、规范行政行为、监督行政机关依法行政起到了重要作用，也有力冲击了传统"官本位"、"官治民"的思维定势。2000 年最高法院制定解释，拓宽了行政诉讼的受案范围，规定了原告资格和适格被告，明确诉讼参加人的权利义务，对被告和原告的举证责任作了划分；明确了法院对行政机关申请执行的具体行政行为的审查职责的主要标准。行政诉讼是法院对行政活动的监督，但由于缺乏司法独立的传统，行政诉讼法在实施中遇到诸多阻力。法律本身从诉讼类型、受案范围、审级制度、当事人制度、审理程序、庭审方式、审理标准、证据规则至判决制度等都需要进一步完善修订。

1994 通过的《中华人民共和国国家赔偿法》确立了国家承担责任的原则，规定国家机关和国家机关工作人员违法行使职权侵犯公民、法人和其他组织的合法权益造成损害的，受害人有依照本法获得国家赔偿的权利，并规定了行政赔偿和刑事赔偿的范围、程序和标准。这部法贯彻了国家尊重和保障人权的宪法原则。

一项发生在这一时期的重大决策值得一提。三峡工程在中国乃至世界都是有争议的工程。1954 年长江洪水之后，国务院决定开始长江流域规划和三峡工程的研究。三峡工程的论证持续了几十年时间。1990 年 12 月至 1991 年 8 月，国务院三峡工程审查委员会审查通过三峡工程的可行性报告，报经中共中央、国务院批准。1992 年 3 月 6 日，国务院总理李鹏向第七届全国人大五次会议提交了《国务院关于提请审议兴建长江三峡工程的议案》。4 月 3 日，大会以 1767 票赞成、177 票反对、689 票弃权的结果，通过《关于兴建三峡工程决议》。次年，国务院颁布《长江三峡工程建设移民条例》（2001 年修正），国务院及其部门先后发布数十个规范性文件。此后三峡工程进入了实施阶段。三峡工程建成后，其技术、经济等综合性指标可能需长期地经受历史检验，但是整个决策过程符合民主和法治精神，这已经消弭和降低了一些风险。三峡工程决策成为我国行政决策步入法制轨道的一个典型案例。

第四节　行政决策从法制化走向法治化（2002～2010）

2002 年以前，是行政法制化建设阶段。行政法制取得了很大进步，但行政决策法制化还处于较低水平。从十六大到十七大，行政决策开始从法制化向法治化过渡。

一、中国的宪政新进程

2002 年中国共产党第十六次代表大会明确提出"社会主义政治文明"的概念，政治文明与物质文明、精神文明成为社会主义现代化建设"三位一体"的目标，这一理论突破了法律工具主义旧思维，提升了民主与法治的战略地位。2003 年，十六届三中全会确立了"依法执政"的理念。依法执政理念对实施依法治国方略与推进依法行政提供了重要保障。十六届四中全会要求，不断提高发展社会主义民主政治的能力，推进社会主义民主的制度化、规范化和程序化。

依法治国的核心是实行宪政，宪政的关键是权利保障和权力规范。2004年宪法修正案将十六大确定的重大理论观点和重大方针政策以宪法的形式确定下来，法律价值实现了突破。宪法修正案明确了"三个代表"在国家政治和社会生活中的指导地位，增加了"三个文明"协调发展的内容，完善了对私有财产保护的规定，增加了建立健全社会保障制度的规定，增加了尊重和保障人权的规定等。这次修宪在权利保障方面有明显加强。修宪本身的程序更加民主、科学，程序合法性增强，表明执政党尊重民意、尊重宪法；人大常委会表决过程高度透明，证明依法治国取得了进步。

法律规范审查制度开始建立，使得法律法规之间冲突打架，影响法律体系完整统一得以缓解。2004 年全国人大常委会法工委设立"法规备案审查室"，这是我国第一个受理规范性法律文件的专业机构，把规范性法律文件纳入宪政体制审查，成为我国违宪审查制度的新开端。2005 年，全国人大常委会对《法规备案审查工作程序》和《司法解释备案审查工作程序》进行了修订。《法规备案审查工作程序》的修订，是我国建立违宪审查机制的重要的一个步骤，标志着违宪审查制度开始启动。

胡锦涛主席在纪念人民代表大会制度建立 50 周年的讲话中指出，依法治国首先是依宪治国，依法执政首先是依宪执政。中国共产党自觉依宪治国、依宪执政的认识和决心是宪政进程的根本保障。嗣后，中共第十七次全国代表大会对民主法治建设作出战略部署，全面落实依法治国基本方略，加快建设社会主义法治国家，要求坚持科学立法、民主立法，完善中国特色社会主义法律体系；加强宪法和法律实施，维护社会公平正义，维护社会主义法制的统一、尊严、权威；推进依法行政，尊重和保障人权，依法保证全体社会成员平等参与、平等发展的权利。

2009 年 4 月，中央政府发布《国家人权行动计划（2009～2010 年）》，明确未来两年中国政府在促进和保护人权方面的工作目标和具体措施。这是中国第一次制定国家人权行动计划，旨在落实"国家尊重和保障人权"的宪法原则，以务实的态度，把保障人民的生存权、发展权放在保障人权的首要位置，并重视依法保证全体社会成员平等参与、平等发展的权利，得到全世界的关注和肯定。

宪政框架不仅约束政府的任意权力，它也提升行政决策理性。宪政的主要内容，如基本人权保护、政治参与权等都可制约决策受非理性因素的干扰。在新的历史时期，强化宪政理念，推进宪政事业，已成为举国上下的共识和行动。实行宪政，必须把国家政治生活的基本规则纳入宪法，让执政党自觉在宪法监督下活动，让政府权力进入宪法轨道。

二、法治政府目标的提出

1990 年以来，中国就启动了法治政府的建设工程。2003 年《中华人民共和国行政许可法》颁布，从法律上确立有限政府和法治政府的思想。2004 年国务院《全面推进依法行政实施纲要》的颁布实施，全面确立了法治政府的建设目标。

《行政许可法》是法治政府建设中的一部重要法律，体现了许多先进的观念和原则，如权利观念、程序公正观念、有限政府观念、责任政府观念、公开政府观念、服务型政府、廉洁政府观念等，规范政府行政审批权限，确立了政府职能定位，"信赖保护"原则第一次写入了法律。公民、法人或者其他组织依法取得的行政许可受法律保护，行政机关不得擅自改变已经生效的行政许可。行政许可所依据的法律、法规、规章修改或者废止，或者准予行政许可所依据的客观情况发生重大变化的，为了公共利益的需要，行政机关可以依法变更或者撤回已经生效的行政许可，由此给公民、法人或者其他组织造成财产损失的，行政机关应依法补偿。强调行政相对人享有程序性权利，即陈述权、申辩权、申请行政复议或提起行政诉讼的权利，以及依法要求赔偿的权利。行政机关负担程序性义务约束。显然，行政许可法具有保障、控权、平衡和监督功能。

2003 年 3 月，新一届政府的第一次全体会议讨论通过了《国务院工作规则》，确立了三项基本准则：实行科学民主决策，坚持依法行政，加强行政监督。国务院把全面推进依法行政摆上了政府工作的重要日程。此后两次修订《国务院工作规则》，对建立健全科学民主决策机制、提高依法行政能力和水平、自觉接受各方面监督等作出规定。

2004 年国务院颁布的《全面推进依法行政实施纲要》作为指导各级政府依法行政的纲领性文件，确立了全面推进依法行政，建设法治政府这一主题，经过十年左右（到 2014 年）的努力，基本实现建设法治政府。《纲要》提出，法治政府主要体现在合法行政、合理行政、程序正当、高效便民、诚实守信和权责统一六个方面。与以往的依法行政决定不同，纲要将依法行政理念与依法行政制度结合起来。"依法行政理念与依法行政制度就像法治政府的双翼，只有双翼齐翔，才能托起法治政府的蓝图。"① 立基于 90 年代以来依法行政的实

---

① 袁曙宏：《法治规律与中国国情创造性结合的蓝本——论＜全面推进依法行政实施纲要＞的理论精髓》，载于《中国法学》2004 年第 4 期，第 3～14 页。

践基础，决策者在理念与制度上都有较大的突破，《纲要》具有历史延续性、现实突破性和未来前瞻性。《纲要》本身并不具有法律拘束力，它只是"重大决策"而已。但是，它对我国行政法制度变革必将产生深刻的影响。它触及到行政法治实践的深层结构，全面激活对行政法制度体系的反思与重构，为加速推动我国行政法从失衡走向平衡作出重要贡献。①

三、行政决策法治化的全面启动

《纲要》是行政决策的法治化宣言，真正启动了行政决策全面法治化进程。这是五十多年法制建设的经验、教训、进步、积累的结果。宏观上看，它提出了全面建设法治政府的总目标；微观上看，它规定重大行政决策在决策过程中要进行合法性论证。从"健全行政决策机制"、"完善行政决策程序"、"建立健全决策跟踪反馈和责任追究制度"三个方面，规定了依法决策、科学决策、民主决策，实行决策公开，确立"谁决策、谁负责"，不落俗套，具有相当的操作性。

一些部门和地方积极探索，为国家层面行政决策法治化提供实践基础。2002 年 1 月，有关部门第一次举行全国性的行政决策听证会，就"铁路部门旅客列车票价实行政府指导方案"进行听证，引起社会广泛关注。数年间，各地举行的各类听证会达数千次，公众参与政府决策的积极性空前提高。各地根据各自实际，积极开展制度创新。2005 年 1 月，湖北省颁布《湖北省人民政府关于推进行政决策科学化民主化的若干意见》，就行政决策的基本规则、程序、民主协商、专家咨询、监督、责任追究等予以规范。2005 年 4 月，《河北省人民政府关于建立健全科学民主决策制度的实施意见》颁布，立意"为规范省政府决策行为，推进科学民主决策，提高决策水平和效率"。同年，国土资源部制定了《国土资源听证规则》，这是中国第一部规范国土资源系统听证工作的规章。2008 年 4 月，《湖南省行政程序规定》颁布实施，要求县级以上人民政府在作出重大决策前，必须严格遵循调查研究、专家论证、公众参与、合法性审查、集体研究的步骤。这是中国大陆首次就行政程序立法，在行政决策机制上有创新性规定，受到普遍关注。其意义在于积累经验，推动全国性立法进程。

---

① 罗豪才，宋功德：《链接法治政府——<全面推进依法行政实施纲要>的意旨、视野与贡献》，载于《法商研究》2004 年第 5 期，第 3 ~ 15 页。

政府信息公开对于行政决策法治化具有重要意义。2007 年《中华人民共和国政府信息公开条例》公布，2008 年 5 月 1 日起施行。该条例将信息公开透明纳入法治轨道，确立"以公开为原则，以不公开为例外"原则。第一次明确规定公民知情权的行政救济途径。依法公开信息从此成为政府法定义务，为公民参与政府决策与监督政府决策提供了制度性保障。

市县两级政府在我国政权体系中具有十分重要的地位，处在政府工作的第一线，直接涉及人民群众具体利益的行政决策大多数由市县政府做出，各种社会矛盾和纠纷大多数发生在基层并需要市县政府处理和化解。市县政府能否有效推进行政决策法治，很大程度上决定着我国行政决策法治化的整体水平和法治政府建设的整体进程。2008 年 5 月 12 日，《国务院关于加强市县政府依法行政的决定》颁布，强调将法治决策纳入各级政府自身建设的重点。自上而下的自觉推动与自下而上的积极创新结合起来，行政决策法治化战略已经形成并付诸实施。

形成有中国特色社会主义法律体系的目标早在 2008 年就基本实现了。[①]十七大提出行政管理体制改革的四大内容：转变职能、理顺关系、优化结构、提高效能，强调"保障人民的知情权、参与权、表达权和监督权"，为行政决策法治作出了方向性规定。2008 年《关于深化行政管理体制改革的意见》明确提出，到 2020 年建立起比较完善的中国特色社会主义行政管理体制，这是我国行政管理体制改革的总体和长远目标，是一个重大实践突破，为我国行政管理体制改革指明了方向，也为行政决策制定体制、行政决策执行体制、行政决策监督体制的改造提出了战略要求。

第五节　行政决策法治化历程的经验与教训

经过 60 年的曲折探索，行政决策法治化起步了。这是在行政法制趋于齐备、政府法治理念基本确立、监督和责任机制初步建立、民主意识逐步扩展的基础上起步的。总结 60 年的经验教训，有四个方面的问题值得关注。

一、完善法制、尊重法制是行政决策法治化的基础

建国伊始，废除国民党"六法全书"，尽管这在相当程度上是可以理解

---

① 吴邦国：《全国人民代表大会常务委员会工作报告——2008 年 3 月 8 日在第十一届全国人民代表大会第一次会议上》，载于《中华人民共和国全国人民代表大会常务委员会公报》2008 年第 3 期。

的，但完全废除旧法制的后果之一是从零开始进行法制建设，新中国处于全面的无法可依状态。国民党政府的法律体系自 1927 年开始形成，以引进大陆法系国家法律为主体，吸取了清末法制改革、南京临时政府、北洋政府的法制建设成果和经验，除了体现统治阶级意志的法律外，有大量法制是传统习俗、惯例以及公众理性和认知的体现，即除了宪法和行政法等部分内容不合新政权外，不少法制也是新政权维持秩序和发展生产以及大量民事交往的规范需要，是中国法制现代化进程中的成果。

如果说 1949 年初废除"六法全书"有一定的历史合理性的话，从 1957 年开始直至到"文革"对新中国自己建立的法制的弃置与践踏则毫无理性可言。在运动频仍、大讲阶级斗争的年代，行政决策都是依据领导人的指示和党的阶段性政策作出。没有法制的决策权运用是盲目的和无节制的，不仅违背了人民意志，也违反了科学要求，这样的例子不胜枚举。

从人治到法制，再从法制到法治，这是一个漫长的变迁过程。这其中法制的完备无疑起着基础性作用。在相当长的时期，主要任务是解决无法可依的问题，其中经济决策领域的规则建设放在了首位。经济体制的改革带动了政府职能的转变。21 世纪初中央提出依法行政、十年建设法治政府的目标，逐步从依靠政策决策转向依靠法律和政策决策并重。行政立法和政府活动规则进一步得到完善。彭真曾经正确地指出，"不仅要靠党的政策，而且要依法办事。""要从依靠政策办事，逐步过渡到不仅靠政策，还要建立、健全法制，依法办事。一要有法可依，二要依法办事。"① 纵观改革开放 30 年，法制的地位有了很大提升，法制部门也得到重视，这是不争的事实。法律被作为治国方略，法律信仰逐步推广，法治能力也有所提高。

二、促进决策权力与公民权利的互动是行政决策法治化的根本

1949～1978 年我国行政决策模式是典型的"权力主导模式"，1978 年以后"权利影响决策"模式逐渐形成。权力主导的模式实质是一种人治，虽然也有一些组织法，但比较宽泛和简单，决策等同于管理，决策主体单一，决策过程随意，决策方式封闭，权力的单向性特征明显，民众的权利保障低，救济途径阙如。改革开放，国家给社会"松绑"，民众权利开始受到重视并予一定

---

① 《不仅要靠党的政策，而且要依法办事》，载《彭真文选》，人民出版社，1991 年版，第 491～492 页。

程度的制度化，尽管这种制度化远远不足，但这种趋向在延续和深入。进入新世纪，进入了维权新阶段，人们的权利意识进一步提高，权利制约权力和权利影响决策议程纳入了制度化轨道。

良性的决策模式是决策权和公民权之间形成互动格局。决策权力具有体系性和主动性，公民权利具有协商性和被动性，进入市场经济以后，后者逐步觉醒，并有意识在一定范围内进行博弈。行政决策的权力－权利互动的制度化标志是《全面推进依法行政实施纲要》的颁布。中央政府要求建立健全公众参与、专家论证和政府决定相结合的行政决策机制，明确重大行政决策在决策过程中要进行合法性论证，赋予公众参与和公众表达以法律地位。参与权以知情权为前置，政府信息公开条例给决策权和公民权之间的沟通搭起一座桥梁，决策者开始改变长期高高在上的形象，重视吸纳民意并因此获取理解与支持。十七大再一次强调保障人民知情权、参与权、表达权和监督权，在理念与制度两方面都开始重视回应和维护公民权利。事实证明，我国已经开始从全能政府向有限政府，从管制政府向服务政府，从封闭政府向开放政府，从权力政府向责任政府，从经验决策型政府向科学决策型政府的转变，而且已有实质的推进。

三、构建党－政府－人大的合理关系是行政决策法治化的关键

对党－政府－人大关系的制度探索在改革开放以后逐步深入。历史证明党政不分、以党代政不利于行政法治的实现，不利于发挥党的执政能力和执政水平。党代替政府作出行政决策直接的后果是责任不清，权力与责任脱节，损害党的形象与政府信用。党政职能分开的改革一直比较谨慎，但还是朝正确的方向在探索，这一点是明确的。党的执政方式的法治化直接影响行政决策的法治化。十五大把党的执政方式纳入法治的轨道，党的执政活动开始走向规范化、制度化、程序化，党从直接管理国家事务中脱离出来，实现党的领导职能与国家政权机关权力职能分开。将这个努力写入十六大修改的党章中，明确党必须在宪法和法律范围内活动，并进一步提出党必须保证国家的立法、司法、行政机关、经济文化组织和人民团体积极主动地、独立负责地、协调一致地工作。

十六大提出把坚持党的领导、人民当家做主和依法治国有机统一起来。党与人大的关系体现政治体制改革的进程，也是实现依法治国，建设社会主义法治国家的根本要求。党的活动要符合法律规定，要接受人民代表大会监督。同时，人民代表大会的监督政府和重大事项决定职能对行政决策的制衡不容忽视，对重大行政决策的审议、监督以及重大事项决定权的行使，扭转了决策权肆意

与滥用的局面。当然"三统一"的落实还有待各方面创造条件，加强制度化建设，在宏观政策环境改善的背景下，行政决策体制和机制创新应有新作为。

四、规范中央与地方权限是行政决策法治化的重要内容

中央过度集权的弊端毛泽东和邓小平都有认识，并采取了一定的改革措施。1980 年以来的分权改革，使地方获得了广泛的财权和事权，并直接带来了 1982 年立法权的适度下放和 1984 年的投资决策权下放。中央对东南沿海城市实行特殊的对外开放政策，建立深圳、珠海、厦门、汕头、海南省五个经济特区，并相继批准一批城市实行计划单列，赋予这些城市相当于省一级的经济管理权限。1994 年分税制改革进一步扩张了地方的权力，地方的决策事项进一步扩大，决策范围进一步扩展。正是因为地方获得了独立的决策权，各地展开了发展经济的竞争，有力地推进了国民经济增长。地方分权并不简单等同弱化中央集权，不少发展中国家的中央政府没有权威，容易陷入"公用地灾难"，行动软弱。只强化分权是片面的，是有害的。早在 1979 年邓小平在一次座谈会上就讲到，"究竟我们现在是集中多了，还是分散多了，我看，集中也不够，分散也不够。"①分税制在给地方分权的同时也强化了中央集权能力，既保证中央财权的相对集中，又保证地方财力的相对分权，发挥出中央和地方两个积极性。中央集中60% 的财力，意味着拥有较强的宏观调控能力。立足全国宏观决策诸如西部大开发、振兴东北等战略有了财力支持。可以说，分税制是我国中央地方关系法制化、契约化的一个良好开端。中央集权和地方分权不是零和博弈，而是正和关系。走出"一放就乱，一统就死"的怪圈，不能过分倚重行政力量，而要将中央和地方决策权力权限规范化和法制化，使之保持一定的稳定，权力和责任统一。2002 年以来，中央政府在有效履行经济调节和市场监管职能的同时，重视滞后的社会管理和公共服务职能，社会管理职能和公共服务职能有所加强。社会利益协调机制、社会矛盾疏导调处机制、应对突发公共事件管理机制初步建立。政府决策的内容和重心随着政府角色和职能的重构而发生了调整，面对改革与发展积累的问题与矛盾，只有推行法治与民主决策，才能化危为机，构建起和谐秩序。2004 年国务院《纲要》正式提出决策法治化命题。行政决策法治不再简单地关注制度建设，而是全方位推进和完善体制改革。

---

① 《关于经济工作的几点意见》，载《邓小平文选》（第二卷），人民出版社，1994 年版，第 199页。

第二章

行政决策法治化的现实反思

第一节　行政决策非法治表征

如果说行政决策法治化本身就是一个克服非法治因素挣脱传统羁绊的过程，就有必要对这些传统的非法治因素或问题予以归纳，透过现象，揭示本质，确立正确的理念，推动行政决策法治进程。本书认为中国行政决策非法治表现归纳起来主要有四个方面的问题，即官僚主义、激进主义、主观主义和形式主义。

一、官僚主义：行政决策议程的确定

官僚主义是政治的一个痼疾。我党和政府在不同历史时期都反复强调反对官僚主义。1956 年 11 月，毛泽东在八大二次会议上指出：官僚主义包括许多东西：不接触干部和群众，不去了解情况，不与群众同甘苦，还有贪污、浪费等。上世纪 60 年代初毛泽东在《官僚主义的二十种表现》一文中列举批评了干部队伍中存在的官僚主义作风。邓小平则从制度上进行反思。邓小平讲到："由于民主机制遭到破坏，党内确实存在权力过分集中的官僚主义。这种官僚主义常常以'党的领导'、'党的指示'、'党的利益'的面貌出现，这是真正的管、卡、压。许多重大问题往往是一两个人说了算，别人只能奉命行事。这样，大家就什么问题都用不着思考了。"① 经济体制改革的深入推进并不能让官僚主义消失，相反，在诸多领域决策中官僚主义盛行。进入新世纪以后，中

---

① 《解放思想，实事求是，团结一致向前看》，载《邓小平文选》（第二卷），人民出版社，1994年版，第 141～142 页。

共十五届六中全会继续把反对形式主义、官僚主义作风列为重要议题研究部署。

作为一个尚未完成现代化的国家，中国遭遇到前现代、现代和后现代的"共时性挤压"，在快速转型的过程中，或许压缩了现代化的时间，但也积累了各种时段的错综复杂的问题。这些矛盾和问题严重考验政府的应对能力。在繁杂沉重的"问题堆"中，如何甄别出紧迫性、重大性、当为性的问题？如何遴选并确认问题信息？如何列入决策议程？牵涉决策议程设置问题，关系官员与人民之间的关系。中国的行政权力具有强大和普遍的控制力，长期以来形成了只有那些位于权力高端的人才掌握足够的信息而作决定，党政官员对行政决策议程全面控制。不可否认，党政官员基于丰富的经验在识别问题和判断形势上居于优越地位。但是，当把这种优势奉为当然，决策议程上唯长官意志是从，对于社会各方面建议与意见置若罔闻，忽视信息时代的"众声喧哗"，甚至封闭与公众沟通的渠道，就必然加剧官僚主义危机。

行政决策议程确定中的官僚主义表现主要有两种形式：

第一，关门议程。

认为决策议程是政府内部的事务，不愿将政策问题扩散到公众议程中去。排除公众对于问题确认和政策议程设置的影响，主张提出决策议程是政府和官员的专利。满脑子"为民做主"观念，以父母官自居，行政决策议题在封闭系统内"酝酿"，政府垄断信息，红头文件你来我往，公众和社会团体都被拒之门外。或许政府愿望是良善的，但往往出现"百姓不买账"，"为民决策"变成了"民怨决策"。有的地方政府作为"经济人"，追逐自己利益最大化，谋取区域、部门或个人利益，甚至与民争利。2009年1月5日，设计总投资3500余万元、建筑面积近5000平方米、主塔高92米、连同塔尖共135米、顶部有旋转观光厅、能俯瞰万州城全景、有万州形象工程之称的"三峡明珠观光塔"轰然炸毁，标志着被誉为"三峡百万移民标志性"建筑的形象工程，在人们多年的期盼中结束了历史使命。这座塔从2004年开建，到2009年被拆耗资千万，对于建设的意图以及中间为何停建、又为何被拆，公众却几乎完全被蒙在鼓里，毫不知情。塔被拆掉以后，当地政府部门给自己找了一个冠冕堂皇的理由：这么大一笔钱，不如投资民生项目。可是，当初在计划投资建塔的时候，当地政府就没有想这笔钱应该用在民生工程而不是形象工程上。所谓"不如用在民生项目上"，不是表明当地政府部门对当初错误决策的反思，而是给自己找个台阶，掩盖当初投资决策的失误，为自己推卸责任。①

第二，首长议程。

官员对决策议程有自己的偏好，这种偏好随着地位上升而越来越影响到决策议程的确定。由于个人偏好与价值观、教育、经历等相关，常常会导致决策的盲目性。各级政府手里握有大量的经济决策权，这些决策权又集中到"一把手"，权力在不受有效制约与监督的情况下，凭"有限理性"来决策的危险广泛存在。只要决策者认为某一问题"非常重要"、"非常迫切"、"完全可行"，议程就会被确立，并不经科学论证和深入调研。行政首长往往以自己的意志代替集体意志，以自己的认知代替科学论证。个别欠发达地区官员把引进高能耗项目和污染企业作为发展优势，把圈占土地、倒卖资源、"跑部钱进"作为发展之道，把建设大广场、新城区、宽马路作为政绩工程。致使不少首长议程成为政绩工程，不少政绩工程成为腐败工程。坊间有讽刺说："大楼站起，首长倒下"。沈阳市原市长慕绥新热衷于搞政绩工程，占地1476亩，建筑面积44万平方米的沈阳浑河大市场就是一个典型的例子。浑河大市场1996年立项，慕绥新于1997年上任后在建设资金上给予了大力支持。随着大市场建设的启动，基础设施也在配套和完善。电信部门投入1.1亿元铺设新型超宽带光缆，建立10万门数字交换设施；交通部门投入9000万元建客货联运总站，电业则投3280万元建成了装机为6.6万千伏安的变电所；区建设部门投资上亿元完善道路、排水等基础设施；自来水公司还建成了供水能力为5万吨的供水工程。这些相关部门投入的3.4亿元均属国有资产。这样总投资增至16亿多元。慕绥新在一次现场办公会上，拍板将南二和小东市场搬迁至浑河大市场的5号大厅内，责成有关部门在短时间内完成搬迁。市长拍板的事往往说干就干，有的是先斩后奏，先干后办手续，有的根本就没办手续，甚至未缴纳土地出让金等。谁来出面处理"遗产"也是个问题。真所谓：一届腐败干部的"政绩"，几届领导班子的"饥荒"。②"首长议程"多是典型的权力滥用，权力支配资源，不少首长工程既是违法工程，也是腐败工程。首长工程给国家带来巨大的经济损失。

---

① 苑广阔：《三峡明珠塔因何而建又因何而拆》，http://www.china.com.cn/review/txt/2009-01/07/content_17067440.htm。2009年1月22日最后访问。

② 《慕马工程：一届腐败政绩几届领导饥荒》，http://news.sina.com.cn/c/2003-12-07/18101280367s.shtml。2008年12月11日最后访问。

二、冒进主义：行政决策目标的设定

行政决策是为解决公共问题，行政决策系统所要达到的结果就是决策的目标。本质上，行政决策目标是主观的，它存在于决策者的观念之中；目标内容又是客观的，恰当的目标必须立足于现实。行政决策目标具有一定的预测性，设定目标应当积极有为，但要论证可行性，人力、物力、财力、技术、环境等方面要有能力支持这一目标。超越阶段的行政决策演变为"大跃进"。在一些地方，其变种仍在流行，即"冒进主义"大行其道。行政决策目标设定中的冒进主义表现有三种形式：

第一，超高指标。

改革开放以后，以发展经济为中心，在有的地方出现了违背经济规律，过分强调主观能动性，各项指标超高的现象。以经济增速、财政收入和招商引资为主要政绩考核评价的体系，有些地方高唱跨越式发展，指标层层加码。政府驱动型的经济增长，"数字出官"和"官出数字"倾向，说明了高指标的机制诱因。如，河南省灵宝市豫灵镇在20世纪90年代中期为了制造政绩，设计高指标增长速度，为此借债办企业搞开发。一个仅6万人的小镇，很快欠下1亿多元债务。据测算，还清这笔债需花100年。[1] "数字政绩"考核体系还没有真正改变，不少地方热衷于体现政绩水平的高数字指标，折射出GDP数字迷信。

第二，超前规划。

规划是国家经济社会发展的行动纲领，是宏观调控的重要手段，是政府履行社会管理、公共服务职责的重要依据。在城市化过程中，不少地方搞"大规划"、"大扩张"、"大景观"，大拆大建，搞"运动式"、"蔓延式"的发展，忽视了城市发展的质量，严重透支了城市的未来，超前消费公共资源及财富。据调查，有一个省会城市比照大伦敦和大巴黎的规划，设计了一个超出大巴黎6倍、大伦敦10倍的超大城市，规划范围涉及7万平方公里。这样的超大城市全世界也绝无仅有。还有的小县城动辄提出"打造成国际化大都市"。据报道，近年来各大中小城市建设规划纷纷出台，新规划的城市面积惊人。全国有183个城市提出了建立国际化大都市的目标，30多个城市提出要建设商务中心区。在2005年全国城市总体修编工作会议上，建设部严厉批评了一些城市建

---

① 赵景文：《政绩工程与政绩债》，载《法制日报》2003年2月19日，第8版。

设中出现的浪费行为。不少城市投资上亿元兴建体育馆，这些高档体育馆除了开一两次运动会及若干次大型活动以外，平时都闲置，市民被拒入内，给本地财政背上沉重债务，造成极大浪费。这些超前消费的决策体现出好大喜功、急功近利、劳民伤财、浮华无效的特点。国家投资 27 亿元包括利息累计 32.28 亿元的福建"天字一号"工程——福州长乐国际机场，于 1997 年 6 月通航后经营亏损，4 年负债 30 多亿，陷入资不抵债境地。项目审计报告认为，可行性研究市场预期论证不充分，基础数据采集不科学，预测结果过于乐观。该工程被定性为国内重点建设工程决策失误的负面典型，造成重大国有资产损失。由于建设规模过度超前，旅客量和货邮量只达到设计规模的 1/3 左右，航站楼和机场生活区大量闲置。① 据 2004 年 3 月 10 日南方网报道，昆明火车站站前广场中的小桥流水花园式建筑投入使用不到 70 天就被拆除了。有关方面透露，拆除并改建相关设施的主要原因是：现有的"小桥流水"既不方便旅客过往，又存在一定的安全隐患。昆明火车站站前广场耗资 7900 多万元，位于广场中央入口的音乐喷泉面积有 1300 多平方米，喷头达 1000 多个，中央水柱高达近 30 米，这不仅是云南省内最大的音乐喷泉，同时也是国内第一个设置在火车站的音乐喷泉。超前规划由于缺乏科学性而成为短命工程。

第三，经济至上。

"九五"计划开始，中央着力于转变经济增长方式，要求正确处理速度与质量、效益的关系，防止追求不切实际的"高指标、高速度"。但一些地方政府单纯追求经济增长的高指标，形成粗放的经济发展模式，在决策中忽视成本控制、技术保障、安全标准、环境保护、能源节约、消费者权益等问题，违背了科学发展规律，给环境、能源带来严重负面影响。为了短期目标，不惜以牺牲长远利益为代价追求经济增长。中央宏观调控对投资有保有压，保民生项目，保公共设施、公共服务，保第三产业；压房地产，压高污染、高能耗和严重依赖外需的一些产业。但事实上很多地方的投资还是集中在生产型项目上。"经济至上"不可避免导致经济、社会、环境关系的失衡。

我国从保护生态环境出发，积极倡导铬盐清洁生产工艺，对过去一些技术落后、污染严重的铬盐厂明令淘汰，全国有十多家铬盐厂因此陆续关闭。湟中铬盐厂始建于 1984 年，由于没有同步建设环保设施，致使废水、废渣大量外排和渗漏，对周边环境造成了严重污染。2002 年，其技改扩产的环保评估报

---

① 钟敏源：《福州长乐机场决策失误调查》，载《南风窗》2004 年第 1 期。

告被青海省有关专家组否定，工厂停产。2004年初，湟中县擅自同意工厂试生产。同年5月，在青海省环保清理整顿行动中，被责令限期整改。厂方称无力开展环保治理，工厂再次停产。在7月举行的"青洽会"上，已停产的湟中铬盐厂在未进行环保评估的情况下，被长沙弘盛化工有限公司整体收购，更名为湟中县鑫飞化工有限责任公司，并开始了改扩建项目建设，继续生产红矾钠。过去的铬盐厂改头换面以招商引资项目堂而皇之落了脚，而引进这一项目的竟是本县城乡建设和环境保护局的局长。当地官员对环境问题不感兴趣，津津乐道于"一旦扩产成功，将是县上投资最大的项目，能够带来多少税收"、"发展经济是第一要务"等。这个项目之所以能到这种地步，除了环保上把关不严外，关键是地方领导光看政绩，不看问题；只重一时的经济发展而置环境和群众利益于不顾。①

三、经验主义：行政决策方案的制定

决策中的经验主义者认为，经验提供了对于外部世界的基础性知识。我国长期处于农业社会，对于快速推进的工业化以及由此产生的现代政府管理内容认识不足，经验主义往往导致决策理性不足，表现为迷信行政手段与政府干预，忽视市场机制，拒斥民主讨论。决策者的经验是私人性的，也是有限理性的，这种私人性和有限理性的判断在规则缺失的情形下必然具有很大风险。表现为：

第一，短视决策。

一些政府领导无视经济全球化、科技现代化的发展趋势，对纷繁复杂、瞬息万变的客观情况知之不多，反应迟缓，自我禁锢，闭门造车，制定方案缺乏开阔视野和前瞻性，照搬老经验去解决新问题。被上海市民自豪地称为"第一湾"的上海外滩高架桥，是上海"九五"期间实施的重点工程，1996年7月28日开工建设，1997年11月28日建成通车，全长3.06公里，投资13.4亿元。而2008年2月19日"上海第一湾"开始拆除。设计寿命100年的"第一湾"实际使用才11年。这种"烧钱"决策，缺乏长远目光，是典型的"短视"行为。

第二，拍脑袋决策。

---

① 《青海湟中：环保局局长引进污染项目让村子慢性自杀》，http：//politics. people. com. cn/GB/14562/3123695. html，2008年12月12日最后访问。

可行性论证是方案制定的一个重要依据。技术可行性、经济可行性、政治可行性和行政可行性构成方案的绩效标准。但是，方案的可行性论证往往被长官意志所代替，所谓论证，成为官员意志影响专家判断的过程。方案制定中，一些地方搞"封闭生产"、"自产自销"，自己设计，自己批准。一些决策者唯我独尊，自视甚高，总认为自己的水平比同级或下属高，他人的意见不如自己的意见正确，容不得反对意见，自我感觉良好，大小事情亲自拍板。辽宁省某市在 1996 年至 2006 年的 10 年间，耗资 1.4 亿元，先后建了 3 个长途汽车站。第一个车站开建是为适应经济社会的发展，但结果是千万元设备一直闲置；第二个车站是考虑到秦沈铁路客运专线 2003 年正式运营，在铁路北站旁边建造汽车站，但结果是不到一年就关闭；第三个汽车站是 2004 年 6 月，市政府决定重新择址，建造新的客运总站，但由于远离两个火车站，给旅客换乘车带来不便，部分车主害怕迁址影响客流，不愿意搬迁。缺乏科学性、合理性论证的决策，其浪费之大，成本之高，影响之坏是难以估量的。另据报道，北方某地长期气候不适宜种植冬小麦，但领导执意"改革"，违背自然规律，下令试种冬小麦，结果一千多亩良田颗粒无收，改革试种以失败告终。

第三，关门决策。

一些关系民众直接利益或重大公共利益的决策"背对公众"，议题及方案不公开，公众"蒙在鼓里"，公众的知情权、选择权与参与权被剥夺。2003 年5 月，某市政府发布《关于加强电动自行车管理的通告》，列举禁售电动自行车的四大理由是：发展公交是趋势；交通安全难保证；电池污染难防治；国内城市有先例。6 月 1 日，市政府召开新闻发布会发布《通告》，要求自即日起全市禁售电动自行车，经销商必须在 7 月 1 日前到工商部门变更经营范围，自行清理电动自行车，不得继续销售，违反规定者由工商部门分别按照超范围经营和无照经营依法处罚；以前购买电动自行车者持有效证件到指定地点办理临时号牌登记手续，由公安部门核发 4 年使用期限的临时号牌，期满后不再换发牌证。禁售令下达后，进行联合执法，强令变更营业执照经营范围，拆毁、涂改商店门头，扣留电动自行车，严禁销售。电动自行车商家、厂家和用户均质疑市政府《通告》的合法性，面对已售出的数十万辆电动自行车的售后服务和用户权益一筹莫展。决策者对相关利益方的意见和主张置若罔闻，严重损害了政府形象。

四、形式主义：行政决策方案的抉择

方案抉择是行政决策的最后一个关键环节，行政决策方案通过这一环节获得合法化。决策合法化有两层含义，一是决策获得政治系统正当性的过程，二是决策取得法定地位的过程。在依法行政的语境下，行政决策须遵守一定决策规则，但是往往步入形式主义的"合谋"，表明已经过方案审查、批准、签署、发布的过程，遵循了一定的法律程序，实质是规避了合法性决策规则。一些地方领导完全泡在程式中，过着程式性的会议生活，理性思维和创新活力萎缩。一些强势首长以集体决策之名行独裁决断之实，甚至一些决策者搞权钱交易，以"合法"的决策给私营企业家带来不正当利益。

第一，一言堂决策。

按照政府规则，凡涉及辖区国民经济和社会发展计划、财政预算、城市总体规划、近期建设规划和重要专项规划、重大改革方案和政策措施、重要资源配置和社会分配调节、重大建设项目等关系全局的重大决策，由政府全体会议或政府常务会议讨论和决定。但是，由于传统文化和官僚体制的双重因素，不少"家长式"人物在集体讨论过程中，只有定调的发言，班子成员唯命是从，没有真正意义上的讨论，实质上是一言堂决策。个人决定重大事项，集体研究、民主讨论、少数服从多数等机制失灵。

第二，假听证决策。

一些重大决策事项，以基础性、战略性研究、充分的前期工作或发展规划为依据，广泛开展调查研究，涉及人民群众切身利益的，一般通过听证会等形式听取意见和建议。但是，听证实践中暴露出缺乏规则、暗箱操作等弊端，听证制度并没有真正体现民意，甚至有些地方以听取民意之名践踏民意，如搞假听证，故意提供不完全信息，指定听证代表，操控民意，失信于民。听证决策被舆论批评为新一轮的"形式主义"。2003年7月15日召开的国内航空运输价格改革听证会，网络调查中七成网名认为这次价格听证会流于形式，解决不了什么问题。① 这次听证会出席人员为：民航运价改革小组成员、消费者代表、经营者代表、专家学者代表、来自国务院法制办等其他政府部门列席人员。作为调价申请人推选出的经营者代表与承受调价不利影响的消费者代表是事件当事人，他们参加听证会都是为了维护自身利益。受听证影响的除了经营

---

① 徐波澜、李海涛：《透视我国价格听证制度》，载《社会观察》2004年第3期，第10页。

者与消费者之外，还有经营竞争者，经营竞争者一般也会受到价格调整的影响，但两次听证会上都没有看到调价申请人的竞争者的身影。再如，在春运价格听证会中，在讨论学生票优惠问题时，绝大多数听证会都没有在校学生代表参加。①

第三，通报式决策。

政府做出重大决策前，一般规定召开座谈会等形式，听取民主党派、群众团体、专家学者等方面的意见和建议。但是这种征求意见往往沦为一种"情况通报"，没有安排适当讨论的时间，也没有事后反馈机制。这种征求意见或被讽刺为"被听取意见"，成为一种"民主作秀"或"走过场"，加剧了公众对政府决策的信任危机。

第二节　行政决策非法治反思

上述非法治现象，其深层次原因可以归结为行政决策体制不合理、行政决策监督滞后、行政决策责任虚置、行政决策法律不完善、法治观念与法治能力不强五个方面。

一、行政决策体制不合理

我国行政决策体制不合理的问题由来已久，集中表现在四个方面。

在横向关系上，表现为党政关系。邓小平在 1980 年中共中央政治局扩大会议上讲到，"中央一部分主要领导同志不兼任政府职务，可以集中精力管党，管路线、方针、政策。这样做，有利于加强和改善中央的统一领导，有利于建立各级政府自上而下的强有力的工作系统，管好政府职权范围的工作。"②由于种种原因，二元决策体制仍困扰着行政决策制度建设，政府的行政决策主体地位还不完全独立。这种二元体制在一些地方造成职责权限划分不清，责任归属难以确认，权责不统一，有权无责或无权有责现象并存，同时影响政府职能完善与法治行政进展。

在纵向关系上，表现为中央政府过度集权。在社会转型期，中央政府适度

---

① 王万华：《我国政府价格决策听证制度缺陷分析》，载《法治论丛》2005 年第 4 期，第 72～78 页。

② 《党和国家领导制度的改革》，《邓小平文选》（第二卷），人民出版社，1994 年版，第 321 页。

集权是必要的。邓小平强调"中央要有权威"①。中央没有权威，没有一定集权，局势就控制不了，制度化建设也无法推进。"对中国现代化的逻辑而言，中央集权的特殊意义在于它是剪除旧制度痼疾的手术刀，是推行社会变革的发动机，是利益活动和社会资源的分配器。"② 同时，改革开放是一个放权让利的过程，是一个重塑中央与地方关系的过程，也是一个权力博弈的过程。"权力下放"有一个底线，分权过当和分权过度就会导致地方主义，中央宏观管理无法实现。而如果中央政府过度集权，就可以造成地方缺少制度创新的动力。中央集权使各级机关将公共权力逐级上划，导致基层公权机关运行的真空化，社会矛盾不断上移。群体性事件多发暴露出的问题也证明这一点。中央和地方关系没有理顺，一方面表现为政令不畅、执行走样，一方面表现为中央政府运用任命制等手段干预控制地方的职权内决策。行政决策体制改革未能走出"集权－分权－再集权"的循环。

在组织与个人的关系上，表现在行政首长个人高度集权。一个强有力的行政部门要求行政首长个人集权，具备很强的决断力。汉密尔顿就赞同行政首长集权，认为"以原则立场最坚定、态度最公允而著称的政治家和国务活动家，都曾宣布主张单一的行政首脑与庞大的立法机构并存。""一人行事，在决断、灵活、保密、及时等方面，无不较之多人行事优越得多；而人数越多，这些好处就越少。"③ 我国行政领导制度实行首长负责制。④ 但是首长负责制并不意味不发扬民主，不集体讨论，不公开征求意见，个人专权独断。龚祥瑞先生指出，行政首长负责制是"政府向人民负责的制度"。⑤ 首长负责制不是有权无责，根本是向人民负责。行政首长对其行使职权所引起的后果应负政治责任和

---

① 《中央要有权威》，《邓小平文选》（第二卷），人民出版社，1994 年版，第 277 页。

② 陈明明：《现代化进程中政党的集权结构和领导体制的变迁》，载《战略与管理》2000 年第 6 期，9～21 页。

③ ［美］汉密尔顿、杰伊、麦迪逊著，程逢如等译：《联邦党人文集》，商务印书馆，1980 年版，356、357 页。

④ 我国行政首长负责制是"八二宪法"确立的，指由行政首长独立行使行政决策权并担负责任，不按照多数人的意见集体决策。

⑤ 龚祥瑞先生认为行政首长负责制的"负责"至少含有四种意义：第一，负责意味着对人民代表的质询，有责任向人民说清楚。第二，负责意味着受到人民和国家机关的信任。否则，就要辞职，也就是被罢免。第三，负责就是为人民服务。第四，负责意味着与人民共存亡。中国民主同盟中央委员会等：《新宪法十二讲》，江苏人民出版社，1983 年版，第 138 页。转引自张立荣：《行政首长负责制的宪政意蕴及完善对策》，载自《湖北行政学院学报》2004 年第 2 期，55～60 页。

法律责任。① 任何个人的决策理性都是有限的，一个妥当的行政决策往往按照多数人的意见决定；个人专权的决策往往导致权力寻租和决策权滥用。行政首长"临时动议"，对重大行政事务不经集体讨论，就会专断决策。行政首长的职权配置和行使规则不完善，行政首长个人负责的具体方式和范围、行政连带责任的承担、行政首长罢免、辞职的条件、标准和程序、行政首长缺位代理的法律责任问题等并不明确。

在社会权力结构上，表现为政府全面掌控社会权力资源。20世纪90年代以来，西方国家在经历了"市场失灵"与"政府失灵"之后，以一种全新的模式和理论对公共行政进行创新与改革，开始了从统治到治理的转变。政府与社会、公共部门与私人部门之间合作互动，政府不是唯一的权力中心，公共和私人机构只要行使的权力得到公众的认可都可能成为各层面的权力中心。"善治实际上是国家的权力向社会的回归，善治的过程就是一个还政于民的过程。"② 中国改革开放30年，经历了政府大幅度放权，行政权力开始向社会转移，市场主体空前发展，社会团体得到发育。但第三部门支配的权力还非常有限，政府仍然控制了一些不该控制的领域，包揽公共事务，政社不分、政企不分，一些经济决策权和企业自主经营权受政府不当干预。众所周知，"大政府、小社会"并不符合我国政治发展方向，政府应将属于企业的、社团的、公民个人的权力统统归还给企业、社团和公民，减轻权力负担，建设有限责任和高效率的政府。

行政决策权力高度集中的破解之道在于深化政治体制改革，理顺党内体制和党政关系，从而建立起多元治理机制，建立新的权力体系和秩序，将是一个渐进的历史过程。

二、行政决策监督滞后

"权力导致腐败，绝对权力导致绝对腐败"。③ 这句名言耳熟能详，为防止行政决策权不被滥用，实施有效的监督与制约是必需的。温家宝总理在2008年新一届政府第一次廉政工作会议指出，权力过于集中而又得不到有效监督，是各种腐败现象产生蔓延的重要原因。我国行政决策监督机制由人民代表大

---

① 相关论述参见张立荣：《行政首长负责制的宪政意蕴及完善对策》，载于《湖北行政学院学报》2004年第2期，55~60页。

② 俞可平主编：《治理与善治》，社会科学文献出版社，2000年版，第326页。

③ ［英］阿克顿：《自由与权力》，侯健、范亚峰译，商务印书馆，2001年版，第1页。

会、国务院及地方各级人民政府、人民法院、人民检察院、中国共产党、人民政协、各种人民团体、社会舆论等主体的监督共同构成，实际上除执政党系统和行政系统的监督外，人民代表大会及其常务委员会、司法机关、社会舆论等监督主体的监督均存在功能部分失灵的现象，存在着不敢监督、不能监督、监督乏力、监督失职的问题。

首先，传统的"同体监督"存在重大局限。行政系统内的监督是上级对下级监督，是"同体监督"。同体监督制度在古代中国就很发达，行政权、司法权、立法权都为封建君王所掌控，君王的行政权不受监督，君王之下的行政权力受到上级监督。终极监督权由君王或最高权力者掌握。当下中国同体监督仍发挥主要监督作用。上级行政机关通过检查、指示、敦促方式来监督下级行政机关的工作。上级行政机关可以撤销或改变下级行政机关不适当的或违法的行政决策。同体监督有专门的行政监察，对行政决策的合法性和合理性进行监督检查。审计监督是专门监督的一种，可以对行政决策的公共支出进行稽查和审计，监督行政决策所涉及的资金使用情况。但是同体监督其局限性非常明显。（1）内部监督机关的独立性不强，监督效力有限。（2）主要是事后监督，缺乏对事前和事中的监督。（3）监督过程缺乏正当程序。（4）监督效果严重依赖于人的因素，监督权滥用无法从制度上避免。同体监督本质上有非法治的因素存在，监督不力是自然而然的事。有论者尖锐指出，"传统监督制度模式是典型的人治方式，是人治在制度建设上的最典型体现。"①

其次，"异体监督"体制有待完善。古希腊以降的思想家致力于探究制约权力理论，并设计了一系列制度。亚里士多德、洛克、孟德斯鸠等对权力运作及其制衡原理有深刻的揭示，孟德斯鸠的三权分立学说成集大成者。对行政监督的基本原则是分权制衡。中国在改革开放的背景下，确立了司法监督和人民代表大会监督的制度方向。（1）行政决策的司法监督是依法决策的有效保障。但是我国行政诉讼范围并没有将行政决策纳入范围，司法追究受到限制。（2）行政决策的人大监督是宪政内在要求。我国宪法规定："国家行政机关、审判机关、检察机关都由人民代表大会产生，对它负责，受它监督。"各国家机关的法律地位，立法机关居于主导地位，行政机关对人大负责，行政决策受人大监督。但现实中各级人大和各级人大代表尚未能按照法律程序履行有效的

---

① 孙笑侠、冯建鹏：《监督，能否与法治兼容——从法治立场来反思监督制度》，载于《中国法学》2005 年第 4 期，13～24 页。

监督职能。

十七大主张"建立健全决策权、执行权、监督权既相互制约又相互协调的权力结构和运行机制"。行政决策的立法和司法监督体制需进一步健全，同时，发挥社会监督，完善行政监察、审计等传统方式，使行政决策权责相符，违法必纠。

三、行政决策责任虚置

我国法律法规对行政决策责任的规定失之于笼统和原则，针对性具体规定少，责任形式和具体责任主体不明。个别法规和规章虽规定了行政决策责任、责任形式和责任主体，但是责任追究主体缺位，无法实质启动问责。受行政诉讼范围的限制，行政决策责任不能受到法律追究。《党政领导干部辞职暂行规定》（中办发〔2004〕13 号）第 15 条第 2 款规定，"决策严重失误，造成巨大经济损失或恶劣影响，负主要领导责任的"应当引咎辞职。《公务员法》第 82 条第 3 款规定，"领导成员因工作严重失误、失职造成重大损失或恶劣影响的，或者对重大事故负有领导责任的，应当引咎辞去领导职务"。但实际上因决策失误而主动引咎辞职的官员极少，主动承担政治责任和道德责任很少，遑论法律责任的承担。多数行政决策得到上级机关的默许或庇护，责任形式失灵，制度粗疏，对责任承担没有具体可操作的规定，比如官员引咎辞职后多长时间可以"复出"没有规定。责任虚置具体表现为：

一是大多数决策失误没有组织出来承担责任。对于涉及面广、与人民群众利益密切相关的决策事项未按照规定组织听证会、论证会，造成决策失误，或重大损失，鲜见决策机构主动声明承担责任。如有责任追究，一般在行政内部由上级行政机关追究下级行政机关的责任。事实上对外没有真正的责任承担者。政府既不道歉，也不为相关相对人赔付或补偿。

二是大多数行政决策责任表现为单一的行政问责。行政机关充当问责主体，但问责的程序不规范，行政首长被赋予启动问责的决定权，[①] 问责过程随意化，人治色彩浓厚，问责过程不公开、不透明，缺少有效监督。近些年，也有一些官员对于重大失误，向上级部门自请处分，有"罪己"的表态，但官职并没有受实质影响，内部"护短"现象比比皆是，难平舆论。

三是个别情况下出现"责任转移"。在现行决策体制下，重大行政决策一

---

① 如《重庆市政府部门行政首长问责暂行办法》第 6 条规定：市长可以决定启动问责程序。

般由党委政府联合作出，在实际权力运作中，党委书记有最后"拍板权"，在责任分配中，行政决策者或受到处理而党委决策者没有受到追究，有失公平。还有一些行政决策责任被"转移"到下级行政机关，似乎有"决策级别越高越正确"的逻辑。

四是大多数决策失误的官员没有承担任何责任。决策失误频频，却少有人出来主动承担责任，包括承担政治责任和道义责任。因相关法律不完善，行政决策责任范围狭窄，承担法律责任更少见。一些重大行政决策失误被追究责任的官员，找"替罪羊"，推给下级承担，责任人并不承担责任。一些决策造成民众财产或生命损失的，官员不先去救人，而是首先"救自己"，推诿扯皮，甚至威胁受害人。行政官员级别越高，承担行政决策责任的规定就越少，同样违背了法治的平等精神。

四、行政决策法律体系不完善

据 2008 年《中国的法治建设》白皮书称，我国已形成包含 79 部行政性法律法规在内的法律体系框架。各级人民政府的行政权力已逐步纳入法制化轨道，规范政府权力取得和运行的法律制度基本形成。2010 年形成中国特色社会主义法律体系。行政决策的法律体系，可从行政决策主体、行政决策行为、行政决策程序、行政决策的监督救济几个方面来分析。

行政决策主体法律制度。我国现有的行政决策主体法律制度除宪法关于行政权与行政组织的规定外，主要由《国务院组织法》和《地方各级人民代表大会和地方各级人民政府组织法》来规定。我国确立了实行五级政府管理体制，规定地方各级人民政府是地方各级人民代表大会的执行机关，是地方各级国家行政机关。地方各级人民政府都是国务院统一领导下的国家行政机关，都服从于国务院。政府组织法明确了法律依据，行政机关的构成，行政机关的设置，行政机关的地位、性质和作用，行政机关的职权职责，行政机关的活动原则，副职设置以及行政机关的设立、变更和撤销的程序等。但是，国务院组织法过于简约，为机构的随意设置和分化膨胀预留了制度空间。国务院组成部门和地方政府组成部门相关活动依据的是中央和地方政府自己批准的"三定方案"，政府部门的性质、地位、职责、权限隶属关系等规范权威性不足，与行政组织法制化有相当距离。有些地方还设置了"馒头办"这样的机构。有些地方对应上级设置了机构，但没有相应的决策事项。我国政府组织法立法是从管理视角出发的，并未合理设定和规范行政权。政府组织法在内容方面存在重大缺陷，主要是缺乏基本原则（如法治行政原则等）的规定，缺乏对行政权范围的界定，缺乏中央政府与地方政府关系的明确规定，缺乏行政组织规模的规定等。2004 年地方人大和地方政府组织法通过修正案，但没有触及以上问题。除政府组织法和公务员法之外，其他有关行政决策主体的规范性文件有第九届全国人大第一次会议通过的国务院机构改革方案的决定，层次较低，法律权威不够。总体上，现有法律对行政决策主体的规定还不够严谨，失之笼统，缺乏具体性和操作性。

行政决策行为法律制度。行政决策是行政行为的一种，目前我国尚无规范行政决策行为的统一立法，只有一些规范行政决策行为的地方规章。如 2005 年河北省颁布实施的《河北省政府关于建立健全科学民主决策制度的实施意见》，规定了政府决策的基本原则：科学决策、民主决策、依法决策、决策公开、效率原则；规定了"重大行政决策"的范围：辖区国民经济和社会发展计划、经济调节和改革开放的政策措施；本级预算；涉及财政投资的重大项目、重大产业布局和专项计划；国有资产处置的重大事项；关系社会保障和社会稳定的重大事项；关系人民群众切身利益的重大事项；提出地方性法规草案和制定省政府规章；人民政府职权范围内的其他重大决策事项。制定行政管理体制改革的重大措施。还有一些地方对"重大行政决策"做了列举式规定并进行程序规范。行政决策作为行政管理的核心环节，国家层面的法律制度依据不足，对行政权扩张和侵权的控制就跟不上，这种状况不符合"无法律即无行政"原则。

行政决策的程序制度。从法律法规层面来看，全国人大及其常委会尚未就行政决策程序进行专门的立法，我国至今没有统一的行政程序法典。《行政复议法》、《行政处罚法》、《行政许可法》、《政府信息公开条例》等对行政程序有不同层面的规定。《行政许可法》对行政程序规定较细致，法律、法规、规章规定实施行政许可应当听证的事项，或者行政机关认为需要听证的其他涉及公共利益的重大行政许可事项，行政机关应当向社会公告，并举行听证（46 条）；行政许可直接涉及申请人与他人之间重大利益关系的，利害关系人享有要求听证的权利（47 条）。这些立法对行政决策的程序完善有借鉴意义，但没有规定具体的行政决策程序。行政程序法草案已经过十多次修改，但还有一些问题没有达成共识。行政程序法之于行政决策，其意义在行政许可法等法律之上。行政决策程序的立法在地方得到突破，2008 年 4 月《湖南省行政程序规定》颁布，2008 年 10 月 1 日实施，受到社会好评。目前行政决策程序规定，主要是国务院《全面推进依法行政实施纲要》和新修订的《国务院工作规则》。大多数地方政府制定了行政决策程序的规章，但层次较低，政府自我立法、自我控权这种自觉和努力值得肯定，但效果未必令人满意。

行政决策的救济制度。《行政诉讼法》、《行政复议法》、《信访条例》是我国行政救济制度的方面的重要立法，但是它们对行政决策救济的法律规定并不明确。现行《行政诉讼法》是以具体行政行为为中心的一元诉讼结构，基本排除了抽象行政决策行为的可诉性。对一些行政决策造成的公民利益侵害，该法的诉讼规则爱莫能助。《行政复议法》的立法目的是为了防止和纠正违法、不当的具体行政行为，但相当一部分行政决策行为无法纳入其中。新修订的《信访条例》对行政决策可以法律非诉可行性分析，提出"信访评估"，这可能发挥政治沟通功效，但是依靠信访机制来解决行政决策的归责问题显然不是主要途径。

行政决策法律体系的不完善导致现实行政决策无法可循的尴尬境地。这种局面与行政法体系的整体滞后相关。对于行政决策法律体系宏观的和原则的缺陷可以在行政法体系重构中予以完善，对于行政决策的操作性规则应通过专门立法以及政府规章来补充解决。

五、决策者的法治观念与法治能力不强

中国传统社会是典型的人治社会，"有治人无治法"，"有治吏无治法"。上世纪80年代，经过"人治"与"法治"的大讨论，学界达成共识，传统中国不存有法治。R. M. 昂格尔关于现代法律秩序的论述有助于我们深化这一认识。昂格尔认为，中国缺少形成现代刑法秩序的历史条件——集团多元主义、自然法理论及其超越性宗教的基础。[①] 现代法治观念是"西学东渐"的产物，确立中国的现代法治观念本身意味着改造和清除传统文化中的愚民观念和臣民意识，消除专制政制，尊重和保障人权，在既缺乏"法治基因"又缺失"理想图景"的四面楚歌之中，现代法治观念的确立无疑是一项艰难的事业。1978年以来，经过全民的深刻反思与努力推进，逐渐树立了"法律至上"的观念，民众开始相信法律，官员逐步接纳依法行政与依法办事的理念。但是，还不能说上升为人们的信仰或信念，当现实中公权力肆意横行之时，人们的法

---

① ［美］R. M. 昂格尔著，吴玉章等译：《现代社会中的法律》，译林出版社，2001年版，第63～104页。

治观念易被击碎。1986 年邓小平讲到，我们国家缺少执法和守法的传统。[①] 他号召全民树立法制观念。如果说国民的"法制观念"不强的话，"法治观念"则更显不足。"法制"与"法治"一字之差，文意却相去甚远。长期以来，决策者的"法制观念"往往是希望下级和民众遵守法律而自己能超越法律。行政权力具有广阔空间，决策者视法律为工具，依法治民、"垂法而治"、"缘法而治"的认识依然存在，不少官员并未确立服务型政府与严格守法的理念，不能认识公共服务为政府最重要职能，不能辨析政府绝对守法义务和公众的相对守法义务的关系。在市场经济体制日趋完备的背景下，中央认识到法治之于市场经济的重要性，认识到依法行政的价值，自上而下党政机构开始重视法律在决策中的制约与规范作用，法治政府的意识以及民主、正义和权利观念等逐步形成并影响到决策过程。但是，由于历史惯性以及立法机关权威缺失、司法机关不够独立等现实因素，人们对法律的信仰没有形成；公民权利意识和主体意识没有完全确立，国家处在强势主导地位，公民更多是服从义务；违背法律精神的行政决策仍较为普遍；有些决策规则并不认真执行，成为一纸具文。这些都是法治观念不强的表现。法治观念不强，法律信仰不坚定，事实上已经影响到行政法治能力。

法治能力，不仅指依法办事、依法决策的能力，重要的是遵循法律规则，实现行政目标、依法解决现实问题的同时，保障相对方合法权利、实现公平正义价值的能力。法治观念是法治能力的前提，没有进步的法治观念，不会有较强的法治能力。全面落实依法治国基本方略，加快建设社会主义法治国家，就暗含提高各级官员法治能力的要求。但是官员平均法治能力还不能让人满意。首先是法律理论知识的不足，特别是各级政府主要领导的法律理论知识缺乏。我国法学学科背景的官员比例远远低于西方国家，近些年重视在公务员考录中加大法律知识比重，但短期内法科背景公务员比例不高，走上各级领导岗位的很有限。通过各种培训可以提升一些法律素养，补充法律理论知识，但这种"速成式教育"不能内化为自觉意识，流于皮相。其次因为繁琐与耗时，官员不愿坚守公正程序。公正的行政程序排除恣意行政，但中国官员程序观念若有若无，从文化传统和制度原理两个方面可以寻找答案[②]。官员法治能力还与社会急剧转型相关。在一定程度上，改革与法治处于紧张关系。改革往往会打乱

---

① 《在全体人民中树立法制观念》，《邓小平文选》（第三卷），人民出版社，1993 年版，第 163 页。
② 相关论述参见季卫东：《法律程序的意义》，载《中国社会科学》1993 年第 1 期。

既有的秩序与格局，使社会生活无法形成秩序。改革与发展还在深入，每前进一步都会遇到新的困难和问题，社会秩序需重新确立，法治如何作为，需要认真考虑。行政决策法律体系不健全的问题还较突出。

一般而言，中国官员的法治观念和法治能力总体呈自上而下渐弱的趋势。这种状况与行政层级的综合素质（如学历、知识结构、阅历、视野等）相关。当然，也不乏位于基层的法治观念和法治能力较强的干部，他们有法治精神、民主诉求与行动能力。另外，公民的法治观念和法律素养直接影响到官员的法治观念和法治能力，这是"水涨船高"的效应。

总体来看，法治观念与法治能力的现状严重制约着法治的进程。尽管法治观念的形成是一个较长的过程。但是，有意识地组织培育有助于加快法治观念的形成。目前我国已通过有计划地培育、进修、交流、挂职、国外深造、在职学习等方式，强化官员的法治观念，提高法治能力。还可探索更多途径，如招聘法律学者担任地方政府或部门负责人，加大比例招考法学优秀毕业生进入公务员队伍，充实政府法制部门力量等，整体提升政府法治水平。

中国行政决策长期处于人治状态，上述五方面是其重要因素。挖掘问题症结之所在，找到通幽之曲径，就可着手研究破局之道。

第三章

行政决策法治化的战略选择

行政决策法治化的战略问题，核心是发展思路、发展目标、发展道路和发展动力问题。这些宏观问题与法治范式相关联。哈贝马斯建构的交往理性法律观实现了法治范式的当代转换①。哈氏理论范式对中国行政决策法治化的战略选择提供了重要启示。

第一节　发展思路：以民主化带动法治化

一、民主理论与行政决策

（一）民主的分野

戴维·赫尔德在《民主的模式》中，将民主分为两个部分，第一部分是民主的古典模式，有四种：即古代雅典的古典民主、共和主义民主、自由主义民主、马克思主义民主；第二部分是 20 世纪民主四种模式，即：精英民主、多元主义民主、合法型民主、参与型民主。② 近代以来，民主大体演变为两支基本流派，一是自由主义倾向的代议制民主（representative democracy），一是共和主义倾向的参与式民主（participatory democracy）。

1. 代议制民主

代议制民主，即公民通过其代表治理国家，而不是直接管理全部公共事

---

① "程序主义法律范式"主张，政治权力以交往权力为基础，而交往权力如果要成为合法的政治权力的基础，也需要政治文化和法律建制两方面合适的条件。参见 ［德］哈贝马斯著：《在事实与规范之间：关于法律和民主法治国的商谈理论》，童世俊译，三联书店，2003 年版。

② ［英］戴维·赫尔德著，燕继荣等译：《民主的模式》，中央编译出版社，1998 年版，第 5 页。

务。在詹姆斯·麦迪逊那里，"纯粹民主制"是不稳定、不宽容、不公正的。"由人民代表发出的公众呼声，要比人民自己为此集会，和亲自提出意见更能符合公共利益。"① 麦迪逊对人民直接参政的能力、动机和效果表示怀疑，主张在广土众民的美国应实行代议民主制度（共和政体）。托马斯·潘恩、杰里米·边沁等思想家都赞同代议民主制。J. S. 密尔是 19 世纪公认的代议制民主的集大成者。他认为能够充分满足社会所有要求的唯一政府是全体人民参加的政府，在一个国家内要使所有人亲自参加公共事务是不可能的，因此只能建立代议制政府。一个完善的理想类型一定是代议制政府。② 代议制是一举两得的制度，一方面保证熟悉政府管理的专业人才发挥作用，一方面保证政府对人民负责。控制政府和管理政府有很大差异，普通公民拥有对政府的最后控制权就行了，不必直接管理政府。看得出来，密尔也对一般民众的判断力、管理素质和情绪是不信任的，这与美国开国者持相同认识。经济学家约瑟夫·熊彼特对古典的人民主权的民主观作了具有历史性意义的修正。他认为，民主政治并不意味也不能意味人民真正在统治，民主就是一种方法——就是为作出政治决定而做出的制度安排，在这种制度下一些人通过争取人民选票获取决策的权力。③ 根据这一定义，选举成为了民主的本质。选举民主建立在自由主义的政治传统之上，这个传统的核心是人权与法治。程序性民主的定义被广泛接受。美国政治学家塞缪尔·亨廷顿在其研究中使用的也是程序性民主的概念。他认为："民主政治的核心程序是被统治的人民通过竞争性的选举来挑选领袖"。④

代议制民主获得了普遍的赞同和主流的地位。但也不是没有批评和反对的声音。早在 18 世纪末，卢梭就对代议制民主的基本假设提出强烈的质疑。他认为"主权既然不外是公意的运用，所以就永远不能转让；并且主权者既然只不过是一个集体的生命，所以就只能由他自己来代表自己；权力可以转让，

---

① 麦迪逊把代议制民主称作共和政体，认为，"民主政体和共和政体的两大区别是：第一，后者的政府委托给由其余公民选举出来的少数公民；第二，后者所能管辖的公民人数较多，国土范围也较大。"[美] 汉密尔顿、杰伊、麦迪逊著，程逢如等译：《联邦党人文集》，商务印书馆，1980 年版，第 49 页。

② [英] J. S. 密尔著，汪瑄译：《代议制政府》，商务印书馆，1984 年版，第 37 ~ 55 页。

③ [美] 约瑟夫·熊彼特著，吴良健译：《资本主义、社会主义与民主》，商务印书馆，1999 年版，第 395 ~ 396 页。

④ [美] 塞缪尔·亨廷顿著，刘军宁译：《第三波——二十世纪末的民主化浪潮》，上海三联书店，1998 年版，第 4 页。

但是意志却不可以转移。"① 他指出，代议制可能造成"爱国心的冷却、私人利益的活跃、国家的庞大、征服、政府的滥用权力"。"代表的观念是近代的产物；它起源于封建社会，起源于那种使人类屈辱并使'人'这个名称丧失尊严的、既罪恶而又荒谬的政府制度。"② 卢梭对代议制民主的弊端的批评是尖锐而深刻的。他作为"共和主义政治理论的奠基人"（哈贝马斯语）、法国大革命的思想先驱和精神领袖，主张主权和人民只有唯一的共同利益，政治结构的一切活动是为了共同的幸福，整个政治理论都围绕政治决策过程中的公民的个人参与而展开，个人参与提高个人自由的价值，使人成为自己的主人。他还认为参与制度并不构成对自由的威胁，非参与型制度才是自由的最大威胁。这个预言具有何等的时空穿透力！

美国学者 C. Pateman 对当代西方主流民主理论提出质疑和挑战。她指出代议制政府的理论并不是民主理论的全部，熊彼特式民主理论中公民唯一可以参与的方式就是投票选举领导人和讨论，"参与"在其中并没有特殊的地位，这是违背民主精神的一种形式。代议制民主理论认为的"参与"是指人民广泛参与对决策者的选择，只将参与作为一种保护性的工具，有很大的局限。"代议民主"基本上是"反民主"的民主政治。③

美国学者 B. Barber 指出自由主义虽是一种优良的哲学，但却严重限制了民主政治的可能性，败坏了民主制度，从而使得自由主义民主或代议制民主沦为"弱势民主"（thin democracy）。④ 他认为，代议制民主通过选举产生的代表管理所有公共事务，取代了直接民主，在某种程度上获得了一定的效率，但却以牺牲公民参与权和公民身份为代价。依据 Barber 的见解，包含"无政府论"、"实在论"、"极小论"三大倾向的自由主义民主理论，根本上奠基于"牛顿式的政治观"、"笛卡尔假定"、"非政治人的人性观"等哲学基础上，使现代史中运行最久的代议民主暴露出诸多症状，成为"弱势民主"和"浅薄民主"。"傲慢的哲学掳掠了政治"，民主政治沦为一种只保障个体自由、财产及隐私的手段，而与更广泛的政治参与、共同讨论、相互合作以及社群等观

---

① ［法］卢梭著，何兆武译：《社会契约论》，商务印书馆，2003 年修订第 3 版，第 31 页。

② ［法］卢梭著，何兆武译：《社会契约论》，商务印书馆，2003 年修订第 3 版，第 120 ~ 121 页。

③ Carole Pateman. *Participation and Democratic Theory.* Cambridge University Press. 1970. P. 104.

④ B. Barber. Strong Democracy：*Participatory Politics for a New Age.* CA. University of California Press. 1984. xi – xvi.

念格格不入。

代议制民主在西方确实在很多方面走入了困境。在代议制下，选民投完票之后就不再作为一个团体存在，只有在下一个投票时间才作为一个团体出现，选出的代表谁也没有代表，也没有有效的控制机制。代议制民主对民主参与的条件、民主控制的形式、民主决策的范围等问题都没有充分说明，这给"参与式民主"理论的出笼预留了空间。

2. 参与式民主

承上所述，卢梭是参与式民主理论家早期的著名代表。20 世纪上半叶，英国费边社会主义后期代表人物道格拉斯·柯尔提出真正的民主制应是一种"职能民主制"，职能民主制实质是参与式民主。柯尔的理论是一种社团理论，它以人人能参加的职能团体为基础，不仅置于一个现代的、工业化的社会背景，而且专门针对这样一个社会。C. Pateman 较系统地阐述了参与和民主理论之间的关系，提出了新的参与式民主概念。参与式民主理论主张建立一个民主政府的必要条件是建立一个参与型社会。参与的主要功能是教育，参与能力和心理品质可以通过参与活动本身而获得。民主的参与能够促进人类的发展，提高人们的政治效能感，减少人们对于权力中心的疏离感，培养人们对公共问题的关注，因此有利于培养一批有眼光、有参与能力的积极公民，也有利于形成一个参与型社会。她乐观地表示，"我们仍然拥有一种现代的、富有生命力的、以参与理念为核心的民主理论"。①

依据 B. Barber 的见解，"强势民主"（strong democracy）是参与式民主的一种独特现代模式，"强势民主"理论虽然强调所有人在某些时间内就某些公共事务进行自我管理，但并不坚持古典民主模式，也不忽视有效政府这一前提。他认为，真正和完全的民主形式是现代民主政治所能采取的唯一可行的制度，除非采取一种基于参与和共享的制度安排，否则民主就可能偏离政治舞台而沿着自由主义价值观运行。应让公民政府（government of citizens）取代专家政府（government of professional），以此彰显强势民主理论是一个重视讨论、判断、具有广阔视野的理论。② B. Barber 的研究获得了很高的学术声誉，美国前总统克林顿曾公开赞许这种制度革新的学术努力。

---

① Carole Pateman. *Participation and Democratic Theory*. Cambridge University Press. 1970. P. 111.

② B. Barber. *Strong Democracy：Participatory Politics for a New Age*. CA：University of California Press. 1984. P. 262.

参与式民主理论在 20 世纪后期的重要发展是协商民主（Deliberative Democracy）理论的出现，① 正如澳大利亚学者约翰·S·德雷泽克所认为："20世纪 90 年代以来，民主理论明显走向了协商。"② 协商民主是公共协商过程中自由平等公民通过对话、讨论、审议各种相关理由而赋予立法和决策合法性的一种治理形式。协商民主理论认为，当政策通过公共讨论和辩论的途径制定出来，且参与其中的公民和公民代表超越了单纯的自私和有局限的观点，反映的是公共利益或共同利益的时候，政治决策才是合法的。③ 协商民主杰出的代表人物有政治理论家约翰·罗尔斯和哲学家尤尔根·哈贝马斯等。罗尔斯认为协商民主是自由宪政主义的核心，是秩序良好的宪政民主。④ 哈贝马斯的协商民主理论以交往行为理论为基础。按照哈贝马斯的设想，协商民主采取双轨模式，即公共领域的意见形成过程和制度内的意志形成过程之间的互动。协商民主是一种政治形式，更应是一种社会和制度的框架。哈贝马斯强调协商民主过程必须发挥法律的特殊作用。"商谈原则要能够通过法律媒介而获得民主原则的形式，只有当商谈原则和法律媒介彼此交叠，并形成一个使私人自主和公共自主建立起互为前提关系的权利体系。"⑤

随着民主理论向参与和协商的转移，参与式民主和协商民主开始受到重视，一度成为强势话语。实际上，无论是参与式民主，还是协商民主，都是民主论的一个重要部分。参与式民主不能代替代议制民主，协商民主也不能代替选举民主。参与式民主和协商民主本身还有待进一步完善。在中国，通过发展参与式民主可以带动代议制民主的健全与完善，这一方向与西方正好相反。对西方民主理论，应持批判与反思的吸收态度，不应以西方学者的判断为指挥棒，不加区分地"拿来主义"，"为我所用"，必然陷入"民主的迷思"。

———————————

① 台湾学者称作"审议民主"或"商议民主"，大陆景跃进、谈火生等亦称作审议民主。参见景跃进：《代表理论与中国政治——一个比较视野下的考察》，载于《社会科学研究》2007 年第 3 期；谈火生著：《审议民主》，江苏人民出版社 2007 年版。

② ［澳］约翰·S·德雷泽克著，丁开杰等译：《协商民主及其超越：自由与批判的视角》，中央编译出版社，2006 年版，第 1 页。

③ ［美］詹姆斯·博曼著，黄相怀译：《公共协商：多元主义、复杂性与民主》，中央编译出版社，2006 年版，第 4 页。

④ ［美］约翰·罗尔斯著，时和兴译：《公共理性观念再探》，载舒炜主编《公共理性与现代学术》，三联书店，2000 年版，第 9 页。

⑤ ［德］哈贝马斯著，童世俊译：《在事实与规范之间：关于法律和民主法治国的商谈理论》，三联书店，2003 年版，第 156 页。

（二）民主化视野中的行政决策

行政决策的合法性要通过公众自由平等的参与来决定。在中国，行政决策牵涉党政关系，人大与政府关系，牵涉政府职能转变，牵涉市场经济体制的进一步完善，牵涉重大公共利益和民众切身利益，推进行政决策的"增量民主"发展既有当下意义，也有重要的历史意义。这种增量民主，并不预设过强的"一致同意"，而是允许公民站在自己的立场上讨论政府决策、理解政府决策、接受政府决策。实际上，一种自下而上的民主形式已经发挥着增量变革的作用，这就是"维权式民主"。所谓维权式民主（Rights Democracy），是社会公众主动参与各种社会事务，以维护公众权益为主要目的的民主发展形态。① 维权式民主具有鲜明的转型期中国的特色，准确说，是民众就生存权保障的一种低层次要求。在经济社会转型过程中，随着人民经济地位的提升以及受教育程度的提高，人们的法律意识和权利意识增强，通过法律途径维护自己的权利，已经成为一种普遍。一些弱势群体的权益维护问题尤为突出，如农民、农民工、下岗职工、艾滋病患者、残疾人、拆迁户等，在政府各种决策中他们的权益容易受损。个别地方形成了利益团体（共同体），就共同面对的权益维护问题表达主张。维权式民主的形态有：（1）农民维权。在一些内陆地区，农业税虽然已被中央政府取消，但农民负担问题并没有真正解决；在一些沿海地区，农地征用中的矛盾突出，上访频繁。上访是一种下层群众的权利救济方式，在现实中国发挥着较大的作用，也确实维护了底层民众的合法权利，但它体现的是一种中国传统的清官文化，这是违背现代法治精神的，很大程度上损害了政府的信用和法律的尊严。上访形式的维权成本高，能解决的问题有限。（2）农民工维权。农民工权利问题涉及中国户籍制度，城乡二元分割体制造成进城务工人员的基本权利得不到保证。具有标志性意义的"孙志刚"案后，收容遣送制度被废除，农民工的人身权保障有所改善，但农民工在劳动、就业、社会保障等方面还得不到有效保障，欠薪、克扣、侵权等问题还比较普遍，通过协商、仲裁或法律诉讼途径维权渠道不畅，催生了一些暴力、极端的维权方式。农民工维权失败往往与地方政府不作为相关。（3）业主维权。房地产开发商的合同违约、物业公司服务水平低下、政府部门监管不到位，导致

---

① 据笔者所知，"维权式民主"是世界与中国研究所所长李凡先生首创。参见李凡：《中国民主的前沿探索》，世界与中国研究所内部版，2008 年 10 月，第 115 页以下。繁体版由香港明报出版社2008 年 9 月出版。

社区业主自发维权，业主维权的最大阻力来自政府，政府压制干涉业主委员会的选举。（4）个人维权。个人维权通常通过行政诉讼和行政复议以及信访等形式维护个人权益，从发展趋势来看，个人维权逐渐向组织参与转变。维权式民主的出现与发展，也揭示出了一个逐渐成型的公民社会的兴起和发展以及一个广泛的强大的公众参与的发展局面，这对于中国的民主转型，同样具有非常重要的意义。① 还有地方独立候选人参选基层人大代表，试图以此形式维护所代表的群体的权益。1999 年姚立法自荐竞选湖北省潜江市人大代表成功，5 年任期内提交对政府、法院、检察院的建议、意见和批评一百多件，当地群众把姚立法称为"姚代表"。2003 年成功自荐当选人大代表的北京市民许志永、聂海亮和深圳市民王亮拥有高学历背景，他们希望通过参选人大代表来推动和改进区域的民主与法治状况。看得出来，一些维权活动向社会治理和政治领域的参与转化，参与形式从体制外转向体制内。

中国行政决策民主化已经启动（以形式多样的民众参与为表征）。在规范意义上，公民参与（维权式民主）可能是一种初级形式的民主，以维护个体权利或主要以解决个体的经济利益为目的，但其本质在于公民参与解决行政决策的公平公正问题。人们的利益诉求表达已经开始觉醒，社会转型时期各种矛盾交织在一起，如果公众参与诉求不能得到体制的回应，就会积压社会矛盾，也积累民众的不信任甚至是对抗情绪。这种压力被传导至政治权力和社会舆论的神经末梢，直接或间接地推进了各级政府的回应性机制的建设，拓宽利益诉求渠道，逐步探索制度供给，推进行政决策民主化。中国政府承诺建立顺畅的利益表达机制，从行政决策的方法到行政决策的目标，保障广大人民群众和各种社会团体广泛参与，反映广大人民群众的根本利益和诉求，在决策系统及其运行过程形成民主参与的机制、程序和气氛。行政决策的民主化是温和的、有序的，成本低，波动小，各级政府都赞同这一改革并审慎地开始制度创新。

二、参与式民主决策模式

（一）行政决策民主途径

公共参与依程度不同可分为三个阶段：（1）知情阶段。（2）咨询阶段。

---

① 李凡编著：《中国民主的前沿探索》，世界与中国研究所内部版，2008 年 10 月，第 145 页。

（3）协商参与阶段。① 从低层次到高层次，呈现阶梯发展态势，我国的公众参与实践符合"三阶段"理论。

1. 政府信息公开是行政决策民主化的前提

政府信息公开标志着公民的知情权得到尊重和保障，政府作决策时愿意采取民主方式，倾听民意。为保障人民群众的知情权，提高政府工作透明度，2008 年 5 月 1 日起实施的《政府信息公开条例》结束了我国没有信息公开法律制度的历史。该条例规定行政机关公开政府信息，应当遵循公正、公平、便民的原则；行政机关应当及时、准确地公开政府信息。信息公开基本原则是政府在获得了必要信息之后并不能将其占为己有。条例规定政府信息公开的范围，要求行政机关对下列政府信息主动公开：涉及公民、法人或者其他组织切身利益的；需要社会公众广泛知晓或者参与的；反映本行政机关机构设置、职能、办事程序等情况的；其他依照法律、法规和国家有关规定应当主动公开的。县级以上各级人民政府及其部门在各自职责范围内确定主动公开的政府信息的具体内容，并公开下列政府信息：国民经济和社会发展规划、专项规划、区域规划及相关政策；国民经济和社会发展统计信息；财政预算、决算报告；行政事业性收费的项目、依据、标准；政府集中采购项目的目录、标准及实施情况；行政许可的事项、依据、条件、数量、程序、期限以及申请行政许可需要提交的全部材料目录及办理情况；重大建设项目的批准和实施情况；扶贫、教育、医疗、社会保障、促进就业等方面的政策、措施及其实施情况；突发公共事件的应急预案、预警信息及应对情况；环境保护、公共卫生、安全生产、食品药品、产品质量的监督检查情况。设区的市级人民政府、县级人民政府及其部门重点公开的政府信息还包括下列内容：征收或者征用土地、房屋拆迁及其补偿、补助费用的发放、使用情况；抢险救灾、优抚、救济、社会捐助等款物的管理、使用和分配情况。乡（镇）人民政府重点公开财政收支、各类专项资金的管理和使用情况。条例规定，公民、法人或者其他组织还可以根据自身生产、生活、科研等特殊需要，向国务院部门、地方各级人民政府及县级以上地方人民政府部门申请获取相关政府信息。主动公开信息对法治政府建设具有深远的影响。这些信息以前多是讳莫如深的领地，如财政预算、规划方案、重大项目、重大决策等，普通民众无权知晓也无从知晓。

① 史春玉：《参与民主在法国》，载蔡定剑主编：《公众参与：欧洲的制度和经验》，法律出版社，2009 年版，第 161 页。

在初步确立政府信息公开制度体系的基础上，各级政府发挥政府网站作为信息公开法定载体和第一平台的作用，明晰了公民知情权的方式和途径，有力地推进了透明政府建设，同时，注重健全政府新闻发言人制度，定期发布政府公报，公开政府文件、会议文件、人事任免、统计公报等信息，并开通语音服务专线、手机短信等，拓展了信息公开渠道。从整体看，政府主动公开了相当数量的政府信息，实现了政府信息从不公开到公开的质的转变，为公众参与奠定了基础。2010 年 3 月，四川省某乡政府在其网站公布了"三公消费"细目，迈出了地方政府财务公开的第一步。但是该条例的实施距离制度设计初衷有很大差距，主要原因在于一些官员思想观念陈旧，传统工作模式难以转变，导致制度不配套，操作程序不完善，行政机关自行掌握标准，建设和制度实施存在脱节。比如，依申请公开程序繁琐，实施中人为设置障碍，公众获取一些信息比较困难。政府主动公开的信息偏少，公开程度远远不能满足公众需求，公开的信息往往滞后，缺乏时效性，公众不能充分享受到制度带来的好处。从制度系统论的视角来看，政府信息公开受到其他具体制度以及行政结构乃至政治文化的制约，其本身的完善也要增强公众参与的作用。

2. 行政决策公众参与的主要形式

——听证会。一般听证会分为三种类型：即立法听证会、司法听证会和行政听证会。行政决策听证会是行政听证会的一种。行政决策听证会一方面为公众提供参与机会，表达不同意愿和诉求，有助于维护公民个人权益，另一方面预防行政独裁，协调不同利益冲突，从而实现公共利益最大化。行政决策听证不仅仅是履行一种法律程序，更重要是保障实现公众参与权利和行政决策民主。通过行政决策听证，人民感受程序正义，理解行政公平。我国行政决策听证会制度是具体法律法规确立的，如《价格法》、《环境影响评价法》、《行政许可法》、《城乡规划法》等法律，以及一些行政法规，如《大中型水利水电工程建设征地和移民安置条例》、《取水许可和水资源费征收管理条例》等。1998 年 5 月 1 日实施的《价格法》第 23 条规定，制定关系群众切身利益的公用事业价格、公益型服务价格、自然垄断经营的商品价格等政府指导价、政府定价，应当建立听证会制度。此后，中央和地方的价格主管部门先后主持召开了价格听证会，议题主要集中在水电气、交通、电信、医疗、教育、景点门票等方面。2003 年 9 月 1 日施行的《环境影响评价法》规定了两类行为应举行公共听证会，一是专项规划的环境影响评价，二是建设项目的环境影响评价。《行政许可法》专门规定了听证的适用范围、启动方式、运行规则和听证笔录的效力。2008 年 1 月 1 日实施的《城乡规划法》规定城乡规划报送审批前，应采取论证会、听证会或者其他方式征求专家和公众的意见；省域城镇体系规划、城市总体规划、镇总体规划应通过论证会、听证会或者其他方式征求公众意见。近些年，地方规章逐步规范完善重大行政决策听证制度。随着法律、法规、规章关于行政决策听证的规定增多，这一制度已经建立起来。虽然行政决策听证的范围还比较狭窄，仅限于政府定价、环境保护、城市规划等几个领域，很多影响广泛的重要的行政决策诸如土地使用规划、卫生保健、市政工程等还没有纳入行政听证范围。我以为，我国的行政决策听证应集中在"重大决策"和"公共利益"上，进一步放宽听证范围，在行政规划、行政征收、行政征用、行政给付、重大工程建设项目、重大产业政策等诸多方面，都应当实施听证会制度。

行政决策听证制度的实施并不理想。听证会似乎游离出制度设计的初衷，特别是价格决策的听证，成了"逢听必涨"，民众纷纷质疑"被代表"的正当性，质疑听证结果的合法性。① 行政决策听证制度实施以来，各地政府热情高涨，公众却心灰意冷，这"一头热一头冷"的问题症结在于，公众参与被架空，听证会成了政府自导自演的独角戏，听证为一些垄断经营者的涨价逐利披上了合法的外衣，甚至被认为是一种自上而下的作秀。很多行政决策听证会实际参与者只有政府和经营者，其他利益相关者（如消费者等公众）代表要不是精心遴选的"摆设"，就是被屏蔽信息的"聋子"，不能算真正的参与者。"由于公众在公共决策体制中的'结构－过程'两个阶段角色的断裂，公众的参与有可能变成一种'在场的缺席'。"② 其余问题表现在，听证机构设置不完善；听证主持人不独立；听证代表遴选不合理；听证信息不对称；参与各方地位不平等；听证过程透明度低；听证结论法律效力不明；公众意见影响决策

---

① 一份对北京市 1998～2000 年四次价格听证会应到代表和实到代表的比例统计显示，由于公众认可程度不断走低，实到代表的数量和比例逐年递减，一度下滑到应到代表数量的 53%。见彭宗超等：《听证制度：透明决策与公共治理》，清华大学出版社 2004 年版，第 67 页；一项来自广州社情民意研究中心的调查结果显示，认为听证会对公民参与政府决策"没有作用"、"作用不大"、"是形式主义"的受访者三项合计竟达 62.5%，其中 15.5% 的人认为是"形式主义"或"听话的摆设"。见赵燕华等：《听而不证流于形式——广州市民直言听证会贬值》，载《报刊文摘》2002 年 10 月 27 日。直到 2009 年哈尔滨、北京、福州、济南等地自来水听证会，也都广受诟病，上述弊端依旧。见《2009 年遭质疑的部分城市水价听证会》，载《第一财经日报》2010 年 1 月 5 日。

② 王锡锌著：《公众参与和行政过程——一个理念和制度分析的框架》，中国民主法制出版社，2007 年版，第 237 页。

无力等方面。完善运行十年的听证会制度，不需要更多"额外"处方，不妨回到听证会的前提——公开原则，充分实现公开和开放，弊政就会充分曝光，决策过程就会接受监督检验。公开原则涵盖听证过程公开和听证资料公开，听证代表的来源也是公开的内容。实行听证质辩原则，质辩规则包括质证和辩论两方面。只有对一些问题进行公开辩论，才能产生公共理性。民主的本质是公共理性（Public Reason），公共理性通过公共辩论获得，凡与社会、国家有关的重大问题通过公共辩论达成人民共识，保证所有人都参与到社会公共事务，不管弱势或少数。① 通过公开的公共辩论，可形成公众舆论和集体意志，最终的决策是媒介与公众见证的结果。

——公开征集意见。重大决策作出前，为慎重起见，通过各种途径对草案公开征集各方意见，汇集整理后优化决策方案。与听证会相比，公开征集意见形式灵活，问需于民、问计于民，纳群言、集众智，体现决策公开、透明、民主。十六大以来，从中央到地方，释放出"民意"与"官声"互动的信号，从立法到改制到城市规划方案，普遍举行公开征集意见活动。以＜国家中长期教育改革和发展规划纲要＞的公开征集意见为例。② 教育部对公开征集意见活动高度重视，认为它是制定高质量规划的必由之路，是达成共识提高认同的必要方式，为此专门成立《规划纲要》工作小组办公室，于 2009 年 1 月 7 日正式启动，成立了宣传和征求意见工作组，下设 5 个工作小组。这次征集意见活动的形式有座谈、书信、电话、电子邮件、来函、主题征文、专家座谈会、发表文章等。第一轮公开征求意见工作分为两个阶段进行，第一阶段，根据前期调研，确定了 36 个专题，广开言路，请社会各界发表意见，提出问题。第二阶段，集中就"加强农村教育"、"深化教育教学以及管理体制改革"、"解决各级各类教育中突出问题"、"保证教育投入和健康发展"等 4 个方面的 20 个重大关键问题，再次向社会公开征求意见。不到 1 个月时间，通过互联网网站、电子邮件、信件、征文、中央重要媒体等多种渠道和形式，社会各界人士发表意见建议 210 多万条。第一轮公开征求意见结束后整理归纳这些意见并进行研究，对草案进行修改。然后再开启第二轮公开征求意见活动，公开发表《〈规划纲要〉征求意见稿》，再次交全社会提出修改意见。这是中国教育史上

---

① 黄万盛：《正在逝去的和尚未到来的一序＜破碎的民主＞中文本》，载《开放时代》2004 年第 4 期，132 页。

② 该纲要是 21 世纪以来我国第一个教育规划，是指导未来 12 年教育改革和发展的纲领性文件。

民众参与度最高、社会影响最广泛的事件之一，从 10 来岁的小学生到 90 岁的耄耋老人，从专家学者到普通百姓以及海外华人、留学生都积极参与其中。①这次公开征求意见，政府发起强有力的行政动员，有声势浩大的场面和高参与度，说明国人关注教育事业和教育规划本身之重。2008 年 10 月，《关于深化医药卫生体制改革的意见（征求意见稿)》向社会公开征求意见，引起社会各界的广泛关注。国家发改委网站报道说，一个月的征求意见活动中各界通过网络、传真、信件等方式发表反馈意见 35260 条。广州市 2007 年在制订《养犬管理条例》的过程中，政府通过网上发布公告收集信函意见和建议 3700 多条，网络意见 264 条；政府召开职能部门座谈会、公众代表座谈会和专家论证会收集整理意见 113 条。在草案审查阶段，共收集汇总全市 70 余家单位意见 100 余条以及网络意见 22 条。市民最关注、反映最为强烈的养犬登记费从 1997 年《广州市养犬管理规定》的 1 万元骤降到 700 元，获得市民好评。② 公开征集意见并不是新的制度设计，但要发挥好制度效用，还需要完善一些机制，如公开征集意见应有说明理由程序和意见反馈机制，对公众意见归类后公开答复，认真对待民间意见，避免"轰轰烈烈走过场"。

　　——决策调查、座谈会和论证会。（1）决策调查是决策机构采用调查问卷的方式向公众征求有关重大决策事项意见的行为，它比公开征集意见更加细致和规范，所涉问题更具针对性。例如为配合国家"十一五"科技支撑计划项目"新型城市轨道交通技术"的研究，中国土木工程学会城市轨道交通技术推广委员会于 2007 年 4 月组织进行了一次全国范围的问卷调查。调查问卷主要内容有：我国城市轨道交通项目审批中存在的主要问题，确定我国城市轨道交通建设顺序与建设时机的主要依据，我国城市轨道交通健康发展最需要出台的政策，适宜的票价水平和政策，一些运营线路的客流强度低的症结，我国城市轨道交通工程的经济定位，城市轨道交通投融资政策，城市轨道交通的财务效益评价的指标，政府支持城市轨道交通发展的优惠政策，城市轨道交通的工程造价，城市轨道交通工程的特许经营，城市轨道交通建设的管理体制，新型城市轨道交通系统，城市轨道交通建设中的技术创新，如何防范投融资风险等。问卷发放对象为业内专家，城市轨道交通管理、设计、施工、运营等相关

　　① 董洪亮：《用群众智慧描绘教育蓝图——〈国家中长期教育改革和发展规划纲要〉第一轮公开征求意见综述》，载《人民日报》2009 年 2 月 27 日第 2 版。

　　② 《政府信息公开一年观察：一些部门以保密为由推诿》，载于《瞭望》2009 年 7 月 20 日。

单位的管理和技术人员，共发放问卷 80 份，收回 50 份，回收率为 62.5%。①问卷调查有助于了解业内人士对城市轨道交通发展的看法和建议，为相关决策提供了智力支持。这种调查方式在明确公众价值偏好，收集专业信息，确定决策目标等方面具有优势。（2）座谈会和论证会是两种重要的听取公众意见的方式，它们在行政决策过程中经常得到运用。座谈会是各级政府及其部门更为熟悉的传统的与公众交流形式，但是应予座谈会参加人员充分信息，鼓励逐个发言，尊重参与权利。论证会是邀请相关专家就决策方案的必要性、可行性和科学性进行研究论证的形式。与听证会、座谈会等相比，专家论证会是获取专家知识的过程，参加者是相关领域的专家。这些专家受过系统的专业知识训练，具有较强的专业技术性。但是专家的研究领域是特定的，选择合适的专家参加论证会很重要。专家之间的辩论程序，关系到论证的质量，应在一些复杂方案的研究中采用。专家最佳的知识利用方式应当是将自己作为公共选择（public choice）的一方，与其他利益当事人一起进行协商，谋求共识。如果让专家以一己之意志代替大众的价值选择，正当性大打折扣。② 专家论证不能替代公众参与，不能替大众选择，不能替他们表达。专家还需要保持独立地位，不能仰承行政机关意志行为，防止"专家论证"变成了"领导论证"。我国专家论证会的制度供给不足，应补充相关法律法规，建立专家责任制度。"如果缺乏有效的机制阻止行政专家越出事实领域，会发生什么情况？专家会以自己的价值判断代替大众的价值判断，而这种价值判断又和专家自身利益相勾连。常见的情况是以行政官僚集团利益代替公共利益；最严重的情况是，公共行政成为私利集团的营利行为，行政机关被各种私利的代表'俘获'而失去自身的公共性，而专家则成为实现私利的代理人；较轻微的影响则可能是，价值上的偏差导致事实认定的不全面。在这些情况下，专家知识的运用都可能导致'专家专制'。因此，将专家权力限制在一定范围之内是很必要的。"③

（二）公众参与的制度规范与创新

第一，行政决策体制的完善。行政决策规范结构是"公众参与、专家论

---

① 冯爱军等：《中国城市轨道交通发展调查问卷分析》，载《都市快轨交通》2008 年第 1 期，第 11~15 页。

② 王锡锌、章永乐：《专家、大众与知识的运用——行政规则制定过程的一个分析框架》，载于《中国社会科学》2003 年第 3 期，第 119~120 页。

③ 王锡锌、章永乐：《专家、大众与知识的运用——行政规则制定过程的一个分析框架》，载于《中国社会科学》2003 年第 3 期，第 120~121 页。

证、政府决策"三结合，无疑这是一个迈向民主与科学的决策体制，是对传统政府的决策权垄断的一次革命。实行依法决策、科学决策、民主决策。这既是一种宣示，也是一种行动。温家宝总理在 2004 年政府工作报告中讲到："坚持科学民主决策。要进一步完善公众参与、专家论证和政府决策相结合的决策机制，保证决策的科学性和正确性。加快建立和完善重大问题集体决策制度、专家咨询制度、社会公示和社会听证制度、决策责任制度。所有重大决策，都要在深入调查研究、广泛听取意见、进行充分论证的基础上，由集体讨论决定。这要作为政府的一项基本工作制度，长期坚持下去。"现实中公众参与不足和虚化的情况，反映出决策体制开放性不够，民众、专家还没有赋予实质权利，政府在"三位一体"的决策结构中居于"知识—权力"双垄断的地位①，这仍然是管理型政府的特征表现。在服务型政府中，多元性公共性不容侵蚀，消除"为民做主"的清官意识，代之以"以民为主"的服务意识，走向服务，走出政府"双垄断"困境，扩充公民参与权利，重视公众参与实效。

第二，协商民主决策的实验。走向"协商民主模式"的公共决策体制，这不仅仅是一种学术思潮，实践中已出现协商民主决策的案例。浙江省温岭市泽国镇率先实施协商民主决策实验。这一决策模式叫做"泽国模式"。泽国模式是运用"协商民意测验"的方法，通过"民主恳谈会"的亲民形式，让抽签选出的民意代表与政府协商讨论重大决策。2008 年，泽国镇将协商民主形式与财政预算相结合，使得协商民主的公民认同进一步深化。泽国模式体现的是精致化的"民主恳谈"模式。② 这里介绍一下 2005 年泽国镇建设资金使用安排民主决策过程：首先从全镇 12 万人口中随机抽选 275 名民意代表，会前 10 天向民意代表发送 30 个备选项目资料和由专家组提供的项目介绍，代表们就 30 个项目的重要程度填写调查问卷。会议当天，有 259 名民意代表参加协商民主恳谈会。上午代表以随机抽样方式分成 16 个小组开展讨论，每个小组由经过培训的非政府官员担任主持人，小组讨论结束后民意代表选出最关注的问题和最集中的意见参加大会发言。当天下午民意代表再分小组讨论，又带着小组讨论的新的建议和问题参与第二次大会讨论。大会上有 12 名中立专家分别回答各小组提出的问题。镇政府全体成员列席旁听。会后，将两次调查问卷

① 王锡锌著：《公众参与和行政过程——一个理念和制度分析的框架》，中国民主法制出版社，2007 年版，第 241 页。

② 卢剑峰：《参与式民主的地方实践及战略意义——浙江温岭"民主恳谈"十年回顾》，载《政治与法律》2009 年第 11 期，第 58 页。

的数据输入计算机处理，得到每个项目的得分情况和 30 个项目从最重要到不重要的排列顺序。比较两次问卷的结果，可以看出民主恳谈在很大程度上影响了民意代表的选择。会后，镇政府组成人员召开办公会议，讨论恳谈会上代表提出的建议和第二次调查问卷的预期结果。将第二次调查问卷中从上到下总投资约 3640 万元的 12 个项目拟定为 2005 年城建基本项目；将其后总投资为 2250 万元的另外 10 个项目作为备选项目。在之后召开的泽国镇第 14 届人民代表大会第五次会议上，镇政府就上述内容做报告，提请大会审查讨论。经过讨论，有 84 位镇人民代表投票支持，7 位反对，1 位弃权，通过民意代表经过协商讨论所选择的 12 个项目为 2005 年城镇基本设施建设项目。① 12 个项目中有 9 个是关于环境保护、绿化园林、规划设计和城乡连接道路方面，这个结果与泽国党委政府的预期大为不同。党委政府尊重民意代表的协商结果，经过人大会议票决予以法定化。我观摩了 2008 年的预算协商民主恳谈会，这次会议共产生 197 名民意代表（实到 175 名）。在民主协商过程还邀请了 93 名人大代表旁听，目的是让人大代表更真实地感受民意，也认真吸纳民意。人大会期间，又邀请 10 名民意代表旁听人大会。民意代表和人大代表的互动过程，是乡镇精英与大众参与的结合。2008 年的人大会采取票决的形式，财政预算以低票通过，总共 93 票，赞成 60 票，反对 28 票，弃权 5 票，比法定过半数仅多出 6 票惊险通过（应到代表 107 名）。我在采访中获知，低票原因是人大代表认为农村项目安排少，领导联系农村少，对预算安排和政府工作不满意。2008 年实行票决制，更方便代表显示真实偏好，说真话，投反对票（遗憾的是 2009 年泽国镇人大代表会议将票决又改回举手表决）。2009 年人大代表对政府民主协商后确定的预算决策大体满意，主要原因是农村项目安排增多，效果好于上年。泽国模式说明协商和民主之间的联系能够把协商根植于社会中，帮助政府产生好的决策。协商民主作为公众参与的一种新形式，显示出了民众理性参与决策的力量，得到体制内的某种认可，也一路坚持下来。

第三，网络参与的发展。上世纪 90 年代以后，随着互联网技术的发展，中国开始进入网络时代。互联网对社会交流产生广泛影响，为"参与式民主"的发展提供了广阔的平台。公众参与与网络技术有机结合，形成了一种新型的参与途径，即"网络参与"。网络参与突破了传统参与的诸多限制，为公众参

---

① ［澳］何包钢著：《协商民主：理论、方法和实践》，中国社会科学出版社，2008 年版，第 168 页。

与带来了革命性变革。托夫勒夫妇的合著《创造一个新的文明———第三次浪潮的政治》预言说：公民可以借助网络就公共问题直接向政府发表意见或投票表决，"半直接民主"和"直接民主"将代替工业时代的代议制"间接民主"。① 这个预言正在变为现实，"半直接民主"在中国已经兴起。互联网的基本特征是分散和国际化，与传统媒体相比，网络传播从单向到交互发生了质变，全新的信息传输介质，开放的信息平台，高速率的数据统计，低廉便捷的交流方式，让参与者言论更自由、更感安全，普通民众能够参加他们以前从来不可能参加的公共讨论，并为他们通过自己的言论该改变政府决策提供了强大的技术支持。人们足不出户就可以了解信息，参与政府决策事务和监督政府决策实施，充分使用话语权和参与权，形成了"网络公共领域"。在网络公共领域中人们可以较平等、便捷、自由地参与重大议题的讨论，具体的形式有运用电子邮件、公共聊天室、即时通信、更新博客、网上发帖等。我国网民规模突破了4.5亿，互联网普及率达到34.3%，新增网民超过半数使用手机上网。网络空间其影响力已经超过传统媒体，报纸电视等被网络信息所导引，网民的意见得到国家领导人的重视，胡锦涛主席和温家宝总理都亲自上网浏览网民意见，也数次与网民直接对话。地方党政官员也开始重视网民的意见和网络参与的建设性作用。从2008年开始，网络民意时"两会"的渗透力逐年增强，网民通过网络对政府提出的意见和对总理本人提出的问题得到重视与回应。网络成为政府决策中收集民意的重要形式。2007年3月，厦门市民发起轰轰烈烈的反PX项目行动，在整个过程中互联网作为一个开放、便捷的平台，发挥了汇聚力量、表达舆情的重要作用。"小鱼网"、"天涯"、"凯迪"等网络论坛汇集了网民的反对声音。在12月8日厦门市委开通了"环评报告网络公众参与活动"投票平台，厦门人在短短一天时间内投了5.5万张反对票，支持票仅3000张。最终民意取得了胜利。厦门PX项目事件被视为公众参与的标志性事件，"厦门人"当选为《南方周末》2007年度人物。"中国当下的公众参与存在一种网络依赖症，没有哪个西方国家的互联网承载了这么大的显示民意的功能。"② 从国务院及其部门到地方政府及其部门基本都建立起政府网站，电子政务的推行有利于信息流通和平等共享，扩大公民参与渠道，提高政府的

① ［美］阿尔文·托夫勒、海蒂·托夫勒：《创造一个新的文明——第三次浪潮的政治》，生活·读书·新知三联书店，1996年版，第96页。

② 张小山：《互联网推动中国社会转型》，载《中国改革》2008年第2期，第44~48页。

反应能力和社会回应力。互联网给行政结构带来了革命性的变革，传统的金字塔组织开始向扁平型发展，决策权开始走向分散化，决策主体开始走向多元化，决策结构开始走向交互化，克服了官僚主义和形式主义限制。尼葛洛庞帝的"数字化生存"预言已经成为现实，这是数字化世界的年轻公民所致，传统中央集权的观念成为明日黄花。[①] 行政分权正逐渐弥漫于中国社会。网络技术解决了更多的参与者加入公众讨论和辩论的难题，显现出普通民众对公共权力的制衡的力量。总之，网络参与作为一种新型的参与形式，不但扩展了民主，还将改变民主。为此，需要建设网络参与机制，确定不同决策类型的公众参与范围及形式，公民网络参与决策的合法权益有法律保障。与此同时，人们不要忘记网络参与仅代表网民的意见，不是全体人民的意见，学生是中国互联网最大的网民群体。而且，网络表达具有无序性、肤浅性、随意性等诸弊端，人们可能在消费"快餐式"民主的同时也可能侵蚀民主的严肃性，甚至误导政府决策。我们无法断言网络空间上的言论，如电子留言板、新闻讨论组上普通用户的言论是否能够与主流媒体在"观念市场"上平起平坐。由于受经济技术能力和教育程度限制，客观存在并在扩大的"数字鸿沟"阻碍着网络参与的公平，"信息富人"和"信息穷人"表达机会不公的问题也很严重。网络空间也不是实现自由权利的天堂，推动制度化建设是网络参与有序发展的重要途径。成熟理性的民众是网络参与的基础，应注意避免"网络暴政"和"参与过度"的现象出现以及民粹主义的兴起。

三、参与式民主启动行政决策法治化

（一）公众参与和行政决策合法化

没有公众参与，就没有决策的合法化，也没有决策的法治化。公众参与的战术意义和战略价值表现为：第一，公众参与有利于公民、法人或者其他组织在具体行政行为中维护自己的合法权益，防止行政机关单方面行为对自己做出不利的处理；第二，公众参与有利于行政相对人对行政决策、行政决定的理解，从而有助于消除行政决策、行政决定在执行中的障碍，保证顺利贯彻执行；第三，公众参与有利于消除歧视、偏袒，保障社会公正；第四，公众参与有利于加强公权力的监督，防止腐败；第五，公众参与有利于加强公民的主体

---

① ［美］尼葛洛庞帝著，胡泳等译：《数字化生存》，海南出版社，1997年版，第270页。

意识，健全公民的人格；第六，公众参与有利于为国家公权力向社会转移，推动公民社会的发展创造条件。① 当代中国正在发生深刻的社会转型，政府行政在内涵和外延等方面发生巨大变化。引入"参与式治理模式"克服民主赤字无疑是一种正确的选择。通过利益代表、公众参与等制度设计使行政过程得到自我合法化。强调在利益竞争过程中引入并保障不同利益主体的有效参与和协商，使行政过程及其结果得到合法化。② 在解决社会公共问题时，公民的利益表达总是无限的，通过公众参与可以调和不同的利益需求，最大限度地满足最大多数公民的利益需求的同时兼顾少数公民的特殊利益。

行政决策合法化的关键在于决策是否能够为社会公众的大多数人所认同和接受。因为行政决策所处理的问题牵涉方方面面，在分殊的利益面前，如何平衡，可能要矫正行政专家决策模式，扩大公众参与，分享决策权。通过公众参与，让行政决策公开化和透明化，建立政府与人民之间的互信。行政决策合法化要求遵循有效公众参与原则。使公众真正地参与到行政决策过程中，方便地获得相关决策信息，发表自己的意见和想法，积极参与方案讨论和方案选择，对行政决策的形成发挥重要的影响力。公众参与还有利于把弱势群体和边缘群体推到行政决策舞台，让更多的人了解和重视他们的诉愿和要求。③ 一个公正的社会要考虑到弱势群体的利益，对他们的利益照顾不是恩赐，而是义务，要落实他们的参与权，而不是替他们决策。在解决社会公共问题时，公民的利益总是多元的，通过公众参与政府可以调和不同的利益需求，求得社会理解接受的"最大公约数"。

任何政体都有一定形式的公众参与，行政决策的合法性本质上取决于公众参与的程度，要达到真正与充分的参与，而不是貌合神离的假参与。美国学者 Sherry Arnstein 提出了八种参与类型模式，这八个阶梯的参与分四个层次：第一，假参与，包括操作、训导；第二，表明参与，包括告知、咨询；第三，高层次表明参与，包括展示；第四，深度参与，包括合作、授权、控制。④ 根据"参与阶梯"理论，达到"深度参与"需要公众与政府官员合作协商，决策者

---

① 姜明安：《公众参与与行政法治》，载《中国法学》2004年第2期，第31～32页。

② 王锡锌：《当代行政的"民主赤字"及其克服》，载于《法商研究》2009年第1期，第42～51页。

③ 史春玉：《参与民主在法国》，载蔡定剑主编：《公众参与：欧洲的制度和经验》，法律出版社2009年版，第162页

④ S. R. Arnstein. A ladder of citizen participation. Journal of the American Institute of Planners. 1969. 35. pp. 216～224.

和参与者共享决策权力。泽国的"协商民主"类似这一形式。在泽国，公众参与和协商的结果基本是刚性的，政府对此结果是认可的，并就此方案提交人大会表决通过。"告知"、"咨询"以及"展示"模式是政府首肯的有限度的参与形式，允许参与者表达心声，决策者会考虑吸收一些认为合理的建议，这种参与本质上是"表面层次"的，政府对公众没有进一步反馈和说明的义务。"操纵"和"训导"模式，是强奸民意、操控公众，以所谓公众参与的形式实现决策者自己的目的，为人诟病的"假参与"损害公众的热情和政府信用。

在中国浙江的一些乡镇，民众参与到行政决策，民众得到了锻炼，视野也开始发生变化，更加关注长远的利益，更多考虑教育事业、生态保护以及城镇规划、土地整理等，而不是工业项目和招商引资。这种变化说明公民理性水平的提高。以 2009 年番禺垃圾选址风波为例。2009 年 2 月 4 日，广州市政府发布通告，未经市民参与决定在番禺区大石街会江村与钟村镇谢村交界处建立生活垃圾焚烧发电厂，计划于 2010 年建成并投入运营。此举遭到番禺 30 多万居民的反对，双方对峙月余之后，广州市政府官员公开表态：垃圾焚烧厂建在哪里，如何建，第一决策者是市民。政府回应民众意见，正视公众参与权，此后的决策进入了良性循环。经过交涉，政府初步拟出五点意见，聘请专家作全区的区域规划，垃圾焚烧发电厂选址拟进行重新审视和论证；建立科学、民主的政府决策机制，不排除进行全区群众投票。政府决策尊重民意并承认公民参与而使决策合法化。但公众参与并不等同于简单"少数服从多数"投票，如果以多数决原则替代公众理性对话协商，有可能使行政决策沦为"多数人的暴政"。这一点在网络参与过程中必须引起警惕。经过公民参与的实践，累积社会资本的增长，公民得到教育，公民精神得到整体提升。同时，强化了公民责任，而公民责任又成为高质量民主参与的保证。《中国公民社会发展蓝皮书》（2008 年）称，在结构上中国社会已经从总体性社会转型为公民性社会。[1] 在公众参与行为上看这个结论也是成立的。耐人寻味的是，目前推动参与式民主发展的第一支力量是地方政府的官员，第二支是一些知识精英，包括学者、律师和媒体等。主张公众参与的地方官员一般比较年轻，受过高等教育，具有开放的视野和胸襟，也有一定的政治抱负和胆识。学者、律师和媒体从业人员是社会支持力量，起着理论指导、舆论支持和宣传的作用，在某种程度上也起着观察员的作用。

---

① 高丙中等主编：《中国公民社会发展蓝皮书》，北京大学出版社，2008 年版，第 7 页。

中央政府要求地方政府特别是县级政府决策中的公众参与。这从《全面推进依法行政实施纲要》和《加强市县政府依法行政的决定》以及中央政府工作报告可以看出，国务院的两个规范性文件都冠以"依法行政"字样，都有"民主决策机制"的内容，其意图在于通过民主而建构起行政决策的合法化。《全面推进依法行政实施纲要》第五部分以"建立健全科学民主决策机制"为题，从"健全行政决策机制"、"完善行政决策程序"、"建立健全决策跟踪反馈和责任追究制度"三个方面进行了论述。《加强市县政府依法行政的决定》第三部分以"完善市县政府行政决策机制"为题，在"完善重大行政决策听取意见制度"、"推行重大行政决策听证制度"、"建立重大行政决策的合法性审查制度"、"坚持重大行政决策集体决定制度"、"建立重大行政决策实施情况后评价制度"、"建立行政决策责任追究制度"六个方面进行了部署。这两份颇有分量的文件，既作为法治宣示，又作为行动纲领，揭示了行政决策民主化是法治政府的"行政特征"这样一个基本内涵。也就是说，行政决策走向法治的前提是合法化，而合法化的基础是公众参与或者参与式民主的实践。

（二）公众参与和行政决策机制建立

行政决策的民主实验是在基层进行，基层民主首先从农村发展起来。行政决策民主创新，地方政府走在前面。随着"科学发展观"的深入动员，一些有民主精神和改革意识的地方官员选择公民参与作为改善政府工作的突破口，把参与式民主、倾听民声改善民生作为政绩方向。区县一级政府绝大多数建立了公众参与的程序性制度。要保证公众参与的实现，可能需具备的条件，一是有一个能保证普通公民直接参与决策并在决策程序中公民拥有自我表达能力的机制；二是有一个保障决策权得到分享的机制；三是有一个保证参与方能面对面协商讨论的机制；四是有一个保证参与各方在相互平等的基础上协商讨论的机制。① 行政决策的规范程序，首先是决策议程的建立，其次是决策方案的拟订及选择，然后是决策方案的执行以及执行评估。人们平常都把公众参与聚焦在方案的拟订和选择上，却忽视了非常关键的问题，即公众议程如何转变为政府议程以及公众如何才能实质影响决策。我认为，建立公众参与行政决策机制应着力于公众议程和公众团体两个方面。

---

① 史春玉：《参与民主在法国》，载蔡定剑主编：《公众参与：欧洲的制度和经验》，法律出版社，2009 年版，第 161 页。

第一，构建新的公众议程模式。改革政府决策模式，从动员参与转向主动参与，让公众议程成为决策主导，是法治的内在要求。中国公共政策议程设置经历了不同模式，反映了中国政治制度的深刻变迁。典型模式有：（1）关门模式，完全没有民众参与。以1988年"物价闯关"为典型。（2）动员模式，先形成政策议程然后动员民众，从"土改"、"三反五反"到"总路线"、"大跃进"、人民公社再到"四清"、"文革"都是动员模式。改革开放以后，动员模式的频率大大降低了，但并未放弃。（3）内参模式，议程不是由决策者提出的，而是由接近权力核心的政府智囊们提出的。这个模式，没有民众与决策者的互动，只有智囊们与决策者的互动。（4）借力模式，政府智囊们决定将自己的建议公之于众，希望借助舆论的压力，扫除决策者接受自己建议的障碍。（5）上书模式，指给决策者写信，提出政策建议。（6）外压模式，诉诸舆论，争取民意，对决策者形成足够的压力，达到改变旧议程、接受新议程之目的。① 随着中国政治制度的变迁，在议程设置过程中专家、传媒、利益相关群体和人民大众发挥的影响力越来越大，关门模式和动员模式逐渐式微，内参模式成为常态，上书模式和借力模式时有所闻，外压模式则开始频繁出现。公众议程开始越来越有力地影响政府议程，这是中国参与式民主取得的巨大进步。2003年8月13日，怒江干流水电资源开发规划报告由国家发改委组织专家通过审查。计划于2003年内开工，2006年年底开始发电，2007年投入运行。怒江水电站项目决策受到了民间环保组织、媒体、专家学者的关注及监督。《环境影响评价法》（2003年9月1日实施）作出了公众参与环评的规定，给公众参与以法律保证。2004年，在北京举行的国际水电大会上，怒江、金沙江的农民破格参加。民间社会多层次、多形式介入决策的议程，兼用了借力模式、上书模式以及外压模式等，最终取得了胜利。决策议程被行政官僚和知识精英把持的局面开始打破，公众议程对政府议程产生了直接的影响，一部分公众议程成功转变为行政决策议程。决策议程建立的途径还有代表制度、政党制度、选举制度、利益集团、大众传媒等，这些途径往往混合起来发生作用。比如，上海市惠南区和浙江省宁海县出现的人大代表参与政府决策，进行"点菜式"实事工程，启动了人大代表的重大事项决定权，人大代表将"民意"带进决策议程，认真对待代表资格，履行代表职能，因为人大代表的"参与"（其实

---

① 王绍光：《中国公共政策议程设置的模式》，载《中国社会科学》2006年第5期，第86～99页。

是审议），让"橡皮图章"开始变硬，也将公众议程带进政府决策。

第二，支持培育社会团体发展。公众参与行政决策的方式有两种，一是以个体的方式，一是以加入社会团体的方式。个体作为"原子"存在，其影响力有限。再以怒江水电站项目为例。在项目决策过程中，当地住民作为利益直接相关的一方始终没有出现。主张保护环境而反对建造大坝的专家势单力孤，只代表个人意见。事情的转机在于非政府环保组织的加入，与专家、媒体结合在一起，形成一支与政府进行博弈的重要力量。非政府环保组织坚决抵制在怒江建造水坝。他们行动坚决，开设网站，举办展览会，向媒体呼吁反对项目上马。美国《纽约时报》就此做了报道，国内媒体转载，一时形成舆论焦点。该环保组织还上书国务院领导。2004 年 2 月中旬，在发改委上报国务院的报告上温家宝总理批示："对这类引起社会高度关注，且有环保方面的不同意见的大型水电工程，应慎重研究、科学决策。"这样就搁置了箭在弦上的水电项目，非政府组织取得了阶段性的胜利。2005 年 6 月 9 日，《中国社会转型论坛》在 2004 年影响中国社会转型的 20 件大事中，将非政府环保组织阻止怒江水电建设事件列为第 9 位，非政府组织开始对公共决策产生重大影响，他们的努力最终改变了政府决策，在中国的社会发展进程中具有里程碑式的意义。①社会团体经过 30 年改革开放得到了快速发展，但是它们生存与发展的制度空间要远远小于现实空间，参与的领域还比较窄，相关的制度化不够。把业已兴起的公民参与引入"有序健康"轨道，让公众通过社团参与行政决策是一条有效途径，改革现有的社团管理政策，创造更为宽松的政策环境，支持培育社会团体发展成为当下选择。

机制创新很重要，保障公众参与的有效性与公正性，最终应通过立法而不是政府自我规制，明确规定公众参与的程序、方法，提供实体和程序两个方面的法律保证。将公民的参与权利以法律的形式确定下来，也有利于保证公众参与的理性与有效，使信息和利益交涉能够有一个集中表达的形式。这些制度既落实参与权，也制约参与权滥用；既制衡政府权力，也平衡群众利益。

（三）公众参与和行政决策实施监督。

通过公民参与公共决策事务，实现公民教育和民主培训的任务，不仅是当下之需，还具有战略意义。其一，培养公民精神，促进决策监督。只有在

---

① 竺乾威：《地方政府决策与公众参与——以怒江大坝建设为例》，载《江苏行政学院学报》2007 年第 4 期，第 86～92 页。

"强势民主"的共同体中，个人才会变成公民，公众参与行政决策促进了公民身份的认同。民主理论先哲卢梭、密尔、托克维尔都主张通过民主参与学习民主方法。通过公众参与政府决策事务，提高公民美德，也推动公民精神的养成。在参与决策的过程之中，人们既能有效地维护公民个人权利，还能积极争取共同体的利益，超越地理上的接近，获得一种共同意识和体验。人们公开自己的偏好和理由，尊重别人意见，平等表达与解释。公众与政府之间互动交流，学习谈判、理解、包容、妥协等民主策略。互联网这种交互式通讯方式的革命性发展，使人们之间的联系和互动，政府与公众之间的交流变得更便捷，参与规模空前扩大，进一步消除了公民参与的障碍。公民在参与实践中还获得了权责观念、自治精神、怀疑态度，因此公民精神还有一种监督公权力运行的蕴含，这对政府官员能够构成一种看不见但无处不在的制约，避免决策任意和腐败的产生。在这个意义上讲公民精神是法治的人文基础。

其二，共同形成决策，监督实施过程。通过有效公众参与产生的公共决策，不管其利益纠葛和实施难度有多大，都较为顺利得到执行。经过多元利益博弈产生的综合性方案，不可能"最优"但可能"令人满意"。2009年、2010年我两次去浙江宁海调查，当地一些例证可以说明这个道理。宁海县力洋镇、大佳何镇有两项拖延数年的扩建工程，一个是力洋镇客运站扩建项目，一个是大佳何镇应家山至派出所的公路改造工程，都是重点基础设施项目，涉及一些住户搬迁，当地政府做了大量工作没有说通，成为"老大难"工程。力洋镇客运站原先没有候车厅，周围环境脏乱差，群众要求改造的呼声很高。大佳何镇的公路改造工程也直接影响当地居民的交通条件。2009年年初，两镇启动人大代表"点菜式"试点，即人大代表参与政府决策，用票决方式选出政府"实事工程"项目。这两项工程分别成功入选实事工程。力洋镇的客运站改造项目还位列第一。人大代表为所在区域争取来的重点项目代表了该区域居民的共同利益，为了使项目尽快开工建设，人大代表积极调动各种民间资源，对思想不通的居民开展说服工作，同时向政府反映一些村民的实际困难。经过一个多月的"斡旋"努力，居民同意搬迁，工程顺利开工。建设过程中，人大代表多次巡视监督工程质量。一些入选实事工程的建设项目在建设过程中群众还无偿提供土地，节省了大量资金。这些反差对比让当地官员感触颇深。要肯定的是，实事工程票决制改变了原来少数人拍脑袋决策的盲目性，有助于选择更符合民意的项目。尽管"菜单式民主"其公众参与的程度有待提升，但它对推进基层民主、启动民主参与与监督具有建设性作用。

其三，决策权力下放，监督半径变小。中国行政决策的一个发展趋势是权力向下转移。尽管地方政府由于素质和制度的原因，决策有腐败的可能，但这并不是缩小地方政府实施民主治理的理由，基层政府事权与财权不对等，责任大，决策权小，"既让马儿跑得快，又让马儿不吃草"，无法提供令人满意的服务。给地方和基层政府更多的决策权，则一定要赋予民众更多的参与权，用参与权抵制决策权的腐败和滥用。过去"一放就乱"的一个原因是没有公众的参与和有效监督，单靠自上而下控制远远不够。民众分享决策权，并不等同于民众主导决策权，政府未必丧失基本职能。无政府主义既没有能力实施民主，也无法维持法治。"有序参与"是有规则的参与，导向法治之路，不会导致混乱与失控。同时，公民参与是一个走向善治（good governance）的过程，政治权力日益从政治国家返还公民社会。下放权力，在民主参与和民主监督下，就可以跳出那个著名的"放收"循环怪圈。地方政府获得更多决策权，在开放时代必然刺激制度建设跟进。未来学家托夫勒在《第三次浪潮》一书中的"预言"或许正在实现。他在1980年就认为，未来政治制度从依靠代表转为依靠人们自己，两者的混合就是"半直接民主"。①

好的政体是集法治和民主为一体的。我以为，在中国，民主不先行，法治很难实现，行政决策领域尤其如此，没有民主只有法制（rule by law），用法来"制"民众，易蜕变为独裁专制。通过参与式民主启动行政决策法治化进程，进一步解决高度参与与低度制度化之间的矛盾，民主启动法治，制度要跟进，不能出现空缺。这与行政决策法治化之目标息息相关。

第二节　发展目标：形式法治与实质法治相统一

一、行政决策的形式法治

（一）形式法治观

康德指出，"无规则即是无理性"。② 形式法治观主张通过创制规则，建立一套完整的可操作的法律规则，以此要求人们按规则行事。从法治理论演变的

---

① ［美］阿尔温·托夫勒著，朱志焱等译：《第三次浪潮》，生活·读书·新知三联书店，1984年版，第530页。

② ［德］康德著，许景行译：《逻辑学讲义》，商务印书馆，1991年版，第129页。

历史来考察，有英国的形式法治和德国的形式法治，两者各有特点，不能一概而论。英国法治论者大多是从形式上论说法治的。法治统一于形式，分立于实质，在形式上并无根本分歧，在实质的目标和内容上大相径庭。如戴雪、哈耶克等主张自由法治，强调个人自由；詹宁斯等主张公正法治，强调实质法治。① 戴雪在《英宪精义》中提出的法治观主张法律至尊，称作"法律主治"。他认为法律主治有三个指意：武断权力不存在；普通法律与普通法院居优势；宪法的通则形成于普通法院的判决。② 美国法学家富勒提出了法治八项主张，被认为是形式主义法治的代表观点：第一，法律的普遍性；第二，法律应该颁布；第三，法律应适用于将来而不是溯及既往；第四，法律应具有明确性；第五，应避免法律的自相矛盾；第六，应避免在法律中规定人们做不到的事情；第七，法律应具有稳定性；第八，官方行为应与法律的规定一致。③ 这八项要求表述了法治的两个基本原则，一是必须有规则，二是规则必须能够被遵循。英国学者约瑟夫·拉兹（Joseph Raz）也是形式主义法治者，他并不同意富勒提出的八项原则能代表法律的内在道德，他认为法治的东西也可能是非道德的。拉兹所提出的八项法治原则是：第一，一切法应当是可预期的、公开的和明确的；第二，法应相对稳定；第三，必须是公开的、稳定的、明确的和一般的规则提示下制定特别法；第四，必须保证司法独立；第五，必须遵守自然正义原则；第六，法院应有效审查其他原则的执行；第七，应易于提起诉讼；第八，不应允许预防犯罪的机构利用自由裁量权歪曲法律。④ 拉兹认为一切政府行为必须有法律依据，必须经法律授权。他的形式法治观不涉及基本权利、正义、平等等价值，这点和富勒没有区别。牛津大学约翰·菲尼斯（John Finnis）教授在其著作《自然法与自然权利》中也提出了形式法治八项基本要求，与拉兹的八项法治原则在精神实质上基本一致。⑤

德国的形式法治观出现在 19 世纪 30 年代到 20 世纪初的一段时期，代表人物有罗伯特·封·摩尔、鲁道夫·封·格耐斯特、奥托·贝尔、弗里德里希·尤利乌斯·斯塔尔等。1848 年之后，德国形式主义法治国扬其法律形式

---

① 郑永流著：《法治四章：英德渊源、国际标准和中国问题》，中国政法大学出版社，2002 年版，第 78～79 页。

② ［英］戴雪著，雷宾南译：《英宪精义》，中国法制出版社，2001 年版，第 232、237、239 页。

③ ［美］富勒著，郑戈译：《法律的道德性》，商务印书馆，2005 年版，第 40～107 页。

④ Joseph Raz. The Authority of Law：Essays on Law and Morality. Oxford University Press. 1979. p. 211.

⑤ John Finnis. Natural Law and Natural Rights. Clarendon Press. 1980. p. 270～271.

而抑其自由精神，主张法律就是法律，不包含其他含义，法治国不再是国家的目标和内容，而只是国家实现目标和内容的形式，主张三权分立，立法权优先，司法独立和对行政的法律控制。德国行政法学的创始人奥托·迈耶是形式法治国的追随者。他将法治国定义为一个业已规范好的行政法之国。除去上述的分野，英国和德国的形式法治观共同主张"法律的统治"或"依据法律统治"，都没有将实质价值标准纳入法治的构成要素，但德国一度将形式法治国推向极端，远离法律的自由价值，立法者置于法律控制之外。形式法治绝对化，出现所谓的"恶法亦法"，"恶法也必须执行"，"非议会制定规则再善也不具法律效力"的形式正义观。

我国学者自上世纪80年代以来，对法治的理念、标准和机制问题进行有益的探讨，提出了一些具有重要理论价值的学说或论断。如"三观念说"，即：法律具有极大的权威；法大于权；任何人在法律面前都是平等的。[①] "法治十大规诫"，即：有普遍的法律；法律为公众知晓；法律可预期；法律明确；法律无内在矛盾；法律可循；法律稳定；法律高于政府；司法权威和司法公正。[②] 属于形式主义法治类型。对于当下中国而言，全面继受形式化、程序化的法律原则以及法律体系所必须依赖的基础性制度非常重要。在行政决策法治化进程之中，确立"法治是法律的规则"信念是必要的。

（二）行政决策的形式法治特征

承上所述，行政决策的形式主义法治观将遵循如下原则：

第一，遵循严格的规则主义，无法律即无决策。形式法治期待官员和公民对法律绝对忠诚，任何对法律的背离行为都被视为对法律秩序的威胁。柯克大法官讲过的名言，"国王不应服从任何人，但应服从上帝和法律"，得到中国学者的广泛赞同。决策腐败与缺少法律规则约束相关，规则匮乏，无章可循，行政权力必然寻租。要使决策符合法治精神，途径之一是健全相关决策规则。法律规则具有内容上的规范性、功能上的导向性以及预测性等特征，规则的统治意味着权力受到严格限定，为权力的正确运行提供一个基本的轨道。因此不断完善法律成为制约权力的基本路径。以法律制约权力，首先法律作为人类理

---

① 王家福、李步云、刘海年、刘瀚、梁慧星、肖贤富：《论依法治国》，载于《法学研究》1996年第2期，3~9页。

② 夏勇：《法治是什么——渊源、规诫与价值》，载于《中国社会科学》1999年第4期，第127~134页。

性的体现，可以对权力进行符合人们需要的规划、约束和限制，对行政决策权进行法律保障和法律控制。法律可以为行政决策权的行使规定程序、边界和限度。法律还可以为行政决策权提供合法性依据与正当性理由。另外，法律具有惩罚功能，为决策权腐败者带来风险。[①] 对决策权予以法律的制约，对决策权力秩序予以规则安排，即为形式主义法治的基本思路，也是我国行政决策走向法治的第一步。

"无法律即无决策"，行政决策既要有组织法的依据，也应有行为法的依据。但是立法者如何预见和解决在政府过程中出现的各种复杂问题呢？力图在行政决策中遵循严格的规则主义，排除自由裁量，可能背离政府的服务性要求，而现代行政决策必须适应复杂多样的社会变化，对纷繁芜杂的社会问题作出快速反应，那种完全依靠制定规则来规范政府决策行为已不太可能，有很多规则必须由政府自己来制定。即使在形式法治的"故乡"英国，人们越来越深切地感受到危险恰恰在于各部和官员在规则制定和获得授权后可能出现的畏缩不前的苗头，而这些规则和权力的创设恰恰旨在推动大臣和官员履行行政管理任务。"红灯理论"并没有留下合适的行政法传统。[②] 政府从微观经济管理中腾出手来开始转入公共服务和社会管理，但是在公共服务和社会管理方面暴露出政府决策的不少空白，行政决策的不作为问题比较严重。中央和地方各自管理的公共事务和共同管理的公共事务需要进一步明确界限，决策权力需要重新配置。但是一直处于改革激荡中的行政体制，似乎还没有明晰蓝图，法律的滞后性明显，这是客观存在的事实。

第二，行政决策与政治决策分离，体现执行性。政治与行政二分的原则对20世纪的政府决策模式有巨大影响，二分法把价值问题排除在行政决策之外。如古德诺就主张政治对行政的控制不应超过必需的限度，主张政治应与行政分开。[③] 但实际上现代行政与政治难以分离，行政决策本质上是主观的，对不同结果的权衡过程就是一个价值考量的过程。有美国学者认为，一项公共决策若没有得到政治支持，则无论其专业化程度多高都难以持久。行政决策的政治支持可以来自行政机关的上级、国会或公众，而公众的支持主要有两个来源，一

① 喻中著：《权力制约的中国语境》，山东人民出版社，2007年版，第7～8页。

② ［英］彼得·莱兰、戈登·安东尼著，杨伟东译：《英国行政法教科书》（第五版），北京大学出版社，2007年版，第6～7页。

③ ［美］弗兰克·J·古德诺著，王元等译：《政治与行政》，华夏出版社，1987年版，第14～51页。

个是广泛的群体公众，一个是与决策机构有特殊利益关系的公众。许多机构都积极同时争取这两种支持。如 NASA（美国国家航空航天总局）为其昂贵的项目而与国会不断抗争的同时，它不仅在制造者当中建立支持，而且着力于在一般公众中提升航天飞机的吸引力。① 伦敦经济学院的卡罗尔·罗、理查德·罗林斯教授在《法律与行政》中认为："行政裁量之度应受到更加严格的限制；某些限制可以由立法者来完成，但是大部分任务还是由行政官员来实现。""我们不得不恢复政府的工作是统治而不是执行；是掌舵而不划桨的原则。"② 欧美学者的探索针对的是西方特定的历史发展和政治传统。中国的历史和现实并不否定政治与行政二分法。行政与政治在中国历来不分，行政决策由政治和政党决定，同时，行政决策过程政治政党参与其中。行政决策本身是对政治决策和法律的执行再决策，在这一问题上中西语境显然不同，西方行政与政治的分离是多党政治下的选择，中国行政与政治的适度分离是意欲达致的目标。

显而易见，形式法治的弊端在于在法律滞后的情况下行政决策无法可依，处于无所适从之境地。这与时代要求不合。而且，形式法治并没有认真对待行政自由裁量权的存在，实际上，在任何一个法治社会，法律规则和行政裁量是共生共存的。行政机关不可能是纯粹的传送带（transmission belt），传送带已经失灵。"必要的政策平衡就其内在本性而言就是自由裁量的过程，归根结底就是政治的过程。"③

二、行政决策的实质法治

（一）实质法治观

有人以为西方现代法治是从形式法治向实质法治转变。其实这是一种误解。法治从亚里士多德那时开始，一直占主导地位的是实质法治。19 世纪以来，随着法律实证主义的兴起，形式法治才开始逐渐形成并得到发展壮大。亚里士多德那个著名的法治定义，即法治包含已成立的法律获得普遍的服从，法律本身又是制定得良好的法律，就揭示了良法之治的实质主义法治特点。实质

---

① ［美］詹姆斯·W·费斯勒、唐纳德·F·凯特尔著，陈振明等译：《行政过程的政治——公共行政学新论》（第二版），中国人民大学出版社，2002 年版，第 252 页。

② ［英］卡罗尔·罗、理查德·罗林斯著，杨伟东等译：《法律与行政》，商务印书馆，2004 年版，214、291 页。

③ ［美］理查德·B·斯图尔特著，沈岿译：《美国行政法的重构》，商务印书馆，2003 年版，第 22 页。

法治的内在特质是法律的实质正义。拉德布鲁赫对此有深刻的洞见。在他看来，法律理念有三个方面：法的正义、法的合目的性与法的安定性，三个方面的理念共同控制着法律（法治），即使可能是一个矛盾体。警察专制国家曾经试图将合目的性原则作为唯一起决定性作用的原则，将正义和法的安定性排除在司法部门做出的服从的命令之外；自然法时代人们意欲从正义的形式原则演变出法律的全部内容，并且推导出它们的有效性；法律实证主义只认识到法律的实定性和法律的安定性，把制定法的合目的性和正义原则放在一边。① 实质法治论认为，法治的实质内容以及法治的道德目的是法治内涵的组成部分。1959 年国际法学家会议通过《德里宣言》，阐述了实质法治论的观点。《德里宣言》把法治界定为不仅用来保障和促进公民权利和政治权利，而且应致力于创造社会、经济、教育和文化条件，使个人的合法愿望和尊严能够在这样的条件下实现。宣言确立了法治的如下原则：（1）立法机关的职能在于创设和维持保障个人尊严的各种条件；（2）法治原则不仅要防范行政权力的滥用，而且需要一个有效的政府来维持法律秩序；（3）法治要求正当的刑事程序；（4）司法独立和律师业自治。这些主要是实质性的原则。这些原则概括了实质法治论所主张的主要的实质条件，成为国际法治运动的重要贡献。

　　不少中国学者认为实质法治论是一种较妥当的理论，形式法治论则有一定的缺陷。② 但是，实质法治论同样存在自身难以克服的弊端，实质法治主义迷信法治理性，把正义、自由、人权等社会价值纳入法治的概念，给法治扩充内涵的同时易于混淆法治与其他社会价值的界限。"实质法治理论表面上抬高了法治的地位，但实际上会对法治构成一种严重的伤害。这主要是因为，实质化的法治理论表现出更多的理性上的狂妄和僭越。在理论上，它贪大求全地把自由、民主、正义、人的尊严等政治哲学、道德哲学、社会哲学问题纳入法治的题域加以回答；在实践上，它又好大喜功地用法治去解决各种道德的、政治的、社会的难题。""对中国法治前景的某些悲观的看法部分地是由那些过于实质化、理想化的法治理论所导致的。"③ 此论批评过激，失之偏颇，但在中

　　① ［德］G·拉德布鲁赫著，王朴译：《法哲学》，法律出版社，2005 年版，第 77 页。

　　② 参见侯健：《实质法治、形式法治与中国的选择》，载于《湖南社会科学》2004 年第 2 期；邵建东：《从形式法治到实质法治——德国"法治国家"的经验教训及启示》，载于《南京大学法律评论》2004 年第 2 期 。

　　③ 黄文艺：《为形式法治理论辩护——兼评＜法治：理念与制度＞》，载于《政法论坛》2008 年第 1 期，第 172～182 页。

国这样的法治后发国家，过度强调实质主义法治也是不利的。

（二）行政决策的实质法治特征

实质主义法治观对行政决策的要求主要体现为两个方面：

第一，政府提供公共服务的规定性。人类政府已经历了统治型治理模式和管理型治理模式，现在正在向服务型政府治理模式演变。服务型政府，"它是在公民本位、社会本位理念指导下，在整个社会民主秩序的框架下，通过法定程序，按照公民意志组建起来的以为公民服务为宗旨并承担着服务责任的政府。"① 服务型的政府也就是为人民服务的政府，用政治学的语言表述是为社会服务，用专业的行政学语言表述就是为公众服务，服务是一种基本理念和价值追求，政府定位于服务者的角色上，把为社会、为公众服务作为政府存在、运行和发展的基本宗旨。② 服务型政府作为一个全新的政府治理模式，它对政府的角色定位是按照公众的意愿和偏好提供公共物品和服务，以公民本位、社会本位为基本理念，承担服务责任的政府。2008 年温家宝总理在《政府工作报告》中指出："加快建设服务型政府。进一步转变政府职能，健全政府职责体系，在加强和改善经济调节、市场监管的同时，更加注重履行社会管理和公共服务职能，着力改善民生和加强社会建设。"虽然服务型政府建设在新世纪得到认同并推行，但是由于长期形成的"政府中心主义"惯性思维作祟，各级官员的服务意识仍然淡薄，官本位思想依然严重，配套制度建设不够完善。服务型政府不是不要政府规制，而是强调并突出服务。行政决策主体与社会公众之间缺乏双向的互动式交流，忽视社会公众对行政活动的参与以及社会公众需求对政府行政行为的导向性作用，在供给行政、社会保障行政和资助行政决策过程中缺乏对行政权的制约和民主监督。为此加强制度建设尤为紧迫。公共服务主题长期徘徊在中国公法学边缘，公法学疏于问津公共服务主题，这与公共行政学聚焦公共服务研究形成鲜明对照。应重塑公共服务程序，完善公共服务配套制度，实现公共服务供求关系的平衡。③ 我以为，政务政情公开是政府有效履行公共服务职能的基本保障，只有建立公开、透明的行政决策制度，才能把政府的公共服务置于社会的监督之中。同时，服务型政府应具有依法治

---

① 刘熙瑞：《服务型政府：经济全球化背景下中国政府改革的目标选择》，载于《中国行政管理》2002 年第 7 期，第 5 页。

② 张康之：《限制政府规模的理念》，载于《行政论坛》，2000 年第 4 期，7～13 页。

③ 袁曙宏：《服务型政府呼唤公法转型——论通过公法变革优化公共服务》，载自《中国法学》2006 年第 3 期，第 46～58 页。

理、公民本位和社会本位的理念，这些理念内在地规定了与之相适应的制度，呼唤开放公开的治理模式和公众参与制度，因此应当建构起信息公开制度、公众参与评价制度、公众参与救济制度、建构社会组织的参与机制等。

第二，行政决策基本生存照顾的公平性。服务型政府下的行政决策必须将"生存照顾"置于核心地位，通过一系列公法制度公正地分配利益。这一认识是在反思 1980 年代以来中国集中发展经济而忽视社会问题，以致地区差别、城乡差别、贫富分化、公共产品不足等问题凸显，农村地区基本公共服务普遍缺乏，出现"城市像欧洲，农村像非洲"的反差，甚至陷入"政绩合法性困局"。如不通过公平决策实施调节，将使财富过度集中，低收入群体与社会保障体系脱节，矛盾就有激化的可能，甚至导致社会动荡。为此在战略选择上政府决策应考虑民众基本生存照顾平等化问题。国家"十一五"规划第一次提出"基本公共服务均等化"，此后，"基本公共服务均等化"成为中央文件的正式表述。近些年，逐步实现基本公共服务均等化已成为改革和发展的重要目标。实现这一目标要分步实施，首先实现基本公共服务的广覆盖，建立多层次、低水平、广覆盖的基本公共服务体制，实现人人享有基本公共服务的目标；其次是实现基本公共服务的一体化，消除城乡基本服务体制的二元化，构建城乡一体基本公共服务体制；最终实现基本公共服务的均等化，消除人们在基本公共服务资源占有、服务设施和条件以及服务能力和服务水平既有的差距，实现人们平等享有基本公共服务的目标。①

三、行政决策的综合法治

形式法治和实质法治，与形式正义和实质正义相对应而存在。形式正义是指公共规则正规的和公正的执行，是作为规则性的正义；实质正义是指有关社会基本结构的正义。形式正义要求遵守制度的程度，其力量有赖于制度的实质性正义和改造它们的可能性。17 世纪约翰·洛克的法治观就体现出形式法治和实质法治的结合与统一。他主张统治必须以明确的法律进行，"无论国家采取什么形式，统治者应该以正式公开的和被接受的法律，而不是以临时的命令或未定的决议进行统治。"② 为防止政府为恶，洛克认为必须分权，立法权由

① 项继权：《我国基本公共服务均等化的战略选择》，载于《社会主义研究》，2009 年第 1 期，第 54~60 页。

② ［英］洛克著，叶启芳等译：《政府论》下篇，商务印书馆，1964 年版，第 85~86 页。

议会掌控，国王只能行使执法权（行政权和对外权）。洛克并不信任立法权，认为应对立法权也加以限制：法律除了为人民谋福利这一最终目的之外，不应再有其他目的；未经人民自己或其代表同意，不应对人民的财产课税；立法机关不应该也不能够把制定法律的权力让给任何其他人，或把它放在不是人民所安排的其他任何地方。① 洛克实际上持有形式法治与实质法治相统一的"综合型"法治观。在约翰·罗尔斯那里，正义理论有两个原则：一是主张在有利的情况下基本自由应该优先于经济和社会利益的考虑；二是主张经济和社会方面的利益可以实行差异，但是必须最有利于那些在社会合作中处境最不利的成员。② 罗尔斯在《正义论》中主张程序主义观念，他在《政治自由主义》中解释为程序的正义依赖于实质正义。1990 年哥本哈根会议上，各国对法治达成的共识也体现出这种"综合型"法治观。会议认为法治不仅意味着形式合法性——保证在实现和实施民主秩序中的规律性和稳定性，而且意味着正义——见诸于对人的个性这一至上价值的承认和完全接受之上，并由各种制度加以保障，这些制度提供了最充分表达正义的框架。另外，诺内特和塞尔斯尼克的回应型法、昂格尔的习惯法以及德国的哈贝马斯的程序主义法的提出，也都体现了一种"综合型"法治正在形成。③

在中国法制现代化的理论逻辑角度，形式法治和实质法治有其不可偏废的内在联系。以法治为关键变量的法制现代化蕴含相互关联的判定性标准，其一是法律的形式合理性，它表明法律出现合法性乃是法律权威的确证基础；其二是法律价值合理性，它表明法律能够提供可靠的手段，来有效地调节社会关系，并保障公民的自由权利；其三是法律的效益化原则，它表明法律实施后的社会效果，能够充分确证法律自身的价值，并且能够得到社会成员的高度认同。④ 中国法治建设不必也不可能照搬西方社会的法治模式（如果有所谓的西方模式的话），法治建设牵涉一国的经济发展水平、历史传统、文化背景及其政治现状等因素，理想化的目标可能是画饼充饥，但吸收法治的核心价值要素却是必要的。

① ［英］洛克著，叶启芳等译：《政府论》下篇，商务印书馆，1964 年版，第 88～89 页。

② ［美］约翰·罗尔斯著，何怀宏、何包钢、廖宗白译：《正义论》，中国社会科学出版社，1988 年版，第 54～117 页。

③ 分别参见［美］P. 诺内特、P. 塞尔兹尼克著：《转变中的法律与社会》，中国政法大学出版社，1994 年版；［美］R. M. 昂格尔著：《现代社会中的法律》，译林出版社，2001 年版；［德］哈贝马斯著：《在事实与规范之间——关于法律和民主法治国的商谈理论》，生活·读书·新知三联书店，2003 年版。

④ 公丕祥著：《法制现代化的理论逻辑》，中国政法大学出版社，1999 年版，第 78 页。

中国法治是形式法治和实质法治的统一，是综合法治。中国的法治建设立足传统，既吸收外部经验，也坚持自己特色，综合形式正义和实质正义之长，形成适应中国社会转型特点的法治目标。为克服实质正义的道德倾向，应倡导形式正义的思维与行为方式，协调形式法治和实质法治二者的紧张关系，让法治的工具合理性和法治的价值合理性互补融合。现代中国法治由形式要件（即法律在国家和社会生活中的权威地位以及法律必须具备的客观性、平等性、统一性、明确性、公开性、稳定性和可预见性等可行性要件）和实质要件（即法律必须符合正义、公道、民意、人道、秩序等价值要件）构成。十七大报告指出"要坚持科学立法、民主立法，完善中国特色社会主义法律体系。加强宪法和法律实施，坚持公民在法律面前一律平等，维护社会公平正义，维护社会主义法制的统一、尊严、权威"。这一阐述表明了中共中央亦认同实质法治和形式法治相统一的综合目标。我们国家确立的法治理念是：依法治国、执法为民、公平正义、服务大局和党的领导。"依法治国是社会主义法治的核心内容，执法为民是社会主义法治的本质要求，公平正义是社会主义法治的价值追求，服务大局是社会主义法治的重要使命，党的领导是社会主义法治的根本保证，五个理念相互补充、相互支持，协调一致地体现了党的领导、人民当家做主和依法治国的有机统一。"① 这一法治理念为综合型法治予以实践定位："依法治国"是形式法治内容，"执政为民"、"公平正义"是价值内涵，"服务大局"和"党的领导"之主张具有中国特色。中国现阶段提出的法治观是历史的、具体的，同时也是渐进发展和辩证统一的，这一目标不是什么终极目标，但它与形式法治与实质法治相结合的综合型法治精神是同向的。

中国行政决策法治化目标以形式法治（正义）和实质法治（正义）的统一为目标，本书称之为行政决策的综合法治观。这种综合法治观，并不是理论界的贡献，而是中国历史与现实逻辑的必然。在综合法治观导引下迈向民主与法治的行政决策，需要强调如下两个方面：

第一，以民主作为决策程序。按照哈贝马斯的观点，现代国家的政治决策和立法过程必须符合话语伦理的基本原则，让所有的人都有平等参与的权利并享有平等的话语自由。这种权利和自由应该在法律上得到建制化。政治决策和法律民主归结为一点，就是程序的公开性和公正性。哈贝马斯的程序性民主观

① 中共中央政法委员会编：《社会主义法治理念教育读本》，中国长安出版社，2007年版，第8页。

主张沟通行为与法律形式相互交叠，通过程序进行决策，促进对话与协商，增加了社会的反思理性。民主作为行政决策的程序，"公众意见经过民主程序成为交往权力，它自身不断发挥'宰制力量'，而只能把行政权力的行使引导到一定的路线上来。"① 民主作为程序，让公众参与和商谈对话成为民主决策的形式要件。这种以交往与对话为特征的民主决策理论，为当代中国的民主法治理念的更新提供新的可能。（关于民主作为决策程序的具体论述见本章第二节。）

第二，公平优先与兼顾效率。中国行政决策的公平与效率的价值冲突开始于1980年代，如果说当时有其一定的历史合理性，进入新世纪后则成为不得不痛下决心解决的问题了。"改革后的第一个10年，每个人都从飞速发展的经济中得到了实惠，不平等程度相对较低，公平问题没有提到日程上来。然而，从80年代后期起，改革所产生的经济政治后果开始引起人们的担忧。到了90年代中期，不公平现象越来越严重，其可能造成的社会和经济不稳定已经成为制定政策的重要问题，也成为学者们研究的对象。"②改革开放初期出现的不平等，是为了打破大锅饭，鼓励竞争，有意实施的不均衡政策形成。在地域上，政策资源向沿海倾斜，经过30年的发展，贫富悬殊和社会不平等问题非常严重。1994年分税制改革以后，政府再分配能力和汲取能力得到很大提高，目前中央财政具备了强大的调控能力。也就是说我们已有物质上的保证，解决发展起来的不公平问题。为此理论界提出政策建议：取消向沿海地区倾斜的优惠政策；重建中央财政转移支付制度；消除贫困；保证最低水平的基本公共服务；改善落后地区的基础设施；促进生产要素流动。③ 学者提出的问题及政策建议已引起决策层的重视。需要正视的是，中国社会的贫富分化、城乡差距、农民工保障、农村萎缩等公平问题与我国目前的利益集团有关，而弱势群体并没有组织化，因此解决之策并不那么得力。如果不从 GDP 崇拜中走出来，弱势群体的生存关怀与公平问题的就不可能得到根本的解决。从法律角度看，还存在一些违反平等权的决策行为，在制定特殊保护群体差别待遇上缺乏足够充分的论证，一些外资企业还享受着"超国民"待遇，地方政府对非户籍居民还存在普遍的不平等待遇。一些政府的决策中对公民身份的区分虽有淡化但

---

① ［德］尤尔根·哈贝马斯著，曹卫东译：《包容他者》，上海人民出版社，2002 年版，290 页。
② 王绍光：《正视不平等的挑战》，载自《管理世界》1999 年第 4 期，第 160～169 页。
③ 王绍光：《正视不平等的挑战》，载自《管理世界》1999 年第 4 期，第 160～169 页。

并没有完全根除。行政决策的确实需要从效率至上转向公平优先，但同时，应适度考虑决策效率及效益，实现有限资源的最大利用。

上世纪70年代初西方兴起的"新公共行政"，重视社会公平、代表性、响应、参与及社会责任感，提出公共行政是实现社会公平的阵地。为此"新公共行政"要求公共行政的等级制权威结构需要作出调整，公务员在更大程度上控制他们的行为，提供公平的公共服务。① 在中国，面对不公平的社会现状，政府当勇于面对，有所作为，将社会公平作为政府决策的基本出发点，明确政府责任边界，以全社会可以共同接受和维护的价值为基础，确定当前可以达到的起码的公平，即坚持"底线公平"②。在行政决策上坚持"底线公平"原则，对于各级政府辖区内不可缺少的基本社会保障项目，政府应优先列入决策议程，改变财政支出中社会公益性投资的比例长期较低的局面，关注并解决强势群体和弱势群体的分化问题，承担起底线公平的责任。总体而言，改进政府服务职能，解决公共服务历史欠账，任务还很繁重。

第三节　发展道路：渐进主义

一、中国法治的渐进主义道路

（一）法治的国际性与地方性

中国走向法治面临许多与西方国家既共同亦不同的问题。我们将共同之处称为国际性，将不同之处称为地方性。这两个方面的融合、沟通存在的困难，成就了渐进主义品质。我国法治是引进西方法文化的同时批判我国传统法文化，汲取二者的合理内核而逐步推进的。

法治的国际性，意指遵循那些经过人类的共同努力探索出来的关于法治的一些基本价值理念和共同的价值原则。这些基本价值理念和共同价值原则，随着历史发展而流变，并不停留在某个时段。"我们得以把法治理解为一项历史成就和一种法制品德，并且在理解法治的工具效用的同时，认识它对于人类尊

---

① ［美］康特妮、马克·霍哲、张梦中：《新公共行政：寻求社会公平与民主价值》，载于《中国行政管理》2001年第2期，第43～46页。

② "底线公平"概念，参见景天魁：《底线公平与社会保障的柔性调节》，载于《社会学研究》2004年第6期，第32～40页。

严与自由的意义。"① 法治的国际性特征体现在有普遍性法律存在，法律权威高于政府，法律为公众知晓，法律具有可预期，法律明确具体，法律体系内部协调，法律有一定的稳定性，司法具有独立性与公正性等。法治国家的主要标志有：一是要建立一整套完备和良好的法律；二是应当建立在民主政治的基础上；三是行政机关严格依法行政；四是建立公正的司法制度；五是建立完善的法律监督体系；六是人权应得到最充分的保障；七是提高全民的法律意识。② 这一阐述关照中国问题，也具有普遍意义。

法治的地方性，是指在推进法治建设中必须重视本土资源。"一个民族的生活创造了它的法制，而法学家创造的仅仅是关于法制的理论。"③ 在社会生活中形成的习惯和惯例是法治不可缺少的组成部分。"本土资源"指社会生活中各种非正式的法律制度，借助本土资源推进法治进程，是因为法律制度在变迁的同时获得人们的接受和认可，因此才有效运作。④ 当今社会一些自生秩序方式诸如习惯、风俗、礼仪等依然在现实生活中存在并正常运作，发挥着积极的抑或消极的作用。我们无法回避老祖宗留下来的"身份社会"和"伦理法律"两份厚重的法遗产。⑤ 尽管一些制度与传统已经断裂，但在文化层面却以某种形式顽强地存在着。梁漱溟先生指出中国传统社会组织是伦理本位、职业分途，他认为中国是"伦理本位社会"，从伦理之于经济、伦理之于政治、伦理之于法律上有显著体现。如"权利"一词的引进，与"尽义务为先"的传统文化不契合，"各人尽自己义务为先；权利则待对方赋予，莫自己主张。这是中国伦理社会所准据之理念。"⑥ 中国公民社会的弱小与缺乏集团生活有关。

---

① 夏勇：《法治是什么——渊源、规诫与价值》，载于《中国社会科学》1999 年第 4 期，第 141 页。

② 李步云：《中国法治的理想与现实》，载于《湘潭大学学报》1998 年第 4 期，第 29～34 页。

③ 苏力：《法治及其本土资源》，中国政法大学出版社，1996 年版，第 289 页。

④ 对苏力关于法治建设利用本土资源的观点我部分同意。但他过于强调本土性，没有客观评估国家建构的积极方面，有法治保守主义之嫌。相关评论文章见谢晖：《法治保守主义思潮评析——与苏力先生对话》，载自《法学研究》1997 年第 6 期，第 56～57 页；萧瀚：《解读＜送法下乡＞》，载于《中国社会科学》2002 年第 3 期，第 92～104 页；马作武：《中国古代"法治"质论——兼驳法治的本土资源说》，载于《法学评论》1999 年第 1 期，第 47～55 页。

⑤ 梁治平教授认为中国古代法的真精神包括两个命题：中国古代社会是身份社会；中国古代法律是伦理法律。这也是他在阅读瞿同祖先生《中国法律与中国社会》所得出的结论。参见梁治平：《身份社会与伦理法律》，载于《法辩——中国法的过去、现在与未来》，贵州人民出版社，1992 年版，第 19 页。

⑥ 梁漱溟著：《中国文化要义》，上海人民出版社，2003 年版，第 108 页。

"缺乏集团生活，是中国人倚重家庭家族之由来"。① 家族本位在历次革命中遭受重创，但伦理本位却难以从文化记忆中清除。"家族本位社会是不能存在到今天的，伦理本位社会却前途大得很。"② 从地方性知识的角度，中国法具有独特的传统与内涵，这与西方的法治发展并不契合。19 世纪英国法律史大师梅因指出，所有进步社会的运动是一个"从身份到契约"的运动，③ 如果中国要脱离古代法的羁绊走向现代法，就必须经历一个改造身份社会和伦理法律的过程。"不管怎么说，我们总是从我们自己的历史、自己的传统和自己的经验出发去看待世界、解释世界的。"④

正确对待法治建设中的国际性和地方性的问题，须防止两个极端，警惕滑入两种思潮，即法治浪漫主义和法治保守主义。法治浪漫主义主要表现在"法治万能论"和"法治激进论"，前者认为法治是中国现代化问题的"总处方"，寄希望于法治解决所有的社会问题；后者认为法治"蓝图"已由西方国家绘制成功，主张通过激烈的制度变革来快速实现法治。浪漫主义法治观曾经一度影响广泛，引起学界对法治万能论的警惕。法治不是仅有信仰就能解决的，也不是确立几个基本原则、创设众多的法律就能实现。⑤ 法治浪漫主义有两个方面，一是认为法治无所不能，法律似乎是灵丹妙药，包治百病；一是认为法治超越时空，放之四海而皆准，忽略了法律是一种时代性知识，是一种地方性知识。⑥ 法治万能论和法治激进论都主张法治模式的移植，没有考虑到中国的文化因素和现实经济条件，可能会导致水土不服、社会冲突、法治成为空壳等后果。

法治浪漫主义思潮兴起于上世纪 80 年代，法治保守主义思潮则流行于上世纪 90 年代。法治保守主义分为三类：一是文化性质决定论，即认为中国文化的特质是礼教型的，它不可能胎生出法治来，同时，相沿成习的文化传统也是极难改变的，主张渐进变革。二是同情理解论者，面对积淀深厚的中国法文

---

① 梁漱溟著：《中国文化要义》，上海人民出版社，2003 年版，第 92 页。

② 梁漱溟著：《中国文化要义》，上海人民出版社，2003 年版，第 338 页。

③ ［英］梅因著，沈景一译：《古代法》，商务印书馆，1959 年版，第 97 页。

④ 梁治平：《法辩——中国法的过去、现在与未来》，贵州人民出版社，1992 年版，第 56～57 页。

⑤ 陈金钊：《走出法治万能的误区——中国浪漫主义法治观的评述》，载于《法学》1995 年第 10 期，第 7～9 页。

⑥ 郝铁川：《中国的法治虚无主义与法治浪漫主义》，郝铁川教授在中国人民大学法学院的学术演讲，载于《东方法学》2008 年第 1 期，41～49 页。

化无可奈何。三是科学法文化论者，其科学的理论基点是根据吉尔茨关于"法律就是地方性知识"的判断，主张法治只能是地方性的，法治不可能靠变法或移植来建立，必须从本土资源中演化出来。① 中国本土文化能否成为支持法治化的主要资源？学界已有定论，一是中国所面对的前所未有的历史变革虽不否定文化的连续性，但也不是为了文化的连续性，而毋宁是一种文化的重构性；二是法治的本质要求是控权，而中国文化传统和制度设置对控权重视不够；三是中国传统习惯的分割性和非理性化在根本上是法治统一要求的破坏力量；四是中国改革的历史是一个变法的历史，它已有的成功与开放是分不开的，其突出的法律成果是与法治要求相适应的法律权利的不断扩大和深入人心。因此，"中国的法治之路，开放引进他国的经验比整理国故更为重要，也更为必要，无论从现实而言，还是从成本而计，都是如此。"② 法治保守主义论者强调传统文化和本土资源的重要性，放大传统文化和本土资源的积极正面的因素，有意忽略其非现代的消极的方面，而且将中国法文化与西方法文化完全对立，忽略了二者的互动可能与暗合之处，致使法治理论落入保守主义窠臼。

（二）法治渐进主义

法治浪漫主义强调建构的意义，法治保守主义强调经验的价值。这两个极端都为中国法治所不能取。将法治的国际性与地方性统一起来，使之融会贯通，走渐进主义的法治之路，可能是我们的正确选择。"中庸之为德也，其至矣乎！"③ 中国法治既要继承"国际性知识"，又坚守和改造"地方性知识"。国际性知识和地方性知识的沟通融合并不是一蹴而就的，需要较长时间的磨合与改造。"作为法治后进型国家和具有文化独创性的民族，中国不但可能在法治化进程中沟通经验与建构、会通中国与西方，而且还极有可能在此基础上为世人建构出一个独特的法治模式来。"④ 这是一种乐观的期待。

中国缺乏法治传统，无法自主走向法治化道路。中国传统法文化受到儒家

---

① 谢晖：《法治保守主义思潮评析——与苏力先生对话》，载于《法学研究》1997 年第 6 期，第 51 页。

② 谢晖：《法治保守主义思潮评析——与苏力先生对话》，载自《法学研究》1997 年第 6 期，第 56～57 页。

③ 《论语·雍也》。

④ 谢晖：《法治的道路选择：经验还是建构？》，载于《山东社会科学》2001 年第 1 期，第 79 页。

学说的深刻影响，以礼教为主，法律为辅，摄法律于礼俗，重礼轻法。"礼乐不兴，则刑罚不中。"① 同时，中国法文化受法家思想的影响也很大。但是，法家"法治"与现代法治迥然不同，法家"法治"是治民论的具体化，以法"治"民，用严密有力的法网把民众控制于国家之手，倡导重刑主义，往往使政权失去道德基础。法家的"法治"不是法律至上而是君权至上，君权至上是法家"法治"的最高原则，君权支配着法律的制定和运行，法律始终从属于君权，也就是说，法家"法治"实质上是专制主义的代称。有论者认为法家的"法治观"是一种"最低限度的法治概念"，当代中国应该接纳这种法治观。② 法家"法治"重提，除了体味一种文化乡愁之外，无法给今日中国有所镜鉴。在中国法治化进程中，本土性要求关注中国文化中的固有的小传统，但究竟哪些小传统有利于法治建设，需要认真研究，严肃对待，真正"取其精华、去其糟粕"并非易事。

传统中国为什么没有走上法治之路？昂格尔认为主要原因在于缺乏形成现代型法秩序的历史条件——集团的多元主义、自然法理论及其超越性宗教的基础。③ 在与西方法治国家的比较研究中，他发现古代中国法律的普遍性总是权宜之计，法律在于确保统治者对大众的控制，约束自己的代理人，行政命令和法律规则之间并没有明确的界限。昂格尔对于中国古代法的描述并不完全正确，但他对于中国法治问题的揭示是深刻的，敏锐地发现了症结所在。

中国的法治发展取渐进主义道路，这是与渐进主义政治体制改革相配套的策略。法治化本身就是政治渐进改革的重要方面。因为法治既是一种理想，也是一种实证；既是一种理性，也是一种经验，中国法治化必然要将二者沟通、融合。法治的渐进主义策略立足"地方性"，吸收法治文明成果，改造中国制度。正是因为我国的法治受到历史传统和现实政制的制约，才具有地方性特色，但是这并不是反对法治的"国际性"的理由，但要承认它确实推动了法治渐进主义策略的形成。80 年代初关于法治与人治的大讨论出现了三种观点：一种主张要法治不要人治；一种主张法治与人治应当结合；一种认为法治的概念不科学，应当抛弃。这次论争开启了从人治到法治的思想启蒙。30 年来中

① 《论语·子路》。

② 王人博：《一个最低限度的法治概念——对中国法家思想的现代阐释》，载于《法学论坛》2003 年第 5 期，13～26 页。

③ ［美］R. M. 昂格尔著，吴玉章等译：《现代社会中的法律》，译林出版社，2001 年版，第 82～104 页。

国取得了举世瞩目的法治成就，对法治道路的探索也逐步深化。中国政府认识到："法治是政治文明发展到一定历史阶段的标志，凝结着人类智慧，为各国人民所向往和追求。中国人民为争取民主、自由、平等，建设法治国家，进行了长期不懈的奋斗，深知法治的意义与价值，倍加珍惜自己的法治建设成果。一国的法治总是由一国的国情和社会制度决定并与其相适应。依法治国，建设社会主义法治国家，是中国人民的主张、理念，也是中国人民的实践。"① 但是，中国法治的复杂性和任务的艰巨性不容低估，不仅体现在普遍的法治意识的阙如，传统文化和制度的阻力，更重要的是，我们处于一个急剧变革的时代，社会的结构性冲突显化，社会运行机制的摩擦加剧，社会的利益差别扩大，科技、教育发展滞后，社会失序现象严重，法治与其他因素纠缠在一起，互为条件，互相制约。正如有学者指出的，"中国的法治建设，远不是一场单纯发生在一国社会内部的、主要局限于法律层面的制度变革，而是一场与从初级工业化社会向现代工业社会、从计划经济体制向市场经济体制、从集中政治向民主政治转型（转轨）相伴随的，且与中国作为世界大国艰难崛起过程复杂交织在一起的总体性社会进程的一部分。法律变革与经济发展、体制转轨、社会结构转型及大国崛起等诸多方面因素相结合，其所涉及的因素之多、相互关联程度之复杂，以及对未来国际政治格局所可能产生的深远影响，远远超出了法学家们在书本中设计的静态的、孤立封闭和单纯的法治理想国图景。"② 另外，还需注意一个基本事实，就是在法治建设的诸因素中最具挑战的是农村的法治化。中国农村地理区域广大，人口众多，受教育平均较低，缺少执法和守法的传统；农村传统的权力模式继续有影响力，法制长期缺位；受到城乡二元政策结构的影响，农村经济状况总体落后，这些都对农村法治建设形成制约。而我国的法律体系多是针对城市文化，可以说一度忽视了农村和农民这个层面。提高农民和农村的法治水平，可能要比想象的更耗费时日，步伐更慢。此外，由于体制原因，2亿多农民工游走于城市和农村之间，在城市处于边缘，却又长期脱离农村，社会归属感差，对这个日趋庞大的群体的关怀和照顾是社会主义中国法治建设的重点所在。

（三）法治渐进主义新发展

---

① 2008年2月28日国务院新闻办公室发表了首部《中国的法治建设》白皮书，对30年法治建设进行概括与总结。

② 蒋立山：《中国法治发展的目标冲突与前景分析》，载于《法治与社会发展》2009年第1期，第67页。

建国 60 年来，法治建设的成就：一是确立了依法治国基本方略。实行依法治国，建设社会主义法治国家，成为国家基本方略和全社会的共识。二是中国共产党依法执政能力显著增强。中国共产党不断增强科学执政、民主执政、依法执政的自觉性和坚定性。三是以宪法为核心的中国特色社会主义法律体系基本形成。在现行宪法基础上，制定并完善了一大批法律、行政法规、地方性法规、自治条例和单行条例，法律体系日趋完备，国家经济、政治、文化和社会生活的各个方面基本实现了有法可依。四是人权得到可靠的法制保障。在通过经济社会发展改善人民的生存权和发展权的同时，国家高度重视通过宪法和法律保障公民的基本权利和自由。依法保证全体社会成员平等参与、平等发展的权利。五是促进经济发展与社会和谐的法治环境不断改善。依法行政和公正司法水平不断提高。通过建立健全行政执法和司法的组织法制和工作机制，保证了行政和司法机关按照法定权限和程序行使权力、履行职责。六是对权力的制约和监督得到加强。不断建立健全决策权、执行权、监督权既相互制约又相互协调的权力结构和运行机制，已建立起比较完善的监督体系和监督制度，监督合力和实效不断增强。①

除了上述成绩外，其他社会经济方面取得巨大进步，为法治开创了良好的外部条件。我国的工业化、城市化进入了中期的加速，经济结构和社会结构发生了深刻的转换，城乡二元结构包括在就业、教育、医疗、社会保障、户籍等方面的体制障碍正在加速破除；人均 GDP 超过了 4000 美元，按照联合国粮农组织标准，总体上已经进入了小康的居民消费阶段；全国普及了九年义务教育，有的发达省份开始普及 12 年义务教育，我国正在从人口大国向人力资源大国和人力资源强国转变；改革领域从主要的经济改革过渡到全面改革，包括政治行政改革和社会改革方面。应该讲，法治化"摸着石头过河"的阶段结束了，应该多讲"依法建设"，少讲"大胆探索"。我国法治建设的路线图基本清晰，中共中央确立"全面落实依法治国基本方略，加快建设社会主义法治国家"。落实总目标，政权机关要进一步发挥职能，坚持科学立法、民主立法，逐步完善中国特色社会主义法律体系；加强宪法和法律实施，坚持公民在法律面前一律平等，维护社会公平正义，维护法制的统一、尊严、权威；推进依法行政，建设公正高效权威的司法制度，保证审判机关、检察机关依法独立公正地行使审判权、检察权；弘扬法治精神，形成自觉学法守法用法的社会氛

---

① 参见 2008 年 2 月 28 日国务院新闻办公室发布的《中国的法治建设》白皮书。

围；尊重和保障人权，依法保证全体社会成员平等参与、平等发展的权利；中国共产党自觉在宪法和法律范围内活动，带头维护宪法和法律的权威，树立法律至上的意识。

中国正处于大国崛起的历史机遇期，与此同时，各种社会问题、社会矛盾、社会冲突比较严重，各种群体性事件在攀升，处于相对弱势地位的民众对社会不公、官员腐败等恶劣现象强烈不满，社会不稳定因素增多，社会秩序和法治秩序也受到威胁。仅 2008 至 2009 年，引人注目的事件就有"瓮安事件"、"陇南事件"、"府谷事件"、"惠州事件"、"胶农事件"、"出租车罢运事件"、"石首事件"等，造成的社会影响越来越大，成为影响社会稳定和治安秩序的突出问题。这些社会冲突和矛盾是在加速发展和转型的过程当中积累的历史问题，如企业改制、房屋拆迁、土地征用、集资等过程，弱势群体成为各类群体性事件的主要参与者。社会学家们认为，我国经济结构达到了社会工业化的中期阶段，但是社会结构只处于社会工业化的初级阶段，社会结构和经济结构的矛盾很大，这个结构是造成社会问题和社会矛盾、社会冲突的根源。社会稳定是法治建设的基本前提，社会失序是新时期需要进一步正视和解决的重大社会课题，法治建设不能忽视对这一形势的基本判断。因此，在新形势下的渐进主义策略是节制国家权力，形成国家权力之间的有效制衡，保护社会权利，促进公民社会良性发展，从而通过对行政权的合理控制来扭转不平衡的局面，实现权力和权利的过程平衡。马占山教授认为"法治的平衡取向"是指权力与权利的平衡、权利与权利的平衡、权利与义务的平衡、法律与多元规则的平衡。这些平衡遵循着正义原则、法益衡量和价值差序原则、公益福利原则、合理容忍原则和现实主义原则。① 平衡法治观回应了转型社会已经存在的巨大社会风险的实际，在政治国家和公民社会之间、现实主义和理想主义之间、公民权利和公民义务之间保持平衡，主张通过法治构建和谐健康社会。

我国建设的法治是社会主义的法治，中国共产党既是法治化的领导者，也是法治化的内容和对象。十五大以来"依法治国"的目标和路线图逐渐清晰。1999 年 3 月 15 日九届全国人大二次会议通过并公布了《中华人民共和国宪法修正案》，正式将"依法治国，建设社会主义法治国家"载入宪法，标志着我国在法治化的道路上又迈出了重要的一步。依法治国要求依法执政，把党的领导、人民当家做主和依法治国三者统一起来。"依法治国"应当包含依法治党

的内容。这对于中国法治化来说具有极其重要的意义。十六大报告指出："我们党历经革命、建设和改革，已经从领导人民为夺取全国政权而奋斗的党，成为领导人民掌握全国政权并长期执政的党"。中国共产党从革命党向执政党转型，党的领导方式和执政方式也要发生重大转变。中国共产党作为领导法治建设的执政党，它的活动要符合两条原则：第一，共产党的主张要经过法定程序才能成为国家法律；共产党推荐的人选要经过法定程序才能成为国家公务员；第二，党在宪法和法律的范围内活动，任何党组织和党员个人都不允许有超越宪法和法律的特权。法治的推进需要强有力的党和高效的政府，但同时要求党和政府自觉守法执法，既要求政府坚强有力，也要求政府有限控权，是这一时代的两难挑战。中国的法治建设必是一个渐进的、累积的过程。

二、行政决策法治化的渐进主义策略

在"中国法治的渐进主义道路"这一略显宏大的讨论之后，探索行政决策法治化的渐进主义问题，是对系统思维的有意识运用。"系统方法是这样一种处理问题的方法，它取更广的视野，努力把各方面考虑进去，但它把注意力集中在问题各不同部分的相互作用上。""因为系统观是科学传统的一部分，它接受了科学的基本命题并认定：这个世界包含着有结构的在一定条件范围内保持自身存在并显示出某些普遍的整体性原则的整体。"① 从系统论视角观察行政决策的法治化，它是中国法治化问题的子系统，受到前者的限制与决定性影响。同时，也要看到行政决策领域的复杂性和独立性，对此研究是行政学和行政法学的重点内容，这些研究正在更微观的领域进行。

（一）行政改革与职能转变

共和国 60 年，中国行政管理体制经历了坎坷曲折的变迁，先后进行了九次以机构改革为主的行政改革。**第一次行政改革**（1952～1954 年）。主要是加强中央集权。社会主义改造成功后，第一个五年计划开始，中央政府需要集中权力，统一管理。通过调整，政务院部门由 35 个增至 42 个。到 1956 年底国务院有部委机构 48 个，直属机构 24 个，办公机构 8 个和 1 个办公厅，总数达到 81 个，形成新中国成立以来政府行政机构数量的第一次高峰。**第二次行政改革**（1958～1959 年）。这次改革以中央向地方下放权力为主要内容，中央把

① ［英］P·切克兰德著，左晓斯等译：《系统论的思想与实践》，华夏出版社，1990 年版，第6、7 页。

一部分计划、基建项目审批、财政、税务、劳动管理、商业、金融和教育管理等权力下放给地方政府；将中央直属的大部分企业、事业单位下放给地方管理；同时对国务院所属机构进行了精简调整。到1959年，国务院下设的部委减少到39个，加上直属机构和办事机构，机构总数60个，比1956年减少了21个。**第三次行政改革**（1960～1965年）。由于1958年的行政改革受"大跃进"影响造成中央宏观调控失控，1960年中央重新强调集中统一，原来撤销的部门相继恢复，到1965年底国务院工作部门达到79个，是建国后政府机构数量的第二次高峰。"文革"爆发后，1968～1970年进行了一次非正常的机构改革，各地"革命委员会"取代了各地党和国家机关的权力机构，实行高度的一元化领导。1976年粉碎"四人帮"后沿用了50年代的管理体制和行政机构。**第四次行政改革**（1982年）。1982年中国进入改革开放新时期，从中央到地方开展机构改革，撤并机构、裁减人员，打破领导职务终身制，干部队伍落实"革命化、年轻化、知识化、专业化"，建立干部离退休制度。国务院副总理由原先的13人减少为2人，设置国务委员，国务院总理、副总理、国务委员、国务院秘书长组成国务院常务会议。国务院部委由52个裁并为42个，直属机构由43个裁并为15个，办公机构由43个裁并为15个，办公机构由5个裁并为3个。国务院工作机构总数由100个减为61个。中央和地方实行"分灶吃饭"，调动了地方积极性。**第五次行政改革**（1988年）。1983至1987年国务院增设机构，机构总数达到72个，还增设了一批非常设机构、政企不分的公司、政事不分的事业单位等。中共十三大提出政府机构改革的要求。1988年着重于政企分开、政事分开，推进政府职能的转变。国务院部委由45个减为41个，直属机构从22个减为19个，非常设机构从75个减到44个，人员编制比原来减少了9700多人。**第六次行政改革**（1993～1996年）。这次改革把适应建立社会主义市场经济体制的需要和加快市场经济发展作为目标，按照政企职责分开和精简、统一、效能的原则，对综合经济部门、专业经济部门、社会管理部门、直属机构、办事机构等提出不同的改革要求，重点是转变政府职能。通过改革，国务院原有18个专业经济部门，撤销7个，新组建5个。对国务院直属机构、办事机构进行了大幅度的精简。不再设置部委归口的国家局。国务院工作部门由原来的86个减少到59个，其中国务院组成部门由42个减为41个。地方政府按中央部署精简机构和人员，全国共精简行政人员200万人。**第七次行政改革**（1998年）。这次改革被认为是新中国成立以来规模和力度都最大的一次行政制度改革。它在精简机构和人员、调整政府角色、转变政府职能、提高行政效能等方面都有明显进展。第一次提出了政府的公共服务职能，要求政府从直接"管企业、管生产及分钱、分物"转变到宏观调控、社会管理和公共服务上来，强调了依法行政的重要性，指出要加强行政体系的法制建设，建立办事高效、运转协调、行为规范的政府行政管理体系，逐步建立适应市场经济体制的行政体制。改革后国务院组成部门从 40 个减为 29 个，人员从 3.2 万人减到 1.67 万人，有 100 多项职能下放给地方政府、企业和社会，还有 100 多项职能在国务院各部门内进行转移、合并。1999 年以后，省级政府的机构改革分别展开。2000 年，市县乡机构改革全面启动。**第八次行政改革**（2003 年）。在构建新的职能体系上取得了实质性进展，政府经济职能相对集中化，涉及如下几个方面：深化国有资产管理体制改革，设立国务院国有资产监督管理委员会；完善宏观调控体系，将国家发展计划委员会改组为国家发展和改革委员会；健全金融监管体制，设立中国银行业监督管理委员会；继续推进流通管理体制改革，组建商务部，加强食品安全和安全生产监管体制建设，在国家药品监督管理局基础上组建国家食品药品监督管理局，将国家经济贸易委员会管理的国家安全生产监督管理局改为国务院直属机构；将国家计划生育委员会更名为国家人口和计划生育委员会；不再保留国家经济贸易委员会、对外贸易经济合作部。根据国务院机构改革方案，除国务院办公厅外，国务院组成部门共有 28 个。这一机构改革方案既考虑到了国务院机构设置总的格局需要保持相对稳定，又考虑到了适应经济和社会发展要求，继续深化行政改革的需要。《行政许可法》颁布实施标志着行政审批制度改革有了基本法律依据。**第九次行政体制改革**（2008 年）。经过改革开放 30 年的积累和前八次改革的制度推进，我国的政府架构与计划经济时代已经不可同日而语了，但与发达国家相比我国政府部门设置仍然较多，一些政府机构职能交叉，政出多门，决策和执行都不力的情况仍然存在。十一届人大一次会议通过国务院机构改革方案，推行"大部制"改革。大部制改革调整变动机构 15 个，新组建工业和信息化部、交通运输部、人力资源和社会保障部、环境保护部、住房和城乡建设部，国务院组成部门减为 27 个。这次改革加快了我国从传统的管制型政府转向服务型政府，从单一的经济建设型政府转向公共服务型政府的步伐。

中国行政改革的过程是艰难的，前 30 年经历巨大的断裂，后 30 年经历不小的反弹，行政改革在相当长的时间仅局限于"机构改革"，政府职能转变较为缓慢，一度无法跳出机构精简－膨胀－再精简－再膨胀的"怪圈"。张国庆教授在 2001 年发表文章认为历次改革基本上是按照"政府改革"而不是"改革政府"的单一模式进行。① 理性总结历次行政改革的经验教训，人们有理由相信，单一模式政府改革所形成的"路径依赖"是导致改革的局限性并诱发恶性循环现象的重要原因之一。在此意义上"政府改革"还是"改革政府"就构成了下一阶段影响中国行政改革有效性的一个重要基础。而中国行政改革面临一系列的"两难抉择"的公共政策问题：国家崇拜还是市场崇拜，政治政府还是技术政府，全责（重责）政府还是分责（轻责）政府，直接责任政府还是非直接责任政府，稳定政府还是改革政府，激进政府还是渐进政府，廉洁政府（国民政府）还是腐败（特殊利益）政府，集权政府还是分权政府等等。② "两难选择"直到今天某种程度依然存在。但是总体上看，每次改革都为后来的进一步改革奠定了一定基础，行政改革呈现螺旋式上升大趋势。1980年代我国逐渐探索政府职能转变，到1990年代决策者认识到政府行为不能代替经济规律，认识到市场手段和计划手段都是经济发展所必需，政府职能才逐渐发生实质性转变，政府对经济社会事务从直接管理转变为间接管理，逐渐放弃了物资分配权、物价控制权、企业经营权，推行政企分开、政事分开、政资分开，减少政府微观经济社会管理职能。2000年，中央政府找到转变政府职能新的突破口，即通过行政审批制度改革，政府职能转变取得了实质性进展。③ 进入新世纪后，政府的运作方式发生了大的变化，开始越来越重视法治建设，行政改革向制度建设和职能转变努力。十六大以后，中共中央相继提出"科学发展观"与"和谐社会"目标，形成经济建设、政治建设、文化建设和社会建设四位一体的总体发展思路，突出"以人为本"理念与和民生关怀，服务型政府建设真正启动。明确在社会主义市场经济条件下政府的主要职能是"经济调节"、"市场监管"、"社会管理"、"公共服务"四个方面。十七大以后，加大机构整合力度，探索实行职能有机统一的大部门体制，健全部门间协调配合机制。大部门制改革加大了政府职能转变步伐，政府决策、执行、监督职能得以优化。综上所述，中国的行政体制改革是政府的"自我革命"，政府一方面要领导和推动现代化建设；一方面要实现本身职能的转变，削弱自己对

---

① "政府改革"指政府主导的、自上而下的、封闭式的、以自身为改革诉求对象的改革；"改革政府"则是指政府外法权主体主导的、开放式的、以政府为改革诉求对象的改革。参见张国庆：《中国政府行政改革的两难选择及其应对理路》，载于《北京行政学院学报》2001年第5期，第3页。

② 张国庆：《中国政府行政改革的"两难抉择"及其应对理路》，载于《北京行政学院学报》2001年第5期，第3页。

③ 高小平：《以科学发展观指导转变政府职能》，载于《中国行政管理》2005年第1期，第15页。

市场和社会不适当的作用和影响力。因此，我国行政改革是一个自我限权、循序渐进、边破边立、配套进行的工程，改革开放以来的决策者对行政改革路线是审慎的、中庸的，行政改革呈现渐进主义特征。

今天的改革与20年前改革不可同日而语，今天的改革是有蓝图的改革。这个蓝图就是中国共产党十七届二中全会对于行政管理体制改革的"意见"。即：到2020年建立起比较完善的中国特色社会主义行政管理体制，通过改革实现政府职能向创造良好发展环境、提供优质公共服务、维护社会公平正义的根本转变，实现政府组织机构及人员编制向科学化、规范化、法制化的根本转变，实现行政运行机制和政府管理方式向规范有序、公开透明、便民高效的根本转变，建设人民满意的政府。距离这个目标，我们还有很长的路要走。

（二）党的决策与行政决策

中国共产党的决策与行政决策的关系复杂，其本质是党政关系问题。有学者指出，中国党政关系的变革过程大致可以划分为"寓党于政"、"以党代政"、"党政分开"、"以党统政"四个不同阶段。这四个阶段的变化表明中国党政关系的变革过程实质就是中国共产党的领导方式与执政方式的变革过程，而这种变革过程从根本上决定了中国的人民民主制度和人民代表大会制度的实际落实与实际运作的性质。这种变革过程所呈现的阶段性特征同时也代表了中国政治体制变革与发展的不同历史阶段。[1] 建国初期，国家事务由政府负责处理，中国共产党并不直接管理，党政决策是分开的，但是没有制度化。1954年宪法没有界定党政关系，给后来党政关系的发展造成模糊性和复杂性。由于"五四宪法"在确立国家政治体制方面存在的重大缺陷，即国家权力机构的设置没有与执政党这个国家权力主体的执政行为相协调，使国家体制失去了规范国家权力主体者的作用，党的领导便逐步脱离于国家体制之外。[2] 如何实现党的领导，习惯思维是从政治上而不是从制度上来强调，在这种领导方式中，党不是作为执政党而是作为不依赖国家制度存在的领导力量，所以它要么撇开国家制度进行领导，要么代替国家制度进行领导。[3] 1958至1978年期间，党的决策代替行政决策现象普遍，许多应提交人民代表大会讨论决定的国家事务由

① 陈红太：《从党政关系的历史变迁看中国政治体制变革的阶段特征》，载于《浙江学刊》2003年第6期。

② 王振耀：《党政关系研究论纲》，载聂高民等编：《党政分开理论探讨》，春秋出版社1988年版，第122页。

③ 林尚立著：《当代中国政治形态研究》，天津人民出版社，2000年版，第428页。

执政党直接决策并组织实施。如1958年全国开展的"大跃进"和人民公社化运动，涉及调整国民经济计划和财政预算、改变农村基层政权体制等重大决策，都未提交全国人大讨论决定，而由中共中央直接决策并组织实施。国家日常经济管理活动的决策也都由党委批准，行政决策没有独立性，一切权力都集中于党委，党委的权力又集中到几个书记，特别是集中到第一书记，什么事都由第一书记拍板。法理上，党的决策无法代替行政决策。对此邓小平同志有精辟的论述，也正是邓小平力推党政分开。1986年9月3日，邓小平讲到，"党的领导是不能动摇的，但党要善于领导，党政需要分开。这个问题要提上议事日程。"9月13日，他又指出："不搞政治体制改革，经济体制改革难于贯彻。党政要分开，这涉及政治体制改革。党委如何领导？应该只管大事，不能管小事。""改革的内容，首先是党政分开，解决好党如何善于领导的问题。这是关键，要放在第一位。"①

随着经济改革和政府改革的逐步深入，党政不分逐步走向党政分开，开始形成良性的政党－政府关系和政党体制。十五大报告提出，依法治国标志着党的领导进行自我创新的开始。十六大报告指出，要实现党的领导、人民当家做主和依法治国的协调统一。十六届四中全会通过的《中共中央关于加强党的执政能力建设的决定》提出"科学执政、民主执政、依法执政"，标志着党的决策随着新的历史条件变化而发生着重要变革，中国共产党执政理论逐渐成熟，新型的党政关系逐步确立，即党的领导通过党的执政来体现，党不作为游离于国家制度外的领导力量，而是国家制度内的领导力量，是以执政党角色来领导国家生活。在这种领导方式下，党政关系将从传统的党政不分、以党代政变为党政职能分开、党在政中。② 在此规范视角下，党的决策即党的路线、方针、政策要实现程序化、制度化和法律化，实现党的决策和行政决策的科学划分。

随着党政关系的微调和政府职能的转变，行政决策的范围在不断变迁。随着改革的深入，行政决策主要侧重宏观调控，认为"宏观调节与搞活企业、搞活市场三者是统一的，缺一不可"；"重点应转向制定产业政策，通过综合应用各种经济杠杆，促进产业政策的实现"。到上世纪90年代，政府职能转变的重点在建立和完善社会主义市场经济体制，在强化宏观调控的同时开始重视社会管理和公共服务职能的履行。2004年温家宝总理在中央党校省部级干部

① 《关于政治体制改革问题》，《邓小平文选》（第三卷），人民出版社，1993年版，第177页。
② 林尚立著：《当代中国政治形态研究》，天津人民出版社，2000年版，第428～429页。

班的讲话中正式提出建设服务型政府的目标和要求。2005年的政府工作报告提出，"创新政府管理方式，寓管理于服务之中，更好地为基层、企业和社会公众服务"。服务型政府建设开始起步。十七大报告更为明确提出，"加快行政管理体制改革，建设服务型政府"。行政决策事项也随之从以经济内容为主向以社会内容为主转变，强调改善经济调节和社会管理，中央决策和地方决策有所侧重，分工不同。"中央政府要加强经济社会事务的宏观管理，进一步减少和下放具体管理事项，把更多的精力转到制定战略规划、政策法规和标准规范上，维护国家法制统一、政令统一和市场统一。地方政府要确保中央方针政策和国家法律法规的有效实施，加强对本地区经济社会事务的统筹协调，强化执行和执法监管职责，做好面向基层和群众的服务与管理，维护市场秩序和社会安定，促进经济和社会事业发展。按照财力与事权相匹配的原则，科学配置各级政府的财力，增强地方特别是基层政府提供公共服务的能力。"① 建立起比较完善的行政管理体制，政府职能以创造良好发展环境、提供优质公共服务、维护社会公平正义为目标，为实现这一根本转变，当下的任务是加快政府职能转变，深化行政体制改革，加强依法行政和制度建设。

（三）人大决策与行政决策

人民代表大会制度是我国的根本政治制度。我国有五级人民代表大会，即全国人大、省级（包括自治区、直辖市）人大、设区的市级（包括自治州）人大、县级（包括不设区的市、市辖区、自治县）人大、乡级（包括民族乡、镇）人大，与同级人民政府是产生与被产生、监督与被监督、决定与执行的关系。全国人民代表大会作为最高国家权力机关，拥有和行使国家立法权、任免权、监督权的同时还拥有重大事项的决定权。胡锦涛主席在纪念全国人民代表大会成立50周年大会上讲到："人民代表大会是各方代表组成的，具有广泛代表性的国家权力机关，是党和国家联系群众的重要桥梁，也是人民群众表达意愿，实现有序政治参与的重要渠道。"② 法理上，人民代表大会是权力机关，政府是执行机关，政府的重大决策都应提请人大审议。但在实践中，人大决策和行政决策存在角色错乱和模糊不清的问题，人大除了立法之外其他职能发挥

---

① 《关于深化行政管理体制改革的意见》，2008年2月27日通过，载于《新华每日电讯》2008年3月5日第2版。

② 胡锦涛：《在首都各界纪念全国人民代表大会成立50周年大会上的讲话》，人民出版社，2004年版。

还远远不足，人大的法律地位没有真正实现。学术界对人大制度的研究文献多集中在选举制度、代表制度、议事制度、监督制度等方面，对人大决策制度的研究非常有限，对人大决策和行政决策关系的探讨不多。

人大决策的范围是什么？《宪法》第 62 条规定，全国人民代表大会行使的除立法之外有关重大决策的职权有：审查和批准国民经济和社会发展计划和计划执行情况的报告；审查和批准国家的预算和预算执行情况的报告；改变或者撤销全国人民代表大会常务委员会不适当的决定；批准省、自治区和直辖市的建置；决定特别行政区的设立及其制度；决定战争和和平的问题等。《地方各级人民代表大会和地方各级人民政府组织法》第 8 条规定：县级以上的地方各级人民代表大会讨论、决定本行政区域内的政治、经济、教育、科学、文化、卫生、环境和资源保护、民政、民族等工作的重大事项。第 9 条规定：乡、民族乡、镇的人民代表大会在职权范围内通过和发布决议；根据国家计划，决定本行政区域内的经济、文化事业和公共事业的建设计划；决定本行政区域内的民政工作的实施计划。第 44 条规定：县级以上的地方各级人民代表大会常务委员会讨论、决定本行政区域内的政治、经济、教育、科学、文化、卫生、环境和资源保护、民政、民族等工作的重大事项；根据本级人民政府的建议，决定对本行政区域内的国民经济和社会发展计划、预算的部分变更。这些法律规定，在实践中应理解为本行政区域内的重大事项。全国人大常委会法工委在 1997 年出版《选举法和地方组织法释义与解答》一书，对"重大事项"列了 5 个方面内容：一是本地区重大的工程建设项目，特别是涉及本地方政府较大资金投入的项目，涉及较多群众迁移的项目，涉及生态平衡和环境保护的项目等；二是本地区重大的改革事项，如机构和人事制度改革、医疗制度改革等；三是在一段时间内群众普遍关心的事项，如物价问题、产品质量问题、社会治安问题等；四是本地区行政区划的较大调整，如大规模的小乡并大乡或大乡划小乡等；五是本级行政机关的增加、合并、撤销等。也有论者认为重大事项是事关"全局性、长远性、根本性"的事务，但是这个界定也是笼统的。我以为重大事项范围应由全国人大进行统一规定，地方人大作具体实施性规定。原则上涉及本地区大多数群众切身利益的事项或者大多数群众关心的事项，可以认定属于"重大事项"，如国民经济社会发展计划、财政预算、重大改革计划、重大建设项目等，都应由人民代表大会或人大常委会来决定。

地方人大对重大事项决定权进行了初步的实践探索。2001 年 9 月 17 日至 21 日，华东、东北十省（市）"第十次人大研究工作座谈会"在浙江举行，总结交流各省（市）人大常委会讨论、决定重大事项的情况和经验。会议产生了两种观点：一种观点认为，重大事项决定权是地方人大及其常委会最重要、最根本的职权，它处于核心地位；一种观点是重大事项决定权与其他三项职权同样重要，不可偏废。① 2003 年湖南省通过了《湖南省人民代表大会常务委员会讨论、决定重大事项的规定》（2004 年 1 月 1 日起施行）。该规定将将重大事项界定为三类：（1）应当提请省人大常委会审议，并作出相应决议决定的事项；（2）应当提请省人大常委会审议，必要时作出决议决定的事项；（3）应当向省人大常委会报告，可以提出意见、建议的事项。可以看出，重大事项范围远远大于"人大决策"，人大决策仅仅是重大事项中一部分。2007 年 10 月 16 日修正的《天津市河东区人民代表大会常务委员会讨论、决定重大事项的规定》，将重大事项界定为："关系全区改革发展稳定大局和群众切身利益、社会普遍关注，须经区人大常委会讨论、决定的重大问题，或者区人民政府、区人民法院、区人民检察院应当向区人大常委会报告的重大事项。"还规定：区人大常委会讨论、决定的重大事项，以及区人民政府、区人民法院、区人民检察院执行情况向区人大代表通报并向社会公布。这些地方人大的制度尝试是积极谨慎的，但对总体人大制度的完善有积极意义。

我实地调查浙江温岭和宁海两市（县），两地人大的做法证明地方人大正在启动人大决策的功能，实施人大"重大事项决定权"。温岭的例子我将在本书的第五章详细分析（在我看来它的经验和持续的探索在中国是独树一帜的）。这里介绍一下宁海初步"激活"人大决策权的做法。宁海是计划单列市宁波的属县，辖 4 个街道、11 个镇、3 个乡，人口 58 万人。2009 年宁海的两个镇——大佳何镇和力洋镇召开人大会，对政府重大建设项目"实事工程"进行票决，当地领导称这种做法为"代表点菜"。人大代表"点菜"改变了以往重大建设由党政领导拍板决定的做法，激活了人大重大事项决定权，让人大代表发挥决策和监督权力，将政府决策与民众意图沟通起来。由于群众的关注和意图通过人大代表反映在重大决策之中，这些项目的具体实施过程非常顺利，即使一些群众不同意（比如拆迁），但说服者不再是政府而是群众邻里和人大代表，很容易达成共识。宁海的做法在宁波是开创性工作，受到市委市政府的肯定。2010 年宁海县委决定在所有乡镇推开实事工程票决制。从 1 月 15

---

① 毛江清：《华东东北十省市人大研究工作座谈会关于重大事项决定权与其他职权关系的讨论》，载于《人大研究》2002 年第 4 期，第 25~26 页。

日开始，11个乡镇先后召开人大会，实施点菜式票决。我观摩了大佳何镇和力洋镇人大会的全过程。表决程序比上年更细化和完善了。我在和人大代表交谈中发现，这一"小步改革"激起人大代表的代表意识空前高涨，人大代表从"荣誉型"向"法理型"转型。这种点菜式票决的局限性也很明显，从人大重大决策职能角度看，人大代表的参与领域比较窄，政府提供的菜单有限，所涉实事工程的资金额占总预算的三分之一不到，也就是人大代表只对这不到三分之一的预算有排序的权利（"有限点菜"），不能提出新的项目（"不能加菜"）。这种菜单式选择使乡镇人大代表的提案权一定程度被忽视，人大代表的表决权被限制，政府与人大代表的对话不够深入和真诚，决策过程开放性和参与度不够。

现行宪法和法律规定，国务院从属于全国人民代表大会，国务院的决策不能和全国人民代表大会及其常委会的决策相冲突；地方各级人民代表大会是地方国家权力机关，地方政府的决策不能和人大及其常委会的决策相冲突。不难得出：凡是应由人民代表大会及其常委会行使的决策权，都不能由执政党或政府代替行使。各级政府应维护人大决策权威，行政决策应对人大决策贯彻执行。在制度层面应明确哪些事项是由人大来决策，而哪些事项应当由政府来决策。凡是应该人大决策的事项，政府不应僭越；同样，凡是政府裁量权范围内的事务，人大一般不直接干预。如何加强人大决策，提高其权威性和有效性？关键在于加强各级人民代表大会及其常委会制度建设，落实宪法和法律权力，健全会期制度、会议制度、议事程序、议事规则等，积极推进人大常委专职化。

第四节　动力模式：政府推进与社会推进相结合

一、政府推进型行政决策法治

（一）含义与特征

从英伦法治生成到西方法治的建立乃至于全球法治的共识达成，法治的驱动或法治的动力模式大体上来说有两种：内生型和外生型。这两种模式的差异在于国家与社会本土法治资源在法治发展形成中的作用程度。中国作为一个后发现代化国家，法治发展或建构的动力模式有其特殊性，概括我国学者的研究，大体可归纳为三种模式，即政府推进型、社会推进型和政府社会互动型。首先从政府推进型法治模式说起。政府推进型法治是指一国的法治进步是在政府的推动下启动和推进的，法治目标也是在政府的目标指导下设计形成的，法治建设任务主要利用政府所掌握的本土政治资源完成。"政府推进型法治"的概念强调自上而下，强调整体的计划性和组织性。20 世纪中国的法治化就是自上而下，以国家政权为主导力量推进的。政府推进型法治道路是一种描述性提法。也有学者称其为国家推进型模式，与国家相对的是民众推进型模式。①他们主张国家或政府主要推进法治进程是在考察中国社会缺乏法治传统而做出的决定，在一个没有法治传统的国家推行法治，如果没有国家的强力推行是不可能取得成功的，因此国家主导的法制建设模式成为中国的必然选择。实际上，无论是西方还是东方国家的法制现代化都与政府有非常密切的关系。而在中国法制现代化的历史进程中，国家与政府的功能性影响更大，要建立强有力的国家机器，保障法制改革的顺利进行；根据变革目标的需要，建立法律机构，编纂成文法典；组织和动员社会资源参与法律变革过程，以期形成法制现代化的社会支持系统。②

诚如上述，中国政府关于行政决策法治化问题是在新世纪以后正式提出的。国务院颁布实施《全面推进依法行政实施纲要》，真正开启了政府推进行政决策的法制建设。这是在新的历史时期中央政府自上而下发起的通过强有力的政府动员，要求各级政府及其组成部门进行相关制度和机制建设，确立具体的法治目标，制定相关工作规则，建立新型法制架构，实行科学民主决策，坚持依法行政，推进政务公开，健全监督制度。我国强大的行政系统的执行力，保障了自上而下的动员和启动工作的完成。政府推进型行政决策法治的一个基本特征就是在较短的时间内人为地甚至强制性地完成制度变迁。经过十年左右坚持不懈的努力，基本实现建设法治政府的目标，科学化、民主化、规范化的行政决策机制和制度基本形成，人民群众的要求、意愿得到及时反映。《纲要》高度评价了行政决策的基础性地位，认为只有行政决策合法正确，行政权运行的后续环节才能有良好的前提和方向，明确要求健全行政决策机制，实行依法决策、科学决策、民主决策，完善行政决策程序，实行决策公开和重大决策论证建立健全决策跟踪反馈和责任追究制度。《纲要》是我国第一部全面规划建设法治政府蓝图的纲领性文件，也是全面规划建设行政决策法治蓝图的纲领性文件。法治政府及其决策法治已由国家进行"规划"，形成了行政决策

---

① 卓泽渊著：《法治国家论》，法律出版社，2008 年版，第 285~286 页。

② 公丕祥著：《中国的法制现代化》，中国政法大学出版社，2004 年版，第 651 页。

法治化的行动指南，中央政府自上而下推进建设。

（二）原因分析

政府推进型的行政决策法治，首先是因为政府承诺的法治政府目标中就包含有行政决策法治的内容，而且是非常重要的一个环节，没有行政决策的法治化就不可能实现政府法治或行政法治。经济学家吴敬琏先生曾多次发表文章呼吁建立法治的市场经济。他认为中国改革的两种前途严峻地摆在我们的面前：一条是政治文明下法治的市场经济道路，一条是权贵资本主义的道路。在这两条道路的交战中，后者来势汹汹。必须清醒认识"权贵资本主义"对于我们民族和未来的威胁。①《人民日报》前副总编周瑞金先生面对改革发展涌现出的问题，认为"今后，政府将主要靠制度和民主程序来协调利益关系、调控利益矛盾，让各利益主体在同一平台博弈的基础上达成共识，而决不能成为'特殊利益集团'的橡皮图章。"② 知识界的批评、反思和警示对于各级政府是一种督促和教育，对这种呼吁决策高层予以积极的回应，如领导人与网民对话，了解民意，部署自上而下推动法治建设的日程表。新世纪以来，中央政府颁发了一系列法律性文件，推动政府系统完成自我规制、自我限权、自我转型，建立良好的行政体制和运行机制。

（三）矛盾与问题

我国行政决策走上了政府推进型的法治实现道路。这虽然加快了我国的法治进程，并取得了一定的成绩，但是，这种以政府自己意愿而实行的在短期内完成决策模式的转换，可能是急切的节奏和压缩的时间，甚至是"急风暴雨的方式"、"只争朝夕的方式"，往往达不到设计效果。同时，政府主导的行政决策法治容易陷入一个矛盾：法治的推动力是政府，法治的对象也是政府，当主体与客体集于一身，常常使政府在不知不觉中产生角色错位，如何破解其中困局，政府如何自缚手脚甚至分权让权？当法治建设触及政府自身的利益"底线"，甚至对执政党的决策权威形成一定制约，法治化如何深入下去？这当然成为人们担心的议题。

在法治化过程中，政府必须强化制度保障，既要规范其他社会主体，也要

① 吴敬琏著：《呼唤法治的市场经济》，生活·读书·新知三联书店，2007 年版。
② 周瑞金：《勇于解决发展起来以后的问题——国庆 60 周年感言，授权载于"中国选举与治理网"，2009 - 10 - 12，http：//www. chinaelections. org/newsinfo. asp？ newsid =158450，2009 年 11 月 15 日访问。

规范自己的行为。中国政府的法治能力还不强，越到基层法治能力越弱，如何自上而下让法治能力递减的地方政府推行行政决策法治呢？靠行政命令推动行政决策法治建设，到头来只能是一场轰轰烈烈的"法治秀"，不可能有好的效果，或者"上有所好，下必甚焉"，搞成"法治运动"或"法治大跃进"。如果进行法治化是给上级交差完任务，不出于法治信仰，其危害性更大，可能导致法治信仰的集体沦丧，决策者对此不可不察，各级政府也不可敷衍塞责，愚弄民众。的确，法治不可能仅仅依靠国家创造出来，也不应当依靠国家来创造。①

二、社会推进型行政决策法治

（一）模式特征

社会推进型法治道路的代表人物是苏力教授。他的"本土资源论"展现了中国社会转型背景下法治的复杂性、艰巨性、特殊性和长期性等诸多面相，主张法治应根据中国社会国情、本土资源、历史传统而逐渐演进。"本土资源"这一概念由"地方性知识"、"有限理性和进化"、"法律多元"等几个方面来诠释的。但正如邓正来教授所批评，"本土资源论"根本上是否弃或拒绝任何有关理想图景之思考的唯物主义理论模式。② 社会推进论认为社会/民众是法治建设的最深刻的社会基础，是法治建设的最终推动力量和决定力量，没有社会/民众的参与不可能成功进行法治建设。社会推进论者对政府推进法治效果表示怀疑，对权力制造乌托邦的历史悲剧表示担忧，因此主张由社会推动自然生成法治，反对政府权力强制推行。

社会推进型行政决策法治观，主张在公民社会充分发展的基础上由民众对政府形成足够压力，监督和迫使政府践行法治，同时各种社会团体横亘于行政权与公民个人权利之间，分享行政决策权，抗拒行政决策专权，抑制行政腐败，维护民众权益。事实证明，第三部门有助于弥补政府决策和市场决策失灵，承担社会经济发展所需而市场难以提供政府也做不好的事务。社会推进型法治模式下的假设前提是有一个比较独立的公民社会，在这个社会中已形成多元社会权力，有良性互动的新型权力制约与权利保障机制，在多元利益和权利的保障、控制和协调的情况下有可能增进自生自发的法治秩序。公民社会的兴

---

① 苏力：《20世纪中国的现代化和法治》，载于《法学研究》1998年第1期，第9页。

② 邓正来著：《中国法学向何处去——建构'中国法律理想图景'时代的论纲》，商务印书馆，2006年版，第255页。

起奠定了基层民主特别是社会自治的组织基础；蓬勃发展的民间组织已成为沟通政府与公民的重要桥梁；上个世纪 80 年代后成长起来的众多的民间组织已经成为影响政府决策的重要因素和推动政府改革的动力源。民间组织投身社会公益，增强了公民政治认同感。民间组织对政府形成了有力的制约。① 中国公民社会的兴起必将对行政决策法治形成重大影响。

（二）公民社会的力量

进入新世纪，中国公民社会逐步发育，在经济快速发展的过程中，中产阶级迅速壮大，他们对于传统政府决策的不满在增长，要求进行变革的呼声日益强烈。据北京大学公民社会研究中心研究，中国社会已经迈入公民社会的门槛里。② 中国 NGO 机构发展迅速，如学者所言"正在发生一场广泛的社团革命"。有研究对中国社团进行了全景式描述，包括没有出现在政府登记册名单上的人民团体、准政府社团、草根社团的数量，可能 820 万个，其中人民团体和准政府社团的基层组织和延伸组织分别占到 62.7% 和 20.9%，注册社团具有比较强的官民二重性，数量一直在增长，结构上以行业性团体和学术性团体为主，基本上是社会精英参与为主的社团。③ 草根组织增长最快，NGO 协调能力、合作能力有所增强，如 2004 年环保 NGO 在怒江水坝事件中采取了联合行动，和国家环保局一起影响了决策结果。特别是互联网得到更好普及以后，社团更显得多元化，发出的声音更为有力。中国公民社会的发展，有两个方面的努力，一是政府有限度的放权，一是民间自发的力量。后者主要是自下而上追求自治，自我发展，积极参与居委会直选、政策听证会和评议政府决策。在推动民主法治进程中，中国一些民间学术机构的力量不容忽视。

（三）局限性

一国法治的基础在于公民社会，这一点已在中国学界取得共识。公民社会的发育程度，与行政决策的法治水平有着直接的关联。在中国，尚未真正形成国家－社会良性互动的结构，社会的独立、自治的结构性领域一直没有形成，也就是说，通过社会这支独立的力量遏制政府专制尚不充分。所以，现阶段主

---

① 俞可平：《对中国公民社会若干问题的管见》，载自《中国公民社会发展蓝皮书》，北京大学出版社，2008 年版，第 21 页。

② 高丙中、袁瑞军：《迈进公民社会》，载自《中国公民社会发展蓝皮书》，北京大学出版社，2008 年版，第 1 页。

③ 何建宇、王绍光：《中国式的社团革命——对社团全景图的定量描述》，载《中国公民社会发展蓝皮书》，北京大学出版社，2008 年版，第 133～163 页。

要通过社会推动实现行政决策法治尚不成熟。一是时间的有限性，中国实现法治具有紧迫性，不可能像西方那样经历相同的漫长法治演化过程，自然演进型的法治道路可能并不是中国的选择；二是我国传统文化中法治理性成分不足，本土资源的利用价值也是有限的。"对于中国而言，现代化的历史任务尚未完成，因此目前的首要任务还是现代法制建设。尤其是有必要在法律家中牢固树立起'法治是法律的规则'（rule of law is a laws of rules）的信念。""对于中国当前法制建设的实际需要而言，现代法的各种学术成果的全面继受至关重要，法学'本土化'则在其次。"① 我国社团组织对法治建设的推动力量还非常有限，其一，社团自主性不足，表现为我国社会团体对政府有过重的依赖性。其二，社团能力不足，应当说任何国家的社会团体都存在"失灵"的问题。其三，社团制度供给不足，我国现在没有结社立法，只有一个程序性的社团登记管理条例。② 中国公民参与公共领域有限，参政水平也有待提升。这些都构成社会推进型法治的实现障碍，短时期难以消除。在公民社会的制度环境方面，制度剩余与制度匮乏并存，一方面，关于民间组织的许多规定大量重复、交叉和繁琐，另一方面，民间组织的管理又存在着许多"真空"地带，主要体现在：（1）缺乏管理民间组织的一般性法律。目前管理民间组织所依据的主要是国务院的几个《条例》，不是正式的国家法律。至今没有一部管理民间组织的"母法"。（2）缺乏针对性和操作性的法规。如缺乏针对行业协会、专业性社团、学术性社团和联合性社团以及志愿者工作的分门别类的管理法规。而且现行的一些管理条例实际已经较难适用。制度匮乏在现实生活中使不少民间组织无所适从。③ 应该说，中国公民社会的发展有赖于政府松绑和政府扶持并举，政府简单的退出并不能自动让公民社会发展起来。

三、互动结合型行政决策法治

（一）"互动结合论"的提出

越来越多的中国学者主张将政府推进与社会推进结合起来。中国应该走政府推进型与社会推进型相结合的法制建设道路，以政府推进法制的改革为主

---

① 季卫东著：《法治秩序的建构》，中国政法大学出版社，1999 年版，第 398 页、399 ~ 310 页。

② 马长山：《全球社团革命与当代法治秩序变革》，载自《法学研究》2003 年第 4 期，第 132 ~ 148 页。

③ 俞可平：《中国公民社会：概念、分类与制度环境》，载自《中国社会科学》2006 年第 1 期，109 ~ 122 页。

导，辅之以社会民间自然生存的具有现代法制精神的制度、规范和力量。① 法治国家建设要靠合力推进模式，以国家推进为外在动力，以民众推进为内在根据；以国家推进为主导，以民众推进为主体。②在继续发挥政府作用的同时，要认识到中国社会团体在政府职能转变、市场经济转型和民主法治建设中发挥着重要作用，已成为推进良性社会分权、促进社会自律管理、维护转型期社会稳定、加快民主法治进程的重要社会力量。"在政府主导、自上而下的改革推动力之外，引入自下而上的公众参与，作为政府体制改革和法治政府建设的另一个推动引擎，是当前改革和变法需要考虑的一个重大问题。'自上而下'和'自下而上'构成法治改革和政府改革的两个相互作用的动力，我们可以将此称为改革推动力的'双轨制'模式。""双轨制"动力模式最重要的优势是能够通过制度化参与平台使公众有序参与到变革进程之中，为改革的推进提供可持续的、大规模的动力，从而既保证了变法的公共性，培育了改革得以进一步深化所需的社会心理条件，也有助于抑制改革中可能出现的"停滞——偏激"之间的钟摆运动。将自下而上的力量引入改革进程，还有助于使改革可能带来的社会问题和冲突通过有序参与的制度化方式得以解决，从而抑制改革进程中的动荡和剧烈社会冲突，降低改革的成本。③ 上述论者主张以政府自上而下的推进为主导，以公民参与为基础，实行政府推进与公民参与有机结合的模式更适合中国实际，应作为基本模式确立下来。

我国行政决策法治实现的最佳策略是政府推进和社会推进的结合，即互动结合模型。与其说这是一个规范学说，还不如说它是一种实践模型。"互动结合论"从认识上突破了单一思维的局限，眼睛不只盯在权威政治转型上，而是积极推动建立政府－社会良性互动的结构。政府推进与社会推进并不是一对矛盾，而是并行不悖且交互促进的选择，二者互为条件，互为支持，互相促进发展。"互动结合论"分为两条线，一是合意化，政府与民众合作或政府积极对民众予以回应，提高了决策的合理性与正当性。民间社会参与决策，使政府决策成为"合法的合意"，决策过程充满民主气氛。二是法制化，建立健全行政决策基本法制，使之"有法可依"，严格依法决策。民间社会与政府既合作

---

① 舒国滢：《中国法治建构的历史语境及其面临的问题》，载于《社会科学战线》1996 年第 6 期，第 68～71 页。

② 卓泽渊著：《法治国家论》，法律出版社，2008 年版，第 289 页。

③ 王锡锌：《公众参与和中国法治变革的动力模式》，载于《法学家》2008 年第 6 期，第 90～100 页。

又监督，产生的决策结果符合实质正义标准。合意化不仅在决策过程实现，还要在法制化过程实现，行政决策法律规则的制定过程要有民间社会的参与。"法制化"和"合意化"不是泾渭分明的两条线路，在时空中都有交叉，是互动结合的两条线路。"互动结合论"体现了中国从传统社会向现代社会过渡的综合型思路，既适当集中政府权威，同时又发展壮大公民社会。

（二）"互动结合论"的发展

长期以来我国政府体制改革与政府职能转变被视为是政府的"内部事务"，与公众无涉。这一认识无疑是错误的。政府组织如何设置，决策规则如何设定，行政决策如何作出，都与公众利益相关，而不能由政府自己说了算。也就是说，政府整个决策系统是开放的。在开放的政府决策系统中，包括规则本身在内的决策过程体现为一种协商与合意、谈判与博弈的过程，经由这个过程，法治秩序才能建立起来。但是，对于缺乏法治传统的中国来说，侧重于政府推进是必要的、有效的。以政府为主导，社会为辅助，不是一种权宜之计，而是长期策略。鉴于中国社会力量先天不足，应采取大力培育和发展社会力量的政策。中国的公民社会不同于西方，它不具有与政府的对抗性，而是一种合作关系。发展公民社会不是无政府主义，应分清政府干预与政府支持的界限，当下最重要的是制度供给，解决社会团体发展上的法律空白问题。邓正来教授在分析建构中国公民社会的具体策略时认为，采取分两步走的办法，第一步由国家和公民社会成员共举，国家在从上至下策动进一步改革的同时加速变革政府职能，逐渐地撤出不应干涉的社会经济领域，社会成员则充分利用改革的有利条件和契机，理性地由下至上推动市民社会的营建。第二步为成熟阶段，期间公民社会成员在继续发展和完善自身的同时，逐渐进入公域参与和影响国家的决策，并与国家形成良性的互动关系。① 在我看来，十六大以来中国公民社会随着政治开放和政府开明程度的提高而变得更为活跃，富有生机，中国开始形成国家与市民社会的二元结构，尽管这种结构还不平衡。2008年汶川地震救灾、赈灾过程以及北京奥运会、上海世博会期间涌现出的公民力量和公民精神，让世界为之一震。公民网络参与空前高涨，参与力度和影响力都超出预料，俨然形成"网络公民社会"，网民变成公民，对包括政府决策在内的各种公共事务进行广泛的参与、监督和建言，深刻影响和推动了中国民主与法治的

---

① 邓正来著：《市民社会理论的研究》，中国政法大学出版社，2002年版，第5页。

进程。无疑，中国公民社会已经崛起，以致对政府形成某种"倒逼"之势。这有助于克服政府推进模式可能存在动力衰减的弊端。

与此同时，在政府内部也出现了某种"分工"倾向。在十六大以来的各种决定表明，行政决策法治化是既定战略目标，大方向和制度目标中央政府作了框架性规定，地方政府有了从事具体制度创新的依凭；由于中央提出科学发展观，地方政府政绩观有所调整，开始注重制度创新。地方政府的制度创新积极性高涨，在决策法治方面作了宝贵的尝试，取得了初步成果，如人大职能得到发挥，党委和政府依法决策，公民意见和建议得到重视。一般而言，行政改革与行政法治的政治风险不大。一些地方以"政情恳谈会"、"民意征集会"、"民主恳谈会"等亲切的形式来沟通政府与民众之间的关系，获得了积极的效果。这些具体制度的创新实验，包括各种形式的决策听证、公开征求意见、参与式预算改革、菜单式民主，协商民主决策，等等。这些实践活动不仅符合"政治合法"、"社会合法"，也符合"法律合法"。这些做法一般是突出人大职能，激活人大代表拥有但一直闲置的"重大事项决定权"，激活人民群众的听证权、参与权、批评权、建议权，激活政协参与重大决策的协商机制，等等。

行政决策制度创新在地方已经积累了一些重要的经验，但也累积了不可逾越的制度性障碍，这些制度性障碍一般都牵涉到政治体制，而这些领域是中央政府甚至是党政最高决策层的"核心职能"。有学者认为中国法治化分三个阶段，一是经济发展为主导的法制建设阶段，二是社会发展主导的法制建设，三是政治发展为主导的法制建设。[①] 这三个阶段的划分我基本同意。我国正处于社会发展的重要阶段，大部分决策围绕解决社会冲突和矛盾，社会和谐成为决策所考量的重要内容。中国行政决策法治化的推进有赖于政府与社会的共同努力，其动力来自社会，或者政府向社会借力，以政府为主导推进制度建设和体制再造。

概言之，中国的历史、文化和社会条件决定了行政决策法治化是一个渐进过程。参与式民主启动行政决策法治，公众参与作为我国行政决策法治化的一个重要变量，激活了体制内民主与法治的因子。应在政府与社会的共同努力下推进民主与法治。针对转型社会矛盾集聚的特征，行政决策应具公正与理性的双重品质，兼具形式法治与实质法治之长，使法治在秩序与变革中获得平衡并持续发展。

---

① 蒋立山：《中国的转型秩序与法治发展战略》，载于《中国法治论丛》2008 年卷，知识产权出版社，2009 年版。

第四章

行政决策法治化的制度建构

行政决策法治化的战略选择最终要落实在制度建构上，形成"制度的事实"，这是一条无从回避的道路。政府决策制度属于上层建筑，决策体制以及责任体系问题已经到了非解决不可的地步，制度建设任务紧迫，包括内部自发、外部移植和创新设计。行政决策法治化应着重从行政决策的主体制度、行政决策的程序制度、行政决策的监督制度和行政决策的责任制度来进行。当然制度建构只能逐渐推进和改进。

第一节　行政决策主体制度

一、行政决策主体的概念界定

（一）传统视野中行政决策的主体界定

公共行政学中，行政决策主体一般被称为"行政决策者"、"行政决策中枢机构"、"行政决策中心"，或以"行政机关"、"行政组织"和"行政首长"指称。① 行政决策者包括个人和集体（领导班子、决策中枢系统）两种。美国学者查尔斯·林德布鲁姆所著的《决策过程》中将行政决策主体称为决策者，并按决策权力的运用将决策者分为直接决策者与间接决策者。② 传统公共行政

---

① 夏书章先生主编的《行政管理学》没有采用"行政决策主体"这一概念，认为拥有行政权的组织和个人才能成为行政决策的主体。许文慧教授等合著的《行政决策学》将行政决策者界定为"国家行政系统中依法拥有行政决策权力、从事指挥行政决策活动并对完成的决策负有责任的个人或集团"。参见夏书章主编：《行政管理学》（第三版），高等教育出版社，2003年版，第198页；许文惠、张成福、孙柏瑛著：《行政决策学》，中国人民大学出版社，1997年版，第114页。

② ［美］查尔斯·林德布洛姆著：《决策过程》，竺乾威等译，上海译文出版社，1988年版。

学强调决策的理性需求，旨在促使行政管理人员以最有效率、最经济、最有效能的方式作出理性的决策，将行政决策主体限界定为行政管理机关及行政首长，其一般性假设是行政管理者具有选择最佳方案的理性。

大多数行政法学文献对行政决策采用"行政机关"的视角，认为行政决策的主体是国家行政机关或行政组织及其公务员。① 法学界也沿用公共行政学的定义，使用"行政决策的主体"，少用"行政决策主体"概念。借鉴"行政主体"理论范式，明确界定"行政决策主体"概念的文献付诸阙如。

（二）多元化背景下的行政决策主体的界定

1. 行政主体理论。

传统的行政主体等同于国家、地方等公法人。现代公共行政改革以来，行政主体不仅包括公法人，还包括承担公共职能的私法主体，行政分权开始形成。在国家原始行政主体之外，大量的衍生行政主体涌现而出，行政主体从一元发展为多元。如，法国通过地方分权与公务分权，地方团体与公共机构成为相对独立的行政主体，具有了独立的公法人资格，在一定权限与责任范围内分享国家行政。德国行政主体分为国家、公法社团（地域团体、身份团体）、公共营造物、公法财团、具有部分权利能力的行政机构、经授权执行行政任务的私法组织、私法组织形式的行政主体等。

20 世纪 80 年代末，行政主体概念引入中国。行政主体理论针对的基本问题是行政权力、义务和责任的实质归属，这与中国改革开放的实践以及行政体制改革的探索是同向的。② 在我国建立以行政分权为核心的行政主体制度的条件已经具备：经济体制改革为行政主体制度的建立奠定了实践基础；民主与法治的发展为行政主体制度的建立创造了条件；我国宪法为行政主体制度的建立

---

① 参见杨海坤与李兵合作的论文《建立健全科学民主行政决策的法律机制》认为国家行政机关是行政决策的主体；刘莘主编的《法治政府与行政决策、行政立法》认为行政决策的主体是各级行政机关及其公务员。参见杨海坤、李兵：《建立健全科学民主行政决策的法律机制》，载《法律与政治》2006 年第 3 期，20～27；刘莘主编：《法治政府与行政决策、行政立法》，北京大学出版社，2006 年版，第 84 页；还有一些同样视角的论文，如李迎春：《行政法视角下的行政决策》，载《行政法学研究》2007 年第 4 期，第 101～106 页；王锡锌：《行政决策正当性要素的个案解读——以北京市机动车"尾号限行"政策为个案的分析》，载《行政法学研究》2009 年第 1 期，第 10～15 页。

② 大量文献论述了引进这一理论的必要性，相关的讨论自 2000 年开始进入高潮。参张树义：《行政主体研究》，载《中国法学》2000 年第 2 期，79～85 页；沈岿：《重构行政主体范式的尝试》，载《法律科学》2000 年第 6 期，39～49 页；薛刚凌：《行政主体之再思考》，载《中国法学》2001 年第 2 期，30～40 页；石佑启：《论公共行政之发展与行政主体多元化》，载《法学评论》2003 年第 4 期，59～66 页。

提供了依据；西方经验为行政主体制度的建立提供了多种可选择的模式。① 行政主体成立资格是：属于依法成立的组织；具备一定的组织机构和职位人员编制；拥有法定的独立职权与职责；能以自己的名义实施行政活动和承担法律责任。② 尤其以自己的名义承担法律责任，其法治意义不言而喻。

2. 行政决策主体的概念界定。

行政决策权的行使不再局限于行政机关，横向的社会分权和纵向的行政分权已成为趋势。20 世纪 90 年代兴起的"治理理论"，强调权威的多元化、权力的分散化，国家与社会、政府与市场的互动，突破了政府是唯一公共决策主体模式。1997 年世界银行发展报告指出，政府的精力应更多集中于基础性工作；政府不是唯一的公共行政的提供者，社会其他组织也可以提供公共行政。③ 社会组织分享行政决策权，而且在一些领域发挥着角色替代的作用。中国改革开放以来，政府间利益格局一直在调整过程之中。地方政府逐步成为事实上的公共利益主体。1994 年分税制改革，初步明确中央政府和地方政府的事权与财权，规范了政府间财政分配关系。2003 年通过《中共中央关于完善社会主义市场经济体制若干问题的决定》，区分了三个层次的事务：全国性和跨省事务、地方性事务以及共同管理的事务。地方政府拥有合法的"地方利益"，要求权力下放和分权共享，这种张力主要体现在经济领域。1990 年代发生的"第一次转型"是政府与市场关系的重塑，2000 年以后发生的"第二次转型"是政府与社会关系的重塑。经过多次政府机构改革，一些政府机构被转为行业协会，事业单位从行政系统剥离，政府职能发生了大的转变。据民政部的统计，截至 2008 年年底，全国共有社会组织 41.4 万个，业务范围涉及科技、教育、文化、卫生、劳动、民政、体育、环境保护、法律服务、社会中介服务、工伤服务、农村专业经济等社会生活的各个领域；全国共有社会团体 23 万个，民办非企业单位 18.2 万个，基金会 1597 个。④ 不论从数量还是质量上，社会组织、社会团体服务社会能力有了大幅提高，整体影响力增强。社会行政主体的大量产生，使行政决策主体开始呈现多元化发展态势。

---

① 薛刚凌：《行政主体之再思考》，载《中国法学》2001 年第 2 期，30~40 页。

② 孟鸿志主编：《中国行政组织法通论》，中国政法大学出版社，2001 年版，第 37 页。

③ 世界银行编写组：《1997 年世界发展报告：变革世界中的政府》，中国财经出版社，1997 年版，第 2 页。

④ 《2008 年民政事业发展统计报告》，民政部官网，http://cws.mca.gov.cn/article/tjbg/200906/20090600031762.shtml。2009 年 9 月 20 日访问。

行政决策主体，就是依法享有行政决策权，独立履行行政决策职责，并承担由此产生的法律责任的组织。具体而言，行政决策主体有如下内涵：(1) 行政决策主体享有行政决策权。"行政决策权"指行政权的担当者就一定时期内行政事务管理所要达到的目的、实施方案等作出的选择权。[①] 行政机关按照宪法和法律规定依法拥有行政决策职权。非国家行政机关依法律授权可以拥有相应的行政权，成为行政决策主体。行政决策权的来源是宪法和政府组织法以及单行法律法规所授予或规定。(2) 行政决策主体具有独立法定地位。所谓"独立"，指行政决策主体有独立的预算，能以自己的名义进行决策。所谓"法定"，既指行政组织法的直接规定，也指法律法规的授权。前者指国家行政机关，包括国务院、国务院组成部门、国务院直属机构、国务院部委管理的国家局、地方各级人民政府、县级以上地方人民政府的职能部门、县级以上地方人民政府的派出机关；后者指经法律法规授权的行政机关的内部机构、派出机构，以及法律法规授权的企事业单位、社会团体、行业协会、基层群众性自治组织等其他社会公共组织。(3) 行政决策主体独立承担法律责任。在行政决策主体中，国家行政机关最重要，也最强势，法律法规授权的组织比例较小，现实中行政机关几乎成为行政决策主体的代名词。行政委托组织不能作为行政决策主体，因为行政委托的本质特征是被委托人以委托行政机关的名义行使被委托的行政权力，所导致的法律后果主要由委托的行政机关承担，并不独立承担责任。

3. 行政决策主体的分类

概念或逻辑体系并不能涵盖生活意义的全部形态，一种常用的补充方法就是分类。从中央和地方政府的关系角度，行政决策主体分为中央行政决策主体、地方行政决策主体和基层行政决策主体。中央行政决策主体考虑的是全国性的、对于国家具有战略意义的事项；地方行政决策主体考虑的是省、市、县各自管理范围内的地方决策事项；基层决策主体考虑的是乡镇一级基层决策事项。然而，行政决策主体概念的核心是行政决策权，依据行政决策权不同来源进行分类，或许更能揭示现实。因此，行政决策主体又可分为职权行政决策主体与授权行政决策主体。

第一，职权行政决策主体，即国家行政机关，它依宪法或政府组织法的规定在成立时就具有行政决策权，能独立承担其决策后果。行政机关是行政决策

---

① 应松年、薛刚凌著：《行政组织法研究》，法律出版社，2002 年版，第 141 页。

主体中最重要的一种，它最广泛、最经常、最直接地与相对人打交道。我国现行行政机关包括中央行政机关、一般行政机关、民族自治地方行政机关以及特别行政区的行政机关。中央行政机关由国务院和国务院的工作部门组成。为了避免政出多门、多头决策，2008 年国务院启动"大部制"改革，国务院组成部门调整至 27 个，中央政府加强了经济社会事务的宏观管理，减少和下放了具体管理事项。一般地方行政机关包括地方各级人民政府及其工作部门，通常有四级：省、直辖市，下设区、县的市，县、县级市，乡、镇。地方人民政府的派出机关是地方人民政府依法在一定行政区域设立的行政机关，它虽不是一级人民政府，却遵照政府组织法行使行政决策职权，以自己的名义进行决策并独立承担法律责任，因而是行政决策主体。民族自治地方行政机关是指自治区、自治州、自治县、民族乡的人民政府及其工作部门（民族乡不设专门工作部门）。特别行政区的行政机关是按照基本法的规定设立的，特别行政区政府设若干司、局、厅、处。

第二，授权行政决策主体，是指经法律、法规授权取得行政决策权的组织，主要有法律、法规明确授权的行政机关内部机构、行政机关派出机构，经授权的事业单位、经授权的企业单位、经授权的基层群众自治组织、经授权的社会团体等。下面分而述之。（1）经授权的行政机关内部机构和派出机构。根据行政组织法的一般原理，行政机关的内部机构和派出机构不能以自己的名义独立对外做出决策行为并承担法律责任，只有在特殊情况下通过法律法规的授权赋予其行政决策主体资格。如按照《税收征收管理法》的规定，税务所即税务局的派出机构，可以做出职权内的行政行为。公安派出所是公安局的派出机构，可以做出《治安管理法》授权的行政行为。但是这两者被授权可以实施具体行政行为（如行政处罚），而不能实施抽象行政行为。（2）经授权的事业单位。法律法规授权事业组织行使特定的行政决策职能，如《教育法》授权公立学校及其他公立教育机构招收学生或其他受教育者，并就职权内的业务进行行政决策。在经济体制转轨过程中，还有一些大型企业承担了少量的行政决策职能，法律法规也授权给它们一些特定的行政决策权力。如《烟草专卖法》授权全国烟草总公司行使某些行政决策职能。（3）经授权的基层群众自治组织。基层群众性自治组织是指城市的居民委员会和农村的村民委员会。《中华人民共和国村民委员会组织法》与《中华人民共和国居民委员会组织法》授予村委会和居委会行政决策职能。（4）经授权的社会团体。社会团体有两类，一类是人民团体，主要包括工会、妇联、共青团、工商联、科协、侨联、台联、青联等，根据专门法律法规行使特定的行政决策；一类是登记注册的社团组织，包括商会、行业协会、专业团体、学会、文体社团等，作为独立自主的社会组织，依法享有一定的自治权，在自治权限范围内独立做行政决策。法律、法规授权给没有行政决策权的组织行使行政决策权是行政权转移的一种重要形式。被授权行政决策主体在行使法律、法规所授行政权能时，即是行政决策主体。被授权组织以自己名义行使法律、法规所授职权，并由其本身就行使行政决策职能的行为对外承担法律责任。

二、域外行政决策主体法律制度

（一）大陆法系的行政决策主体

1. 法国

法国是一个总统－内阁混合制国家，实行行政权"双头制"。这一制度产生于第三共和国初期，第五共和国维持了这一制度，并强化了总统的行政职权。法国现行宪法（1958 年宪法）规定将重要的行政职权授予总统，但也规定由总理和各部部长组成的集体掌管行政部门，总理"保证法律的执行"。法国总统只对宪法负责，总理要对议会负责，政府一旦受到议会弹劾，总理承担一切责任。用一句话来描述是很形象的：总统有权不负责，总理无权要负责。总理虽对重大决策无最后决断权，但在决策过程中有创意权，对政府日常事务有决策权。

法国行政决策主体以中央集权为主体，辅之以权力下放和行政分权。中央国家机关管辖全国范围的行政事务，地方国家行政机关是中央设在地方的行政机关，在地方相应区域执行中央行政机关的事务，行使中央行政机关下放的权力。法国中央行政机关有一些独立行政机构。第一个独立机构成立于 1978 年，名为"全国信息自由委员会"。新型行政机构的增加，促使传统行政走向现代化。为了增加中央行政机关行动协调配合，法国专设了一些协调机构，例如，1963 年成立的"领土整治及地区活动评议会"；从事"任务管理"。① 地方行政决策主体分为一般建制的市（镇）、省与大区三个层级和特别建制下的海外领土、特别行政大区和特别市（镇）。除市（镇）、省与海外领土为宪法明确规定的地方自治团体外，其他地方自治团体均须依法设立。

---

① "任务管理"是指必须让其他机构干起来，而不是亲自干。参见［法］让·里韦罗、让·瓦利纳著，鲁仁译：《法国行政法》，商务印书馆，2008 年版，第 93 页。

中央行政决策主体与地方行政决策主体的分权受到法律保障。1958 年宪法第 72 条认确立了地方行政区行政管理自主原则。1982 年的《权力下放方案》和《地方政府权利和自由法》成为地方分权运动的法律依据。20 世纪 90 年代开始，权力下放快速发展。中央行政机关执行具有国家行政和贯彻国家意志的任务，中央机关不能成为地方上的国家代表。1997 年法令规定，自 1998 年 1 月 1 日起，在履行国家民政职权方面，各省省长个人有权作出行政决定。① 2003 年《关于共和国的地方分权结构》的宪法性法律对地方分权问题又进行了重大改革，重新启动了地方分权，向地方行政区移交若干国家职权，在当地的决策讨论中让公民直接发表看法，贯彻名副其实的"民众参与原则"。② 法国行政决策结构是地方分权的。

2. 德国

德国是一个联邦制国家，国家行政由联邦行政和州行政构成。原则上，联邦和各州都有权自行决定设置行政机构。德国基本法第 87 条规定：立法机关有权决定公共团体、公法设施的设置和特定行政机关的建立，但应当经法定多数通过并且经参议院批准。各州对行政机关的设置规定不一致，有的立法机关决定，有的州政府自行决定。在宪法规定出现缺位或者不全面的情况下，立法机关有权随时规定组织法规则（法律优先）。③各州在执行联邦法律时，除经联邦参议院批准的法律另有规定外，各州规定行政机关的建立及其管理程序。行政机关的设置由法律规定还是通过行政机关的内部规则规定，历史上素有争议，似乎偏向立法机关的声调越来越大。总体言之，行政决策主体的设置受到基本法和其他法律的保障。

基本法第 28 条规定州宪法必须保障地方的自治权。乡镇享有的任务范围和组织权限属于法律保留的范围，只能由法律限定。乡镇和县是具有法律能力的行政决策主体，独立实施法律行为，具有相对于国家的独立性。而且乡镇和县享有地区组织权、人事权、计划权、法令制定权、财政权等一系列自治权，就法定范围的事项自主做出行政决策，如地方短途公共交通、自来水供应、乡镇建设规划、社会福利等。

---

① ［法］让·里韦罗、让·瓦利纳著，鲁仁译：《法国行政法》，商务印书馆，2008 年版，第 95 页。

② ［法］让·里韦罗、让·瓦利纳著，鲁仁译：《法国行政法》，商务印书馆，2008 年版，第 124 ~ 125 页。

③ ［德］哈特穆特·毛雷尔著，高家伟译：《行政法学总论》，法律出版社，2000 年版，第 518 ~ 519 页。

德国分权制度包括联邦的横向划分和联邦与各州的纵向划分两个层面。社会行政主体主要有经济和职业协会、不动产团体、社会保险主体和医疗保险协会、自由职业协会等，它们具有专业化特点，通过任务移交和决策过程的自主性，减轻了国家的财政、组织和决策负担。其法律地位受《基本法》、《欧盟条约》、《社会法典》以及《联邦律师法》、《建筑师法》、《工商业协会法》、《手工业法》等法律法规的保障。①

3. 日本

战后日本实行议会责任内阁制。新宪法规定："行政权属于内阁"（第 65 条）；"内阁行使行政权，共同对国会负责"（第 66 条）。其他所有的行政机关都处于内阁的管辖之下。20 世纪 90 年代末行政改革后，内阁完全确立了最高行政决策权。《地方自治法》第 156 条规定，国家设置地方行政机关必须得到国会的承认。国会控制行政机关设置的权力加强。1983 年修订的《国家行政组织法》规定，府、省、委员会、厅的设置及其所掌管事务的范围由法律规定，内部部局、官房、局及部以政令规定。行政决策组织的规范结构呈现"法律－政令－省令－训令－决定"阶层性构成。②

日本宪法确立了尊重地方自治的原则。还通过《地方自治法》保障地方自治权实现。地方公共团体作为行政决策主体，它拥有自治组织权、自治行政权、自治财政权和自治立法权。地方公共团体大致分为普通地方公共团体和特别地方公共团体两种类型，前者被作为宪法上保证了的自治权的组织来定位，后者却不具有宪法保障的自治权。国家和地方公共团体虽然不是完全对等，但也不意味是上下级关系，或指挥监督的关系。《地方组织法》将其界定为"并列的协力关系"。1999 年日本国会通过《地方分权一览法》，明确了中央政府和地方公共团体的职责分工，规定中央政府主要承担在国际社会中的国家事务，以及那些以实行全国性统一规定为宜的事务等，而有关居民日常生活方面的行政事务则尽量由地方公共团体承担。

（二）英美法系的行政决策主体

1. 英国

英国是议会－内阁制国家，内阁是政府的核心，是行政决策的中枢，其主

① 薛刚凌主编：《行政主体的理论与实践——以公共行政改革为视角》，中国方正出版社，2009 年版，第 333 页。

② ［日］盐野宏著，杨建顺译：《行政法》，法律出版社，1999 年版，第 534 页。

要职责是"决策、行政控制、协调和划分权限",决策实行内阁集体合议制。英国内阁制长期以来法律并无明文规定,直到1937年才由《国王大臣法》确认。与大陆法系国家比较,英国的行政系统不够系统和严密。大体上,行政决策主体有三类:(1)中央政府,包括英王和枢密院、内阁和首相、部长和部。二战以后对各部调整比较频繁。一种常见的做法是,制定法在同一法律里对法律制定与裁决职能一并做出规定。① 一些准自治政府机关(quasi autonomous government bodies),由制定法设立,行使着重要的决策、执行、咨询职能。如艺术委员会、原子能局、民用航空局、食品标准局、健康与安全委员会、地区发展局等。1988年《改善政府管理:下一步行动》报告(Improving Management in Government:The Next Step)将中央的政策制定权集中到大臣和高级公务员手里,日常决策执行交由机关负责,产生了一种新型的公务组织。来自138个下一步行动机关,他们提供的服务量占总服务量的75%还多。(2)地方政府,即由地方居民选举产生的、负责管理法律规定属于某一地方的行政职务并具有独立的法律地位的行政组织。地方政府的权力是议会制定的基本法律授予的,制定法可以对地方政府的机构设置进行重大调整。根据法律规定,在苏格兰、威尔士和北爱尔兰大选之后,1999年开始实施权力下放制度。② 地方政府的框架是1972年《地方政府法》基本确定的。该法规定,地方当局可以将一些决策权委任给委员会、分委员会和当局的办公室。2000年《地方政府法》规定,只要地方当局认为可能有助于提升该地区或居民福祉,有权采取任何措施。基于此目的,地方当局应与其他地方机构一并制定社区发展战略。(3)公法人,是一种半自治的国家行政组织或非政府组织,是中央和地方行政机关以外享有一定的独立性、从事某种特定的公共事务的行政机构。英国倡导政府"只掌舵、不划船"的理念,通过私营化、公私合营、合同外包、设立信托机构等方式建立公共机关,包括国有公司、公有化企业和准政府组织。但政府通过多种方式对公法人进行控制。1993年《铁路法》授权运营局长承担监督招标程序的规制责任。2000年《交通法》决定撤销铁路客运运营局,组建铁路战略局。2000年《公用事业法》(utilities act)将燃气供应局与电力规制局合并为单一的燃气和电力规制机关。

---

① [英]彼得·莱兰,戈登·安东尼著,杨伟东译:《英国行政法教科书》(第五版),北京大学出版社,2007年版,第41页。

② [英]彼得·莱兰,戈登·安东尼著,杨伟东译:《英国行政法教科书》(第五版),北京大学出版社,2007年版,第53页。

2. 美国

美国是总统－议会制国家。美国宪法规定行政权赋予美利坚合众国总统。美国行政决策主体主要有：联邦政府、各州政府、地方政府和公法人。联邦的权力来源于州，联邦行政主体由总统、总统办事机构、政府各部和独立管制机构组成。1970年代联邦政府强势，1978年以后则逐步衰退。1980年代以来进入所谓"自我奋斗式的联邦主义"①，联邦政府的决策者和州及政府的决策者争相求助于纳税人。联邦政府相对于州和地方政府的位置在稳步下滑。

在州与地方政府的关系中，州政府授权地方成立自己的政府。建立五种形式的地方政府：（1）县。县在行政上是州的左膀右臂，在地域上是州的一部分，为公众提供普通的政府服务。县政府由地区或全县民选的专员委员会或监督委员会领导。委员会体制下的政府不区分立法和行政职能。（2）州属行政区划。州属行政区划是普通型的政治单位，是向一定区域内的聚居人口提供公共服务的地方自治政府。市、村、自治镇和大多数的镇都是州属行政区划。（3）乡镇。乡镇作为地方政府的政治单位，为人口不太密集的地区的居民提供公共服务，可以当之无愧地称为"真正自治法人团体"。（4）学区。学区是为公众提供中小学或高等教育的地方组织实体。它作为独立的政府形式，依据州的法律它具有相当的行政和财政自主权。（5）特区。特区是由州或地方政府法律授权成立的地方组织实体（学区除外），履行一种或有限几种指定的职能。作为独立的政府形式，它具有相当的行政和财政自主权。②

地方自治制度是美国民主制度的重要组成部分，也是美国行政决策主体的基本特征。地方自治权限主要由"宪章"或"地方规章"来界定。自治宪章是美国地方自治制度的重要法律基础。地方自治机关由居民选举产生，自主决策管理地方事务。

（三）发达国家行政决策主体法律制度的主要经验

上述五国的行政决策主体制度有一些共同之处，可资借鉴。

第一，行政决策主体受国家根本大法保障。无论是大陆法还是英美法系，无论是联邦制还是单一制，所有国家都以宪法或者宪法性法律规定了行政决

---

① ［美］尼古拉斯·亨利著，项龙译：《公共行政与公共事务》（第七版），华夏出版社，2002年版，第349～350页。

② ［美］尼古拉斯·亨利著，项龙译：《公共行政与公共事务》（第七版），华夏出版社，2002年版，第363～366页。

权的归属，明确各级政府的职权设置，确立中央与地方决策权的划分原则。这些国家的行政决策主体一般是多元与分权的，既向社会分权，也向下级分权，在中央集权的单一制国家，地方自主权相对受到较多限制，而在联邦制国家，地方成员单位独立性较强，具有自主决策权。正是因为有了宪法层面的保障，行政分权和决策民主才得以制度化运作。

第二，行政决策主体法律体系比较健全。西方法治发达国家的行政决策主体、行政决策权限、行政决策职能有比较完善的法律规定。立足各自法制传统，有些国家建立了完善的行政组织法体系，行政组织法对行政决策主体一般确立依法组织原则、行政分权原则、组织效率原则等实质规定。有些国家通过立法的方式授予特定组织行使行政决策权，规范行政决策主体的权力与范围。如制定《地方自治法》、《地方政府法》、《地方组织法》等法律文件的规范。有些国家通过法律确立公务分权和公务自治，出台《律师法》、《建筑师协会法》、《工商业协会》、《高校框架法》等法律文件规范。行政决策的主体法定是行政法治的应有之义。

第三，行政决策权力呈分散化趋势。为了回应民主化浪潮和公民社会的诉求，西方发达国家纷纷变革行政决策体制，缩小了国家行政决策范围，分散行政决策权力，纵向上中央向地方分散权力，横向上国家向社会分散权力。这些国家推行分权的做法，一般是财权相对集中，事权相对分散。决策权的分散过程实际上是政府职能和体制进行改革的过程。

第四，行政决策受到外部国际组织规则的制约。近些年来，全球性国际组织和区域性国际组织对成员国的行政决策影响甚大。成员国要保证其行政决策及其规则与参加协议中的义务一致。明显的例证是，欧盟委员会和其他国际组织的活动对这些成员国的宪政运作和行政决策产生直接或间接的影响。《建立世界贸易组织的马拉喀什协议》第16条4款规定：每一成员应当保证其法律规则与行政程序同 WTO 协议所附各协议中的义务相一致。

三、中国行政决策主体法律制度重构

（一）我国行政决策主体的制度现状

我国行政决策主体的法律制度体系主要由三部分组成：第一，《宪法》、《国务院组织法》与《地方各级人民代表大会和地方各级人民政府组织法》规定了我国的行政决策主体制度。《宪法》第3章第3节关于国务院的规定，第5节关于地方人民政府的规定，是行政决策体制和行政决策主体的基本制度。

宪法第 89 条列举了国务院的 18 项职权，分为五大方面：行政执法、行政立法、经济管理、社会事务管理与对外事务。第 86 条规定"国务院实行总理负责制。各部、各委员会实行部长、主任负责制"。第 105 条规定"地方各级人民政府实行省长、市长、县长、区长、乡长、镇长负责制"。这两条确立了行政首长负责制的决策机制，这一机制具有事权集中、权责明确、指挥灵敏、行动迅速的优点，有利于改变行政决策责任不清、推诿扯皮、人浮于事、效率低下的状况。同时，确定国家机构实行民主集中制原则。因此，我国行政决策实行民主集中制基础上的行政首长负责制。同时，政府（国务院和县级以上地方政府）实行会议决策制度，重大问题必须经常务会议或全体会议讨论通过。第二，单行法律对行政权与行政组织作了规定。《立法法》规定，省、自治区、直辖市和较大的市的人民政府可以根据法律、行政法规和本省、自治区、直辖市的地方性法规制定规章；部门规章应当经部务会议或者委员会会议决定；地方政府规章应当经政府常务会议或者全体会议决定。《地方各级人民政府机构设置和编制管理条例》规定，地方各级人民政府的机构编制实行中央统一领导、地方分级管理。行政机构做到职责明确、分工合理、机构精简、权责一致，决策和执行相协调。行政机构应当根据履行职责的需要适时调整。但是在一届政府任期内地方各级人民政府的工作部门应当保持相对稳定。《反垄断法》第 5 章对"滥用行政权力排除、限制竞争"作了列举规定，禁止行政机关和法律、法规授权的具有管理公共事务职能的组织滥用行政权力。暗示了滥用行政权的主体可能是法律、法规授权组织。第三，法规性文件对行政决策主体作了规定。《全面推进依法行政实施纲要》提出要建立健全公众参与、专家论证和政府决定相结合的行政决策机制。《国务院关于加强市县政府依法行政的决定》规定重大行政决策应当在深入调查研究、广泛听取意见和充分论证的基础上，经政府及其部门负责人集体讨论决定。

我国行政决策主体制度的主要缺陷：第一，法治原则与民主原则尚未确立。现行行政组织法律体系没有确立"行政分权"、"决策民主"等重要原则，尽管改革开放以来政府已经历数次机构改革，行政分权和决策规范取得了一定进步，政府职能趋于科学，但至今未能明确将行政决策主体纳入法治与民主的轨道。第二，多元行政决策主体格局尚未得到确认。长期以来关注"小行政"（国家行政），而忽视"大行政"（包括社会行政），行政决策权被行政机关垄断，社会行政主体的建设性功能被忽略，现有法律没有明确地方和公务法人作为行政决策主体的法律资格。第三，行政决策权范围不清晰。我国各级党委、政府及人大的决策权力范围划分不明确，关系未完全理顺，一些行政决策由党委直接作出，人大及政府的一些决策职能没有充分发挥出来。这种决策主体结构导致权力无救济现象的存在。第四，中央与地方行政决策权划分不明确。现行法律没有对中央和地方的决策事项严格界分，行政决策权过度集中于中央，压制了地方积极性。地方人民政府受国务院统一领导，同时向同级人大及其常委会负责，这意味着地方人民政府具有双重性质，既是中央在地方的代表，又是地方利益的代表。法律规定模糊使地方各级政府之间决策事项不清，上级政府行使下级政府的决策权，中央和地方行政权的划分没有制度化。

（二）中国行政决策主体制度重构

行政决策主体的法律制度重构应有原则指引，否则会陷入"盲人瞎马"的境地。行政决策主体的基本原则应体现行政决策根本价值，反映现代民主与法治之精神，对完善法律制度具有指导意义。现代行政决策主体建构应体现如下原则：第一，权限法定原则。行政决策权应当由国家权力机关以法律的形式统一设定，行政机关自己不能为自己设定行政权（现实的情况却是地方权力机关和国家行政机关也可以设定行政决策权）。行政决策主体必须在法律授予的权限内行使决策权。授权行政决策主体其权限以法律法规授予为准，即"依法授予权限"，对特定事务以自己名义独立自主决策。行政决策主体以法律为界限，不得超出权限范围。第二，分权法定原则。现代法治国家限制行政决策范围，分散了行政机关的决策权力。行政决策权力分散化要通过立法机关制定法律得到保障。行政分权在纵横两个方面进行。纵向方面，即中央和地方的分权，本书同意如下原则：提供共享物品和服务的功能尽可能下放；如果提供地方性共享物品和服务会产生跨地区外部效应和规模经济效应，尽可能让低的一级政府负责将外部效应内部化，并充分实现规模经济效应；调节收入和财富分配的功能主要由中央政府承担，但同时要鼓励各地尽量克服本地内部出现的不公平现象；保持宏观经济稳定的功能完全由中央政府承担，严禁地方政府干扰中央财政政策和金融政策的实施。① 横向方面，改变"政府一统天下"的格局，加强政府与社会的合作。现阶段大量的事业单位、社会团体、行政性公司都在行使部分行政决策职能。通过法律法规授权获致行政决策权，非政府组织在法定范围内独立行使行政决策权。它们以法律或法规作为决策的依据，以

---

① 王绍光著：《分权的底限》，中国计划出版社，1997年版，第27页。

自己名义并且独立承担决策责任。第三，公民参与原则。公众参与是提供决策正当性的重要依据。"人民对国家的重要决策应有参与之权力，迨已成为当今之基本的理解；就人民此类参与彻底与否，于此复涉及国家行为之透明性、公开性与就重要决策之说理义务等，反映出一国之民主化程度之深浅。"① 法治行政要求公民、利益相关人有权作为平等的一员，进行行政参与。这种参与不是完全取代行政机关，其参与权利是作为行政权力的补充。没有公民参与作出的行政决策会因未遵循正当程序而无效。② 特别是涉及公民切身利益的重大行政决策不能由少数官员独裁决断，必须经过民意咨询、听证会、专家咨询等才能拍板定案。第四，行政决策一体原则。为了保持行政决策总体一致，维持单一制国家的统一行政体制和政令协调，实施有必要的行政指挥与监督。"行政一体性在当今系作为一个多元化行政之协调、统御问题的上位概念，其意味着：不同之公共任务尽管有其专业性（从而分属于不同行政部门与机关完成），但仍然有一种紧密之关联性生存并且经由最上位之行政首长加以协调并且履行。吾人断然不能想见各行政机关'群龙无首'、'各自为政'，一定之指挥监督乃是必要。"③ "总而言之，行政一体性意味着行政首长得透过人事、组织、程序、预算、计划与个案中行为之指挥协调而完成。"④ 行政分权和决策民主不是强调各行其是，分割行政权。英国虽有地方自治传统，但行政决策仍受中央政府的监督。上级机关以及行政首长通过实施组织权、人事权、预算编制权等进行适当的监督指挥，有助于提高行政权力行使的效率，改变一些地方存在的政令不畅、有令不行、政府权威日渐流失的状况，也有助于形成不同层级和部门决策的同向与合力。

我国行政决策主体应当建构起多元多级的模式。具体而言：

一是中央行政组织法的完善。《国务院组织法》规定了国务院的组成、工作制度、行为方式，国务委员、秘书长的设置与职权，国务院部、委的设置程序等，但对中央行政机关的权限、行政机关的内部设置机构、中央行政机关在地方的分支机构、中央行政机关与其地方分支机构之间的关系都缺乏相应规定，影响到行政决策职权运行。应松年与薛刚凌认为，完善中央行政组织法的

① 翁岳生主编：《行政法》（上册），中国法制出版社，2002 年版，第 323 页。
② 郭道晖：《法治行政与行政权的发展》，载《现代行政》1999 年第 1 期，11～14 页。
③ 翁岳生主编：《行政法》（上册），中国法制出版社，2002 年版，第 329～330 页。
④ 翁岳生主编：《行政法》（上册），中国法制出版社，2002 年版，第 330 页。

思路要从体系和内容两方面着手。① 具体而言，由三个层次的法律规范性文件构成：第一层次的法律包括《国务院组织法》和《中央行政机关设置标准法》，第二层次的法律为各中央行政机关设置法，第三层次的法律为各行政机关的设置法规。对行政决策主体而言，关键是对职权和权力行使方式予以细化，明确中央行政机关设置的法律规定；明确依法设置、结构合理的基本原则，行政组织的设置程序应在法律层面上规制，避免行政部门为自己立法。

二是地方行政组织法的完善。地方行政组织作为国家在地方设置的行政机关，代表国家对地方事务进行管理，属于国家机关的组成部分。"我国的地方行政区域只是国家在地方的分治区，不具有独立的法律地位。""对地方行政区域内公共事务的管理虽常被称为地方行政，实际上具有国家属性。"② 我国地方行政决策权来自国家的委托，决策行为受上一级行政组织的监督。但我们也可以找到法律中关于分权的"含蓄表示"，如《地方组织法》规定地方官员不是中央直接委派，而是地方选举或任命产生。同时，分税制使地方自主决策空间扩大，地方有独立的财权和事权，因此应对地方组织法予以修订完善，规定地方独立决策的范围，以法律形式承认地方利益的存在，赋予地方参与国家决策的资格与权利。

三是社会自治组织法的制定。社会自治领域的法律应进一步完善，制定《社会团体法》和《行业组织法》，在法律上明确各类社会团体、行业组织、职业组织的行政决策职能和独立地位。如，社区组织拥有社区发展规划权和自治事务决策权，行业组织具有行业发展规划权、行业标准制定权等。国家可以依法对其规范、监督，但不得干预其权限范围内的事务。各社会组织的行政决策权以单行法律设定。单行法律设定行政决策有效运作的前提是设定主体单一，以免行政决策权的设定混乱，相互冲突。

四是协调多元主体关系的立法。将行政决策权分交给不同行政主体，容易发生决策权的竞合与冲突。为此有必要制定协调多主体关系的法律，包括《中央与地方关系法》、《行政协助法》、《地方合作法》等，对不同主体之间的权限划分、协作与竞争等权力运行机制予以规范。③

有论者认为，对待现代国家公共行政组织建构的合法化问题，形式法治主

---

① 应松年、薛刚凌著：《行政组织法研究》，法律出版社，2002 年版，第 178~181 页。
② 应松年、薛刚凌著：《行政组织法研究》，法律出版社，2002 年版，第 214 页。
③ 薛刚凌主编：《行政主体的理论与实践——以公共行政改革为视角》，中国方正出版社，2009年版，第 367~368 页。

义主张通过民主代议机关的合法化模式。这种模式在方法论上有单一原因论、理想的形式规范主义和绝对的建构理性主义之倾向，它在解决当下中国行政组织无序的诸多问题方面力有未逮。而在实践中，另外一种可以称为开放反思的合法化模式的进路，以其多向原因论、经验的实质规范主义和复合理性主义之方法论倾向，在相当程度上发挥着重要功能。它并非彻底否定民主代议模式，而是传统主张之外的一条比较贴近中国现实的合法化进路。① 本书同意这种观点。通过公众参与，举行行政听证、公开征求意见、专家咨询论证、媒体讨论等多形式活动，结合行政决策过程，激活行政决策主体的民主与法治内因，从而反思并解决各式各样的行政决策主体的问题。

第二节　　行政决策程序制度

一、行政决策程序的概念与特征

（一）行政决策程序的概念

在法律意义上，程序是与实体相对的一个概念，指实施某项有法律影响力的行为所必须遵循的步骤和方式。其普遍的形态是按照某种标准和条件整理争论点，公平地听取各方意见，在使当事人可以理解或认可的情况下做出决定。② 通常所说的法律程序，主要指选举程序、立法程序、司法程序、行政程序等几种类型。行政法学界普遍认为行政程序是法律程序的一种，其构成要素有行为的步骤、方法、顺序和时限，行政程序的一方当事人是运作行政权力的行政主体。行政法学界对行政程序的概念的一个重大分歧在于行政相对人参与行政活动是否属于行政程序的内容。有三种不同的观点：第一种观点认为行政程序是行政主体的活动程序，而不是相对人应遵循的程序；第二种观点认为行政程序是行政法律关系主体在行政活动中应遵循的程序，行政程序的主体不仅包括行政主体，而且包括行政相对人；第三种观点认为行政程序主要是行政主体应遵循的过程，但在参与型行政中，行政相对人的行为也要纳入到行政程序

---

① 沈岿：《公共行政组织建构的合理化进路》，载《法学研究》2005 年第 4 期，88～99 页。

② 季卫东著：《法律程序的意义——对中国法制的另一种思考》，中国法制出版社，2004 年版，第 17 页。

中来。① 现代民主行政中，相对人已经从被管理者转变为参与行政管理的主体，行政相对人的程序权利必须受到重视。但同时，行政程序的主体仍然以行政主体为主，也就是说，行政程序是行政主体在行使职权时必须遵守的程序。行政程序规则设定行政权行使的法定条件，规定行政活动的过程步骤，以及正当行政程序原则。

　　行政程序法是规范行政程序的法律。程序问题和正义价值是紧密勾连的。约翰·罗尔斯（J. Rawls）提出"纯粹的程序正义"（pure procedural justice）、有缺陷的程序正义（imperfect procedural justice）概念。传统法治着力于控制授予政府权力的范围，现代法治更注重于规范政府权力的行使。前者主要用组织法控权，后者主要用程序法规范。② 20 世纪以前，政府管理的领域比较狭窄，法律对政府权力有比较明确的界定，没有赋予自由裁量权。20 世纪以后，政府需要面对和处理的经济、社会事务剧增，权力运作自然扩展范围，随着行政权扩张，俨然形成所谓的"行政国家"（administrative state），控制并规范行政机关自由裁量权成为行政法治的中心议题。通过法律程序规范行政权的理念逐渐影响到法律体系建设，行政法的重心从实体法转向程序法。于是，在欧洲大陆兴起第一波行政程序立法浪潮。1889 年，西班牙制定了世界上第一部行政程序法。1925 年，奥地利颁布了《普通行政程序法》。第二次行政程序法的浪潮以 1946 年美国（联邦）行政程序法为滥觞。英美国家开始发挥其法律传统优势，以行政程序法律化控制行政权。美国联邦行政程序法重点保障了行政权力运行中的公民权利，第一次对行政机关的特权进行有力制约，规定公众可以得到政府文件，开启了行政公开的大门。在此基础上，1966 年美国制定的《信息自由法》取消了公共利益和正当理由等模糊的拒绝公开政府文件的规定，由传统的以保密为原则转变为以公开为原则、不公开为例外。第三次行政程序法浪潮发生在 20 世纪 90 年代，以东亚国家为中心。日本、韩国、我国澳门地区和台湾地区相继颁布行政程序法。

　　行政程序法典化的宗旨是通过设定行政主体在程序上的义务来实现规范行政活动，防止行政主体滥权、越权和失职、渎职，一些国家还建立起公众参与行政的法律机制，以实现保障相对人权益之目的。随着时代的发展，行政程序

---

　　① 黄学贤主编：《中国行政程序法的理论与实践：专题研究述评》中国政法大学出版社，2007年版，第 4~5 页。

　　② 姜明安主编：《行政程序研究》，北京大学出版社，2006 年版，第 1 页。

法不仅调整行政主体的行为，也调整行政相对人的行为。需要指出的是，行政程序法并不都是清一色法典化，而是多层次法律规范构成：第一是行政程序法典形式，规定行政程序的基本原则、基本制度；第二是行政程序单行法律、法规，规定一定领域、一定范围的行政程序；第三是散见于具体行政管理法律、法规中的行政程序规范。① 尽管我国尚未出台"行政程序法"，并不意味我国没有行政程序法律。1986 年通过的《中华人民共和国治安管理处罚条例》就规定了行政程序方面的内容，《行政诉讼法》规定了"行政程序违法"的条文。1990 年以后，我国制定了多部规定行政程序的法律，如：《行政复议条例》（后被《行政复议法》替代）、《国家赔偿法》、《行政处罚法》。《行政处罚法》关于处罚程序的规范、听证程序的确立，反映了我国行政程序法的重大进步。进入新世纪，权力机关和行政部门对行政程序更为重视。《行政许可法》较以往立法对听证等行政程序规定，取得了重大进步。初步建立了行政程序的法律制度。如：表明身份的制度，告知制度，说明理由制度，回避制度，听证制度，审执分离制度，复议制度，司法审查制度，顺序制度，时限制度。这些程序制度为我国制定统一的行政程序法提供了实践基础。2003 年行政程序法列入了立法规划。学者普遍认为制定统一的行政程序法的基本条件已经具备。

行政决策程序，是行政程序的下位概念。作为行政法律程序的一种，行政决策程序指行政决策的步骤、顺序、形式和时限，其本身构成一种制度。法治国家的行政决策程序是由行政程序法（包括法典及其他规范）规定的。行政决策程序的一方当事人是行政主体，在民主决策的语境下，行政相对人具有参与行政决策的程序权利。行政相对人参与到行政决策过程，有助于行政决策获得正当性，同时更好地实现相对人的权益。现代行政决策程序概念包含：首先，行政决策程序是法律意义上的一个概念，行政决策程序作为行政程序的一种，是规范行政决策权运作的程序。其次，在行政决策涉及相对人基本权利时，当事人有权提出自己的观点和主张，参与到行政决策过程，行政决策主体有义务去保证这一程序权利的实现。任何违反公正程序的行政决策，都有可能构成对公民基本权利的侵犯。因此，正当行政决策程序有益于提高行政决策的正当性与科学性，使民众乐于接受行政决策，减少事实认定错误或偏差；正当行政决策程序有益于提高行政机关的政治负责程度，使人民有参与行政决策的

---

① 马怀德：《行政程序法的价值及立法意义》，载《政法论坛》2004 年第 5 期，第 3~9 页。

机会。

（二）行政决策程序的特征

与立法决策程序和司法决策程序相比较，行政决策程序最显著的特征，首先表现在行政主体既是"当事人"——程序的主体，又是"决定人"——决策的主体。也就是说，行政决策程序中行政主体既是球员又是裁判员。司法决策程序中，法官作为决策主体严守中立，超脱于当事人的争执。立法决策程序中，立法者虽然是决策主体，但立法者本身受到所立之法的拘束，且立法一般是集体决策，个人主导型不强。其次，行政决策程序是为未来所作的决策，具有预期性和不确定性。司法决策是公开而有效地对具体纠纷进行事后的和个别的处理，存在着作为判案依据的一般性法律规范，法官只是对这种预定规范进行适用。立法决策虽然也是针对未来所作，但相较行政决策，确定性和稳定性更强一些。复次，行政决策程序是保证公民参与的程序。司法决策的对象限于特定当事人，是为明确法律上的权利、义务、责任的归属，一般无利害关系人不会参与司法决策。立法决策提倡公民参与，由于立法并不是"日常事务"，公民参与的频度远远低于行政决策，而且，立法程序的民主主义和职业主义之间存在紧张关系。这种紧张关系远甚于民主的行政决策。

二、行政决策程序的种类与功能

（一）行政决策程序的种类

按照不同标准可作不同分类。从两个方面分析。

依据履行程序的繁简程度，行政决策程序可分为"正式程序"与"非正式程序"。正式行政决策程序应依听证记录以书面形式做成决策（决定）。非正式决策程序不一定听证或公众参与，公众意见仅作参考内容。对于大量非正式程序，政府拥有更大的自由裁量空间，更强调决策效率。

依据决策问题的层次范围，行政决策程序可分为"重大程序"与"一般程序"。重大行政决策是指涉及全局性、战略性和基础性的经济调节、市场监管、社会管理、公共服务等政务事项，一般规定有听证会、公开征求意见、专家论证、政府全体会议或常务会议讨论等必要程序。一般行政决策程序要求有民主机制，但行政主导性更强。

重大行政决策一般采用正式程序，但正式决策程序不一定就是重大行政决策。这两种分类的意义在于提醒决策者在何种条件下采用何种性质的程序才符合法治要求。

（二）行政决策程序的功能

行政决策程序不具有独立的体系，它包含在行政程序法或单行法律之中，但是行政决策程序具有重要、独立的功能，直接关系法治进程乃至宪政建设的程度。

第一，保证依法决策的实现。依法决策是依法行政的重要内容，所依之"法"，既指实体法也指程序法。"由于行政管理本身是一种领域繁多、富于变化的社会活动，如果我们只是从实体的角度观察行政法，那么，就很难在理论上寻找到共同的、统一的行政法原则。"① 考察各国行政程序法，普遍规定了"告知"、"听证"、"说明理由"、"救济途径"等制度。行政决策不仅要实体合法，也要程序合法。行政决策要按照程序法规定的步骤、方式、时限等作出，否则将因为程序违法被宣布无效或撤销。"程序不是次要的事情。随着政府权力持续不断地急剧增长，只有依靠程序公正，权力才有可能变得让人能容忍。"② 行政决策程序本身具有独立的法律价值。以行政决策程序规范行政决策行为，可以防止行政决策权恣意滥用，同时还保证行政目的实现。

第二，提供公众参与行政决策的机会与途径。"当代行政过程无处不在的利益冲突、竞争和妥协，表明行政过程本质上已经成为一种政治过程。"③ 行政决策在很大程度上需要公众参与来体现利益代表和利益平衡。通过法定程序，保障参与者便获取必要信息，对参与者提出的各种方案研究评估，并说明理由。通过行政决策程序，为公众参与构建基础性平台，保障参与者平等有效表达意见。另外，公众参与还有赖于专家的智力支持，提高参与的效能。概言之，公众参与程序是行政决策自我合法化的一个核心制度。

第三，提高行政决策的合理性。行政决策程序具有沟通理性，沟通理性将弥补行政决策合理性的裂缝。人是易犯错的，决策难免受到偏见或不当利益干扰，追求客观、理性的决策，必须以程序规范创造团体意识，尊重人性尊严，

① 杨寅著：《中国行政程序法治化——法理学与法文化的分析》，中国政法大学出版社，2001 年版，第84 页。

② ［英］威廉·韦德著，徐炳等译：《行政法》，中国大百科全书出版社，1997 年版，第 94 页。

③ 王锡锌著：《公众参与和行政过程——一个理念和制度分析的框架》，中国民主法制出版社，2007 年版，第 40 页。

使政府行为具有预见性，减少裁量行为的错误，以准确实现实体法目的。① 在不确定、不稳定、不可预测和复杂的环境中做行政决策，要求行政决策的过程透明，参与者之间开展讨论和对话，整合多元利益和主张。只有依据程序合理性，才可能最大限度地体现社会公正，提高决策本身的合理性。而遵循规范的决策程序，经由相对人参与的决策，易于为当事人接受，使行政决策得以顺利执行。因此，行政决策程序的民主性、公开性和适当性促进了行政决策的合理性。

第四，保护行政相对人权益。行政决策程序是对行政相对人权利的深层次保障。现代行政决策程序将对行政相对人权益的保护作为其所承担的重要功能。公民权利的保障由过去的事后救济转变为事前、事中保障。通过告知、听证等程序机制，公民可以参与行政决策。对公民带来负担的决策在作出前，公民有发表意见、参加讨论的权利。通过行政决策程序法律化，规范行政决策权运作，可增强行政决策的正当性，有效弥补实体控制方面的局限，也为法院从程序上审查行政决策的合理性，审查相对人的程序权利是否受到侵害提供便利，从而解困于救济无法之窘境。

三、各国行政程序法关于行政决策之规范

美国联邦行政程序法。1946 年 6 月 11 日完成的联邦行政程序法，全文共12 条，编在美国联邦法典第五篇第 551 条至 706 条。1966 年制定并于 1974 年修订的信息自由法，1974 年制定的隐私权法，1976 年制定的阳光政府法，1990 年制定的协商式规则制定法，对行政程序法典做了进一步的补充。与大陆法系比较，美国联邦行政程序法是比较纯粹的程序法，按照两条思维脉络：一是按照行政机关行使的职能设计程序，二是区别正式和非正式程序。前者有三种程序：为行政调查而设的信息的获得与公开程序；为行政立法而设的规则制定程序；为行政司法而设的行政裁决程序。另外，增列了司法审查程序，以使法院有效监督行政机关。后者有四种程序：正式的规则制定，非正式的规则制定，正式的行政裁决，非正式的行政裁决。与行政决策有关的规定有：（1）信息公开。美国信息自由法确立了政府信息公开的原则，即行政机关有义务向民众公开其掌控的所有文件信息（除 9 项免除公开外）。公开的方式有三：主

---

① Jerry L Mashaw，Due Process in the Administrative State. New Haven：Yale University Press，1985. p. 105.

动登载于政府公报等，提供检索、影印，提供阅览。联邦行政程序法要求，除非属于列举出的集中例外，行政部门必须将其制定的规章的草案在"联邦登记"上公布，并给予公众提出书面评论意见的机会。这是通常所说的"通知和评论程序"。（2）个人信息的保密。隐私权法规定政府对其所掌握的个人信息有保密的义务。除法律列举的 12 项例外之外，行政机关非经当事人书面同意，或依当事人书面请求，不得公开有关个人信息。（3）行政会议公开。阳光政府法规定联邦政府的合议制机关应公开举行委员会会议。原则上会议应准许公众旁听，会议记录应公开。（4）协商型规则制定。行政机关导入协商机制，基本运作是在公告规则草案接受评论之前，先将草拟规则的目的及主要问题在联邦公报刊发，邀请相关利害关系人参与协商，形成共同规则的初稿。

奥地利行政程序法。奥地利在 1925 年通过"一般行政程序法"、"行政程序法执行法"、"行政处罚法"、"行政执行法"等四个有关行政程序的立法。可称之为"广义的行政程序"。行政程序主体分为利害关系人与当事人两类。该法第八条规定，利害关系人是对行政机关要求其执行职务，或受行政机关行为影响的人，当事人则是利害关系人中对行政机关有法律上请求权或法律上利益而参与该案件的人。（1）当事人在行政程序上的权利有：卷宗阅览权、听证权、拒绝非公设鉴定人的鉴定之权、接受裁决宣示或送达的权利、提起救济、请求行政机关决定的权利。这些权利早在 1920 年代就已确立，可谓"开风气之先"。（2）行政机关具有程序义务。如在行政程序中负有法律教导的义务以及说明理由的义务。

德国联邦行政程序法。联邦行政程序法于 1977 年 1 月 1 日生效。1998 年作了修订。从内容上看，联邦行政程序法包括了大量的原则。[①] 该法规定行政程序包括行政处分、行政契约程序。行政机关订立法规命令或自治规章的程序，以及单纯事实行为与非正式行为不适用该法。该法载有非正式程序、正式程序、计划确定程序与法律救济程序。（1）非正式程序指程序的时间、方式、内容等都没有规定的程序，行政机关依据职权主义裁量决定。行政程序以非正式程序为原则，以正式程序为例外。（2）计划确定程序。计划确定程序比正式程序更形式化，必须以言辞辩论方式进行听证，以便解决一切有关该项计划的异议。（3）大量程序。针对多数人参与而设计的行政程序，因为牵涉范围

---

① ［德］哈特穆特·毛雷尔著，高家伟译：《行政法学总论》，法律出版社，2000 年版，第 90 页。

广泛，有关利害关系人都被许可参与程序。（4）多阶段行政程序。多阶段行政程序并不是法律特别规定的程序类型，在专门法领域，如大型计划的行政程序需分阶段达成决定，即通过多次先行决定与部分许可，达成终局的决定。（5）当事人的权利。依据法治国原理，行政程序当事人具有听证权；卷宗阅览权；要求保密的权利；劝告与答复的权利；选任代理人的权利。在要式行政程序中，参与人有权在作出决定之前获得表达其意见的机会。行政机关在通过"言词审理"后作出决定。任何参与人均有权要求不允许参加行政程序或有偏私之虞的委员回避。（6）法律救济程序。①

日本行政程序法。1993 年经过国会审议通过的行政程序法，经过 40 年的研究论证，其中有三次重大转折。② 2005 年日本修订行政程序法。征求公众意见制度正式有了法律上的依据。新程序法规定，行政机关等在制定命令时要将该命令的方案等进行公示并广泛征求普通民众的意见及信息。针对命令等方案提出意见期限原则上 30 日，在充分参考所提出的意见后再制定命令。公开征求意见的方式有：网上刊载，行政机关窗口派发资料，报纸、杂志等报导，政府公报刊登，发表报道等。最重要的是要众所周知。③ 以有限立法为原则，该法规范了行政处分程序④及行政指导程序。行政处分程序又区分为对申请之处分及不利益处分。不利益处分程序又分为两种：听证程序与申辩机会。听证程序规定从通知方式、代理人、参见人到笔录、报告书及声明不负等，细致周详。不适用听证程序的，原则上给予辩明机会。辩明程序是更加简明的程序。在辩明程序中，处分基准的设定、公布、不利处分的说明理由都适用，也预定了相同宗旨的处分的告知。⑤ 日本行政程序法最大特色是把行政指导列入其中。行政程序法规定了行政指导明确性的原则。行政指导有时以"纲要行政"进行，针对相对人为复数的情况，为公平期间采取公布主义。

中国行政决策程序立法。我国没有统一的行政程序法，有关行政决策的程序性规定散见于其他法律法规之中。（1）听证制度。1996 年《行政处罚法》首次规定了听证制度。1998 年施行的《价格法》继《行政处罚法》之后，将

---

① 翁岳生主编：《行政法》，中国法制出版社，2002 年版，第 985～993 页。

② 翁岳生主编：《行政法》，中国法制出版社，2002 年版，第 995 页。

③ 吴浩主编：《国外行政立法的公众参与制度》，中国法制出版社，2008 年版，第 434～435 页。

④ 日本的法典与判例对于行政机关的行为，往往在个别案件中以决定、裁定、许可、允许、认可、特许等分别表达，并被总称为"行政厅的处分"、"处分"或"行政处分"。

⑤ ［日］盐野宏著，杨建顺译：《行政法［第四版］行政法总论》，北京大学出版社，2008 年版，第 205 页。

听证制度扩展至实行政府定价和政府指导价的商品和服务的价格决策领域，首次将听证制度引入行政决策领域。2000 年《立法法》规定在起草行政法规与规章时可以采用听证会的方式听取意见，但没有对听证规则作具体规定。2002年制定的《行政法规制定程序条例》，原则性规定了可以采取召开座谈会、论证会、听证会等多种形式听取意见；同年制定的《规章制定程序条例》将立法法的规定具体化，规定了起草规章时的听证规则。2003 年《行政许可法》规定了行政许可听证制度，该法第 46 条规定："法律、法规、规章规定实施行政许可应当听证的事项，或者行政机关认为需要听证的其他涉及公共利益的重大行政许可事项，行政机关应当向社会公告，并举行听证。"。第 7 条还规定了相对人享有程序性权利（陈述权、申辩权、申请行政复议或提起行政诉讼的权利以及依法要求赔偿的权利）；第 20 条规定了相对人可以向行政许可的设定机关和实施机关就行政许可的设定和实施提出意见和建议。许可法重申了正当程序的重要性。（2）信息公开。2007 年制定的《政府信息公开条例》规定，各级人民政府及县级以上人民政府部门应当建立健全本行政机关的政府信息公开工作制度。行政机关公开政府信息，应当遵循公正、公平、便民的原则。符合下列基本要求之一的政府信息应当主动公开：涉及公民、法人或者其他组织切身利益的；需要社会公众广泛知晓或者参与的；反映本行政机关机构设置、职能、办事程序等情况的；其他依照法律、法规和国家有关规定应当主动公开的。行政机关应当将主动公开的政府信息，通过政府公报、政府网站、新闻发布会以及报刊、广播、电视等便于公众知晓的方式公开。属于主动公开范围的政府信息，应当自该政府信息形成或者变更之日起 20 个工作日内予以公开。法律、法规对政府信息公开的期限另有规定的从其规定。公民、法人或者其他组织向行政机关申请获取政府信息的，应当采用书面形式（包括数据电文形式）。（3）行政规则。2008 年，新修订的《国务院工作规则》公布。《规则》确立国务院工作准则是，实行科学民主决策，坚持依法行政，推进政务公开，健全监督制度，加强廉政建设。在第四章规定"实行科学民主决策"。强调国务院及各部门要健全重大事项决策的规则和程序，完善群众参与、专家咨询和政府决策相结合的决策机制。国务院在作出重大决策前，根据需要通过多种形式，直接听取民主党派、社会团体、专家学者、基层群众等方面的意见和建议。为发挥政府参事参政议政、建言献策、咨询国事、民主监督、统战联谊的作用，2009 年国务院制定《政府参事工作条例》（2010 年 1月 1 日起施行），规定设立参事工作机构的人民政府应当根据科学民主依法决策的需要，安排本级人民政府参事开展参政咨询工作的重点任务，定期向参事通报政府重大决策、工作部署和经济社会发展情况，采取座谈会、论证会等方式直接听取参事的意见和建议，接受参事对政府工作的民主监督。

四、正当行政决策程序的理念与规则

（一）行政决策程序的理念

正当决策程序，是从正当程序中引申而来的概念。考察正当程序原则，应溯及英国普通法传统中的自然公正原则。传统上，自然公正原则包括两项根本内容：一个人不能在自己的案件中充任法官；人们的抗辩必须公正地听取。自然公正原则从司法程序的规则扩展至行政程序。行政机关在作出对公民不利的决定时必须听取对方的意见，公民有在合理的时间有被告知的权利，有获知该决定的依据与理由的权利，还有为自己辩护的权利。英国法院对于当事人有重要影响的行政决定，在程序上违反自然公正原则时会被判无效，对于影响较小和违法情况较轻的行政决定，则认为是可撤销的决定。从 20 世纪早期到 1964年，行政裁量权再次成为戴雪所谓的真正意义上的"特权"，自然公正原则与行政法的其他制度一样处于不利境况。① 1964 年 Ridge v. Baldwin 案以来，自然公正原则一直是英国行政法使用最频繁的词语，明确规定凡行使对公民权利有影响的行政性权力时，均遵守自然公正原则。自然公正原则的第一项要求是应当确立听取双方意见的一般性权利，包括告知的基本要求、听证环节和作出决定本身。公平听证权包括有知悉另一方当事人意见的权利、法律代理权、交叉询问权、说明理由的义务。自然公正原则的第二项要求是反偏私原则，自己不能作自己案件法官，意味着任何裁判人员可能存在偏私就不得参与决定。

美国的正当程序理念是在英国自然公正原则基础上确立与发展的。1787年汉密尔顿在纽约州批准宪法会议上提出"正当程序"一词，该会议提出的"人权法案"规定：除非依照正当的法律程序，否则任何人都应当得到保证不被剥夺特定的权利。1791 年通过的美国宪法第 5 修正案规定：不经正当程序，不得被剥夺生命、自由和财产。1868 年修正案又将这条规定适用于各州政府机关。宪法规定的正当法律程序，首先是一个程序法的规则，或称为程序性的正当法律程序，要求政府正式行动必须符合对个人的最低公正标准，如得到充

---

① ［英］彼得·莱兰，戈登·安东尼著，杨伟东译：《英国行政法教科书》（第五版），北京大学出版社，2007 年版，第 392 页。

分通知的权利，作出裁决之前听证权利等；其次，正当法律程序还是一个实体法的概念，或称为实质性的正当法律程序，要求制定的法律必须符合公平与正义。自 19 世纪末，正当法律程序逐步向行政法领域渗透，形成了行政性正当程序规范。美国在继受英国自然公正理念的同时，走了一条与英国不同的道路，就是通过宪法规定和行政程序法律化对政府行为监控。1946 年美国联邦行政程序法和以后被编入统一行政程序法典的《信息自由法》、《阳光政府法》、《隐私权法》，确立了别具美国特色的正当程序理念与制度，1960 年代以后，行政公开作为正当法律程序的一项基本内容得以确立。

确立正当行政决策程序理念，意味着行政决策程序应体现程序中立、程序参与和程序公开之要求。具体而言，第一，行政决策程序应具有中立性。现代社会存在普遍的公共利益，行政决策应体现这种公共利益。只有决策程序保持中立性，才可能让所有法律主体在程序上地位平等，参与机会平等，避免对其中一方偏私或歧视。第二，行政决策程序应保证公众参与。20 世纪 80 年代中期以来，公民参与成为民主行政的重要特征。美国学者 Carole Pateman 主张个人直接参与较为广泛的决策活动，这与代议民主制并不矛盾。[1]在公共决策过程中，通过落实公共参与权而构造对决策机构的制约机制，不仅可以促进公共权力组织的理性化，还将在很大程度上重建公共决策的"公共性"。[2] 受到行政决策影响的相对人应该充分参与决策过程，发表意见。第三，行政决策程序具有公开性。行政机关在就行政事项进行决策时，其过程应当向社会公开，包括决策的理由、依据、步骤、顺序、方式等。这些法律程序包括：赋予相对人表达意见的机会，非经听证程序不得作出影响公民权益的决策，行政决策说明理由等。由于传统法律程序薄弱，法治历史短暂，法律技术滞后等原因，官僚行政领域并不赞同这个外表堂皇、耗时费力的决策程序。经过几十年法治建设，国人逐渐认识正当程序之于法治的意义。《行政许可法》是《行政处罚法》之后又一部体现正当程序理念的行政法律。随着市场经济的快速发展，市场主体作为程序法治的最大消费者，对行政决策具有切身的信赖利益和预期计算。市场力量推动公民社会发育，推动政治社会开放，正当程序观念逐渐渗透进公共行政体，正当行政决策程序理念渐次形成。

---

[1] Carole Pateman. Participation and Democratic Theory. Cambridge University Press. 1970.

[2] 王锡锌著：《公众参与和行政过程——一个理念和制度分析的框架》，中国民主法制出版社，2007 年版，第 243 页。

正当行政决策理念是对宪政精神的弘扬。我国宪法第 2 条规定："人民依照法律规定，通过各种途径和形式，管理国家事务，管理经济和文化事业，管理社会事务。"为公民参与和政务公开提供了宪法上的依据。宪法第 27 条规定："一切国家机关和国家机关工作人员必须依靠人民的支持，经常保持同人民的密切联系，倾听人民的意见和建议，接受人民的监督，努力为人民服务。"这是行政决策听证程序的宪法依据。政府模式发展经历了两个阶段，即统治型治理模式和管理型治理模式，现在正在向服务型治理模式转变。服务型政府以公民本位为基本理念，实现阳光运作，这是行政发展中具有划时代意义的变革。"公共服务"成为决策的价值取向，通过行政决策提供公共服务，实现社会公平。社会公平是判断行政决策行动的一项重要指标。社会公平可以理解为公民平等的政治和社会机会。现代服务型政府应摒弃"父爱主义"，改革传统的等级制权威结构，尊重公民的选择权和参与权，通过行政决策促进社会公平。

我国尚未建立起普遍的正当行政决策理念，但是正当行政决策程序意识已经萌发。十七大报告对"公开"、"参与"两项程序原则充分重视，强调提高政府工作的透明度和公信力，增强决策透明度和公众参与度。2008 年通过的《国务院工作规则》专门规定了"实行科学民主决策"，要求"国务院及各部门要健全重大事项决策的规则和程序，完善群众参与、专家咨询和政府决策相结合的决策机制"。2009 年温家宝总理在十一届全国人大二次会议上所作的《政府工作报告》中强调了行政决策程序合理的问题，这不再是简单的宣示，而是强调落实与行动。"实行科学民主决策。各项决策都要做到程序依法规范、过程民主公开、结果科学公正。政府重大决策的形成和执行都要加强调查研究，做到察民情、听民意、聚民智，尊重客观规律，提高决策的预见性、科学性和有效性。要推进政务公开，增加透明度，保障人民群众的知情权、参与权、表达权、监督权，让人民群众知道政府在想什么、做什么，赢得人民群众的充分理解、广泛支持和积极参与。"我国正当行政决策理念，既是高层民主法治思想的体现，也反映出社会舆论的要求与压力。在一些地方政府，不乏重视程序正义与正当行政决策程序的主张。如湖南省官员认为，"我们强调法治建设，既要抓好实体法的贯彻落实，又要注重程序的合法性，两者缺一不可。""各级政府的决策、各项政策措施的实行，实质上都是为了服务人民，在决策的执行过程中必须充分听取人民群众的意见，倾听人民群众的呼声，使得我们的决策更加符合人民群众的利益，从而避免和减少矛盾。"①《湖南省行政程序规定》就反映了正当行政程序的理念。勇于自我约束、自我控权的政府，其行政决策就能获得民众的支持，只要落实好程序规定，必然提升政府的公信力。"尽管法律没有明确提出对程序合理性问题的关怀，但不能因此而认为程序改革仍然可以对程序合理性问题保持沉默。事实上，行政过程中程序合理性意识已经觉醒。"②目前不少地方政府确立了民主开放的决策程序机制，对涉及公众利益的决策，扩大公众参与渠道，发挥专家、学者、科研机构在重大行政决策中的作用。确立正当程序的决策理念与机制逐渐成为一种趋势和潮流。在中央高调表态要完善行政决策程序，维护公众参与权利的情势下，似乎统一规则的出台也为时不远了。

（二）行政决策程序的规则

正当行政决策理念的确立，非一朝一夕之功。我们大可不必等建构起理念再行动。事实上，很多理念是在行动中确立的，或者在规则强制下转变的。正当行政决策规则建设，是行政程序法的一部分。按道理如果行政程序法出台，就可以解决行政决策程序无法可依的窘境。问题是这样一部法律的制定，在复杂的国情与转型的时代下是困难的工作。上世纪 80 年代中期，我国就研究制定统一的行政程序法典问题。考虑到当时条件并不成熟，决定"改批发为零售"，陆续制定出台了《行政诉讼法》、《行政处罚法》、《行政复议法》、《行政许可法》等，目前又正在审议制定《行政强制法》。2001 年全国人大常委会法工委委托研究起草行政程序法，十届全国人大常委会将行政程序法列入了五年立法规划。③

这种"改批发为零售"的思路，可以解决现实中国的很多问题。在行政程序法出台之前，对行政决策程序规则建设，可以通过行政规章和地方性规章，来设定正当行政决策程序规则。这样做，可为行政程序法实验并积累经验。如，2005 年《湖北省政府关于建立健全科学民主决策制度的实施意见》，对重大决策事项的范围、基本原则以及决策程序（包括确定决策事项、拟制

---

① 周强：《在全省贯彻实施＜湖南省行政程序规定＞暨市县政府依法行政工作会议上的讲话》，2008 年 8 月 11 日，湖南省人民政府法制网，http://www.hnsfzb.gov.cn/Item/2291.aspx，2009 年 11 月 28 日访问。

② 应松年、王锡锌：《中国的行政程序立法：语境、问题与方案》，载《中国法学》，2003 年第 6 期，第 43 页。

③ 陈斯喜：《行政法发展的五大趋势》，载《学习时报》，2009 年 3 月 2 日，第 8 版。

备选方案、选定决策方案、决策的执行与完善、决策监督）几个方面进行规范。① 2009 年 1 月《青海省人民政府重大行政决策程序规定》出台，4 月 1 日起施行。规定对重大行政决策环节，从决策建议、决策准备、决策审定到决策执行和监督、责任追求几个方面进行了程序规范。② 2009 年 10 月《杭州市人民政府开放式决策程序规定》出台，规定对重大行政事项实行开放式决策，对行政决策程序进行规范。规定涉及民生的重大公共政策事项的决策，要事先依法组织听证。规定了听证会一般程序、法制部门合法性审查程序以及依照法定程序适时向人大常委会、政协通报情况并征求意见。规定鼓励公民通过多种形式参与决策。③ 对公民参与决策高度肯定并提供便利，维护了公民的程序性权利。从 2009 年开始，福建省规定所有市县政府重大行政决策推行听证制度。④ 这些地方性规章对行政决策问题作的专门规定，有些已经触及问题的核心，大有星火燎原之势，相信在不久的将来，这些尝试和努力会在行政程序法中得到统一的规范。

行政决策程序应如何规范？从现实问题切入，应从相对人的程序性权利保护入手。所谓行政相对人的程序性权利，是指公民、法人和其他组织在国家行政机关（包括法律、法规授权的组织）及其工作人员实施行政行为的过程所享有的权利，是一种"动态的权利"。⑤ 正当行政决策程序涵盖决策提议、决策公开、决策听证、决策评估等环节。在内容上应包含：

1. 告知规则。公民在利益可能受行政决策影响时而具有被告知的权利。告知的目的就是为了让当事人能够及时作出有针对性的表述，行政决策作出之前，将决策的内容与理由告知当事人与利害关系人，征求其意见，以保证行政决策的合法性与妥当性，保护公民的合法权益不受公权力的侵害。告知分为事先告知、决策告知、事后告知。事先告知，也即预告，是指行政决策主体在作

① 《河北省政府关于建立健全科学民主决策制度的实施意见》，河北日报网站，http://hbrb. hebnews. cn/20050308/ca482889. htm，2009 年 12 月 8 日访问。

② 《青海省人民政府重大行政决策程序规定》，青海省人民政府网站，http://www. qh. gov. cn/html/282/109850. html. 2009 年 12 月 8 日访问。

③ 《杭州市人民政府关于印发杭州市人民政府开放式决策程序规定的通知》（杭政函 ［2009］ 11 号），2009 年 10 月 15 日。杭州市政府网站，http://www. hangzhou. gov. cn/main/wjgg/ZFGB/200902/ZCZX/T279231. shtml. 2009 年 12 月 8 日访问。

④ 《福建所有市县政府重大行政决策推行听证制度》，新华网，2009 年 2 月 5 日，http://news. xinhuanet. com/legal/2009 - 02/05/content_ 10768309. htm。2009 年 11 月 20 日访问.

⑤ 王锡锌：《行政过程中相对人程序性权利研究》，载《中国法学》2001 年第 4 期，第 75 ~ 90 页。

出行政决策之前所为，目的是促使行政决策程序权利人采取相应的程序行为（主张和预防）。决策告知，是对行政决策作出后告知决策对象及利害关系人，让相对人知悉行政决策内容，也使其对外发生效力。决策告知以书面形式。事后告知，即救济途径告知，是行政决策作出后，为方便当事人利用救济途径维护权益而告知其具体途径。告知的方式，对于行政决策程序，要求必须是书面公告，包括政府公报和媒体刊登。与一般行政程序不同，行政决策针对的是不特定多数人，告知必须在合理的时间内进行。告知必须包含足够的必要信息以使当事人能够充分地准备相关的证据以支持自己的观点。告知环节，重要的是做好事先告知。告知不是单向的，而是一种互动行为。

2. 听证规则。现代法治原则要求在作为政府行为之正当理由的事实存有争议、重要的自由或财产利益受到威胁的场合，听证程序应成为一个普遍的要求。① 听证作为公民一项基本权利，在受指控或不利决定进行答辩或防御，这一权利为国际公约和许多国家的宪法和法律所确认。我国适用行政听证的事项可以归为两类，即决策类和决定类。行政决策类听证结果影响不特定人的权利义务，包括行政立法、政府价格决策、城市规划等；行政决定类听证的结果影响特定人的权利义务，包括行政处罚、行政许可、城市方法拆迁行政裁决、产业损害调查、保证措施调查、反倾销与反补贴调查、医疗事故技术鉴定等。1998 年我国《价格法》第一次将听证引入到行政决策领域，此后，扩展到城市规划、行政规范性文件起草、环境影响评估等多个领域。但是，应该承认，行政决策听证制度尚未成为普遍性适用的一般性制度。政府对行政决策听证的定位不准确。将行政决策听证定位为行政机关新的工作方式，而不是相对人的权利；听证代表人能力不足，代表产生机制不完善；代表往往由决策者审核聘请，不是由被代表者推选确定；听证不公开；没有发挥行业协会、社会团体的作用；等等。

行政决策的听证程序可以分为两种，一种是正式听证，另一种是非正式听证。非正式程序，指相对人仅拥有陈述意见的机会，没有质证和辩论的环节。正式程序强调听证的要式性，要求听证记录对于行政决策具有拘束力。我国行政决策听证一词是作为正式听证来使用的。但是，我国法律规定的正式听证适用范围比较狭窄，行政决策类法律明确规定的只有价格听证程序。从程序权利

---

① ［美］理查德·B·斯图尔特著，沈岿译：《美国行政法的重构》，商务印书馆，2002 年版，第 8 页。

角度看，所有可能影响相对人权益的行政规范、政策的制定都属于听证事项的范围，都应采取听证会的形式，广泛听取相对人、专家、官员等的意见，① 特别是涉及重大公共利益和群众切身利益的决策事项，必须将听证作为决策的前置程序。其次，应确保听证会参与主体的广泛性，改变听证会代表的产生方式。听证会由受到行政决策影响的相对人代表、有关专家、政府部门工作人员、媒体等参加。参加听证的有关专家应从专家库中选定，并尊重专家的意愿。在铁路和民航的价格听证会中，作为竞争者的其他运输经营者应参加听证会；在规划听证会中，环境保护者、历史文化遗产保护者等应参加听证会。② 复次，听证为言辞辩论，应将质证规定为听证的必经程序。在价格决策的听证中，行政主体、经营者和消费者之间的信息严重不对称，导致"听而不证"，所以应规定垄断企业公开有关信息，并由消费者选择和委托评估机构对要求提价的企业的成本进行核算和评估，对提交听证会的证据进行质证。最后，听证以公开为原则。确保听证的前、中、后期公众拥有的知情参政权最大化，引进网络技术，方便公众更广泛参与。重大听证会应通过媒体现场直播。听证结果公开，包括依据听证笔录制作的听证报告向社会公开，对没有采纳听证意见的说明公开。

3. 文书阅览规则。文书阅览指相对人在决策听证时就决策事项阅览行政方面的文书记录的制度。文书阅览，也称"卷宗阅览"，相对人在参与行政决策过程中有查阅与决策事项相关的卷宗材料的权利，即具有文书阅览权。德国《联邦行政程序法》及韩国《行政程序法》将文书阅览成文规定，美国《信息公开法》明确规定向当事人公开文书。③ 文书阅览权是为相对人更好参与决策而服务的，现实中很多参与决策流于形式，很大程度的原因在于相对人对决策所依据的资讯一无所知。因此，确立文书阅览规则的首要法律意义是落实行政公开原则，除法律规定的例外，行政档案文书始终处于对行政相对人开放的状态。通过文书阅览，行政相对人了解行政决策的依据，并可以在决策前进行反驳或质证，也有利于相对人理解和支持决策的执行。

文书阅览的范围，凡是与行政决策有关的文书资料都是相对人可以阅览的

① 姜明安主编：《行政程序研究》，北京大学出版社，2006年版，第45页。

② 马怀德主编：《行政程序立法研究：＜行政程序法＞草案建议稿及理由说明书》，法律出版社2005年版，第292页。

③ ［日］盐野宏著，杨建顺译：《行政法［第四版］行政法总论》，北京大学出版社，2008年版，第179页。

范围，相对人不能查阅的文书都应当由法律明确列举，行政机关自己不能划定范围。一般而言，涉及国防、军事、外交及公务机密，涉及个人隐私、商业秘密、职业秘密等，依法规定有保密的必要。我国《政府信息公开条例》实施以来，一些地方仍然以"属于内部信息"、"影响社会稳定"为借口，成了不少政府部门推托文书公开的最常用理由。条例规定行政机关信息公开的义务：行政机关应当及时、准确地公开政府信息。行政机关在公开政府信息前依照《保守国家秘密法》以及其他法律、法规和国家有关规定对拟公开的政府信息进行审查。文书阅览的方式有复制、摘抄、查阅。行政机关应当设有固定的文书阅览室，并提供复制、摘抄文书资料的方便。

4. 说明理由规则。行政决策说明理由是指行政机关（法律法规授权组织）在作出决策时，向相对人说明决策的事实因素、法律依据以及政策、公益等因素。说明理由制度在国外的行政程序法中已经有详细的规定。① 行政决策其影响利益广泛而深刻，往往具有不可逆转性，说明理由应成为法定规则，而且说明理由不一定局限于"不利影响"，对相对人有利的决策也应说明理由。我国地方性规章有初步的规定。《湖南省行政程序规定》第36条、第37条分别规定："决策承办单位应当对专家论证意见归类整理，对合理意见应当予以采纳；未予采纳的，应当说明理由。""决策承办单位应当将公众对重大行政决策的意见和建议进行归类整理，对公众提出的合理意见应当采纳；未予采纳的，应当说明理由。公众意见及采纳情况应向社会公布。"《杭州市人民政府开放式决策程序规定》第8条规定：应当充分考虑、采纳听证会参加人的合理意见，不予采纳的应当说明理由。

行政决策说明理由就内容而言可分为合法性理由、民主性理由与合理性理由。合法性理由指具有宪法和法律上的依据。行政决策不违背宪法、法律和行政法规，有法律授权，在职权范围内作出。民主性理由指的是行政决策经过公民有效充分的参与，最终决策获得公众同意。如上述所说经过听证会等形式，

---

① 但是对决策之外的行政行为，西方国家也不是都规定了说明理由为政府的义务。在英国普通法上，行政主体没有对其所作出的行政行为承担说明理由的义务，当事人也不具有法律上的强制手段要求行政主体说明作出行政行为的理由。在法国，传统的行政习惯也并不要求行政主体对作出的行政行为说明理由。在澳大利亚，普通法上行政说明理由制度还未成为一项普遍承认的原则，但是法院也有条件地承认其存在；在制定法上，澳大利亚的《司法审查法》和《裁判所法》对行政说明理由制度作了比较详细的规定。参见王名扬著：《英国行政法》，中国政法大学出版社，1987年版，第164页；王名扬著：《法国行政法》，中国政法大学出版社，1989年版，第157页；朱应平：《澳大利亚行政说明理由制度及其对我国的启发》，载《行政法学研究》2007年第2期，第120~126页。

征求民意，尊重公众的参与权。合理性理由一般指行政决策经过专家的论证达到科学性和技术理性的品质。① 王锡锌教授认为，行政决策过程中有三个角色起基本的作用：作为管理者的政府（行政机关）、作为利益相关者的大众和作为政府与大众之中介的专家，它们之间的交涉互动构成了一个行政决策的主要过程。如何在"公众参与、专家论证、政府决策"的体制结构中使三个角色充分发挥作用并相会制约，正是行政决策获得正当性的核心问题。形式合法性、民主性以及理性要素构成行政决策正当化，实现路径要求依法决策、民主决策、科学决策。② 按照"行政决策正当性要素"的分析框架，行政决策理由说明制度可归结为一个内容，即"正当性理由说明"。

我国地方性规章就行政决策程序的专门规定有一些可贵的探索，填补了我国立法空白。但是这只能是一个过渡，不可能长期存续。行政决策程序法治最终还有赖于统一行政程序法典的出台。当然，行政程序统一立法并不排除专门立法。建立一套通行的行政程序法是落实"依法行政"原则的捷径，可弥补实体法建设远远落后于社会发展的现实。

第三节　行政决策监督制度

一、行政决策之监督体制

监督制度的产生与权力为恶的理念相关。孟德斯鸠认为对于专制的权力，只有用权力来对抗权力。"一切有权力的人都容易滥用权力，这是万古不易的一条经验。有权力的人们使用权力一直到遇有界限的地方才休止。"③ 美国民

---

① 对于合理性的理解是多元化的。英国的人类学家和社会学家亚当·库珀、杰西卡·库珀从社会学的立场对合理性的概念作出的界定比较全面。他们认为，"合理性是一种个人或集体在其思想、行为或社会制度中展示的特质。……（1）一种与冲动行事或盲目相反，只是在深思熟虑后行动的倾向；（2）倾向于按周密计划行事；（3）行为受制于抽象和普遍的法则；（4）工具的效力：与听任习惯或冲动选择工具相反，完全按其实现一个明确指定目标中的效力去选择工具；（5）倾向于选择行为、制度等等时着眼于它们对简单明了地说明准则的贡献，而不是用繁冗含糊的准则去评价它们，或凭其惯例去接受它们；（6）倾向于将信念和价值观系统化于一个严密的体系；（7）倾向于认为人是在理性功能的发挥或满足中，而不是在情感或肉欲中得到实现的。"参见亚当·库珀、杰西卡·库珀主编：《社会科学百科全书》，上海译文出版社，1989年版，第634~635页。

② 王锡锌：《行政决策正当性要素的个案解读——以北京市机动车"尾号限行"政策为个案的分析》，载《行政法学研究》2009年第1期，第11页。

③ ［法］孟德斯鸠著，张雁深译：《论法的精神》（上），商务印书馆，1959年版，第184页。

主的奠基人杰斐逊发展并实践了分权制衡学说，创造了大国实行民主制度的先例。杰斐逊主张由人民控制政府权力。"人民对于他们政府机关的控制，是衡量一个政府是否共和制的标准"。经过几个世纪西方思想家的理论阐述，逐渐形成"主权在民"、"分权制衡"、"有限政府"、"代议政府"等理论，对后世监督制度的建设影响颇大。"代议制议会的适当职能不是管理——这是它完全不适合的——而是监督和控制政府：把政府的行为公开出来，迫使其对人们认为有问题的一切行为作出充分的说明和辩解；谴责那些该受责备的行为，并且，如果组成政府的人员滥用职权，后者履行责任的方式同国民的明显舆论相冲突，就将他们撤职，并明白地或事实上任命其后继人。……既是国民的诉苦委员会，又是他们表达意见的大会。它是这样的一个舞台，在这个舞台上不仅国民的一般意见，而且每一部分国民的意见，以及尽可能做到国民中每个杰出个人的意见，都能充分表达出来并要求讨论。"① 对政府的活动进行监督是现代西方国家议会的重要任务和职责。密尔的理论对议会监督、公务员监察、司法审查、舆论监督的制度建设产生了深远的影响。

现代社会行政决策权极度扩张，几乎包揽了人们"从摇篮到坟墓"的所有事务，广泛影响相对人的权益。为防止决策权力的滥用，保证行政决策目的、目标、任务的实现，需要对行政决策进行严格监督，促其正常地履行职责，提高行政决策的效能。行政决策监督，实际上是立法机关、行政机关、司法机关以及政党、社会团体、公民个人等主体对行政机关以及法律法规授权组织的决策过程所实施的监察、检查、督促和指导。因此，行政决策监督体制是指通过对行政决策的监督系统的整合而建立的权力制衡体系。它是一个多元体制，由外部监督和内部监督两大体系相结合构成。外部监督包括代议机关监督、司法机关监督、政党监督、社会团体监督、社会舆论监督等，内部监督是行政机关和法律法规授权组织系统内的监督，也称做行政监督。一个高效能的监督体制是对多元监督形式的有机整合。

我国是"议行合一"的国家，行政决策是立法机关的"执行再决策"。我国已建立以宪法为核心，地方组织法为主干，比较完善的监督体系和监督制度，先后颁行了人民法院组织法、人民检察院组织法、国家公务员法、行政监察法、行政复议法、行政诉讼法、立法法、监督法等一系列法律，使国家监督初步实现了法律化和制度化。决策权、执行权、监督权之间的既相互制约又相

---

① ［英］J. S. 密尔著，汪瑄译：《代议制政府》，商务印书馆，1984 年版，第 80 页。

互协调的权力结构和运行机制逐步在形成，监督合力和实效不断得到增强。各级人民代表大会及其常委会依法对本级人民政府的监督力度在加大；人民政协民主监督行为逐步制度化；新闻舆论和公众对政府监督的渠道不断拓宽；监督的具体形式如问责、审计、罢免等制度日益健全。各种监督制度相互联系、相互作用，形成了一个多元立体的监督网络。①但是，由于现实政制中各级人大还没有充分发挥监督职能，社会监督与国家监督的衔接不够密切，民意监督的表达机制还不畅通，司法监督由于诉讼范围制约而不能真正作用，虽然党的监督和行政监督比较积极活跃，但没有实现法治化监督。

现有体制下行政决策监督的法治化是一个重要命题。我国传统监督制度是一种人治模式，内在结构是一种权力关系"叠床架屋"式的堆砌，制度依赖于监督主体及个人的因素，如果不改造成现代的监督制度，将成为被法治所排斥的另类怪异的制度。② 我国传统监督制度资源，应进行"法治化"改造，而不是简单继承衣钵。这个改造应在分权制约与正当程序原则指引下进行，分权制约乃改造之基础，正当程序乃改造之核心。行政决策的法治监督机制在传统资源中无法找到。在现有体制框架下，借鉴西方法治文明的经验，改造"非法治"的监督机制，将代议机关的监督、司法机关的监督、舆论的监督以及社会监督诸功能发挥出来，整合形成监督合力。

二、行政决策之代议机关监督

（一）代议机关监督的演变发展

1. 西方代议机关监督的起源与发展

西方议会监督制度起源于英国。议会产生的具体时间学术界有分歧，③ 我们可以认为议会制度应追溯至政治协商传统。早在盎格鲁一撒克逊时期，政治

---

① 唐莹莹、陈星言：《30 年党和国家监督制度的重要发展》，载《人大研究》2009 年第 1 期，第 10 页。

② 孙笑侠、冯建鹏：《监督，能否与法治兼容——从法治立场来反思监督制度》，载《中国法学》2005 年第 4 期，第 13～24 页。

③ 我国学者认为英国议会产生于 1625 年，参见何勤华主编：《英国法律发达史》，法律出版社，1998 年版，第 98 页。

协商通过贤人会议来实现①。制定和颁布法律须经贤人会议审议通过；征收税金须经贤人会议批准；重大案件须由贤人会议审判。1215 年《自由大宪章》规定，国王课征超过惯例的税赋必须召集扩大的咨议会，征求全国"公益"。规定除按照贵族集体的合法审判和国家的法律规定外，国王不得逮捕自由民或剥夺其私人财产，不得杀害自由民或流放。14 世纪中叶以后，英国逐步形成由贵族、高级教士参加的上院（上院正式名称 16 世纪才出现）和骑士、市民参加的下院分开议事的两院制。15 世纪，英国政府机构主要由国王、谘议会和议会三部分组成。议会具有参与立法、控制税收和批评监督国王政府等政治权力，初步建立起一套立法与监督的程序规则。中世纪晚期，形成等级会议监督制度，是近代西方代议制监督的雏形。这一时期议会对行政决策的干预和监督是议会政治的突出表现。国王政府的一切重大决策首先提交议会讨论，经议会同意后，再付诸实施。议题从地方管理、社会治安、商业贸易、工资标准、硬币质量等内政问题，到百年战争的和战、与大陆反法国家的结盟等外交问题，均在议会的评议范围之内。1416 年与神圣罗马帝国皇帝达成的反法同盟协定和 1421 年与法王查理六世签订的《特鲁瓦条约》，都是首先向议会宣读了全文，经两院仔细审议后批准。②

　　法国代议制监督起源于 14 世纪初期的等级会议。1302 年法国国王腓力四世召开首次全国三级会议，标志着法国等级会议的形成。三级会议的任务不是对于王国的内政与外交作出决策，而是局限于各个等级的代表分别开会和发表意见，供国王咨询之用。国家大事的决定权始终掌握在国王手中。三级会议对征税有一定的控制作用。1484 年召开的三级会议是法国第一次真正全国性的三级会议，此前召开的三次会议为王室领地和若干地区的代表会议，未曾涵盖整个法兰西。这是该等级代表制机构的辉煌时刻。这次会议成为一个转折，即从封建性质的会议向代议制转变，第三等级作为一个名称初次载入当时的文献。③

　　17 世纪初期，英国议会为反对专制与王权展开激烈斗争，在议会中形成两个党派：辉格党和托利党。1640 年到 1688 年，英国经过资产阶级革命，终

　　① "贤人会议"由国王、主教、贵族和高级官吏组成。1066 年英国建立封建制度以后，改参议会为咨询院，也称御前会议或大会议，由大贵族和教会长老组成。大会议辅助国王决策、审判，必要时修改法律。

　　② 程汉大：《论中世纪晚期英国议会政治》，载《史学月刊》2002 年第 12 期，第 49 页。

　　③ 郭华榕著：《法国政治制度史》，人民出版社，2005 年版，第 24 页。

于确立了议会君主立宪制，议会对国王拥有相当的限制权力，并逐渐拥有广泛的职能。1689年，议会制定《权利法案》，规定国王不得侵犯议会的立法权，非经议会同意不得课税或在平时设立常备军，不得任意创设法庭，国王必须尊重议员的言论自由等。1701年议会又通过《王位继承法》，规定继承王位必须得到议会的同意，国王和高级官吏都必须由英国人担任，所有治理国家的重大决策必须得到枢密院批准方可生效。资本主义议会制度正式在英国确立。19世纪，英国议会的权力达到了顶峰，确立了议会主权原则，议会成为国家政治体制的中心。

1789年5月，法国三级会议在中断165年之后因国王征税而召开，引发法国大革命爆发。法国大革命是法国社会制度与政治制度的分水岭。《人权与公民权宣言》表示"凡是权利得不到保障与分权不曾确立的社会，便不可能有宪法。"该宣言笼统地提到立法权和行政权，规定"社会有权要求政府公务人员报告其工作"，从而讲到立法权对行政权的监督。其后，通过1791年宪法，宪法规定国民议会与法律高于国王，君主必须依法治国，这是该宪法的核心内容。国民是一切权力的唯一的来源，它通过代表行使权力。国家实行分权制，立法权委托给立法议会，行政权委托给国王以及他管辖之下的部长与管理们行使。从1792年第一共和国到1804年拿破仑第一帝国，从1814年的波旁王朝到1830年的"七月革命"，从1848年的第二共和国到1851年的"雾月政变"，从1870年的第三共和国诞生到1875年议会修正案，法国最终确立了资产阶级代议制民主监督的共和政治制度。①

美国1787年联邦宪法规定最高立法机关为国会。《联邦宪法》赋予国会广泛的权力。② 国会实行两院制，两院制体现美国所实行的联邦制，一院代表各州，另一院代表全国人民。两院制使民主倾向势力与保守倾向势力互相制约，避免极端化。按照威尔逊的说法，"国会制政府是委员会政府，而议会制政府是责任内阁制政府。"③ 这个区别实际上指与英国议会制的区别。美国建国者证明联邦主义和国家主义并不是相互排斥的一对概念，他们在近代历史上作出了自由和绝对统治之间成功的调和。根据宪法规定，国会的权力可分为两

---

① 林伯海著：《人民代表大会监督制度的分析与构建》，中国社会科学出版社，2004年版，第52～53页。

② 但在制宪会议上，围绕赋予国会何种程度的权限问题，国家主义和州权主义者曾展开过激烈的辩论。联邦宪法不是一部中央集权的宪法，联邦政府和州政府都建立在人民主权基础上。

③ ［美］伍德罗·威尔逊著：《国会政体：美国政治研究》，商务印书馆，1986年版，前言。

大类：立法权和非立法权。非立法权主要是国会对行政部门和司法部门的监督权。实行三权分立原则，立法、行政、司法三个部门不仅分立，还要互相制衡。国会的行政监督权是立法部门制约行政部门的主要方式。它包括：政府预算的批准、立法监督、人事任命批准、外交监督、调查权及立法否决。财政权从1789年联邦政府成立起到20世纪头20年，一直单独控制在国会手里。1921年国会通过《预算和会计法》，此后，总统掌握提出预算方案的权力，国会掌握批准的权力。1974年又通过《预算和控制拨款扣押法》，成立预算委员会和国会预算局，专门研究、审查总统的预算方案。美国学者戏称为"看门狗"职能，即国会监督政府行政机构，是美国制约与平衡制度中的一个重要组成部分。美国国会在200余年的历史中经历了三次演变过程：一是完善时期（1789~1861年），确立国会两院的议事规则，创建国会委员会制度；二是前现代时期（1861~1900年），国会议员趋向职业化，政党组织初露头角，调整国会规则；第三，现代时期（1900年以后），国会议席确立，国会政党组织健全。①

2. 中国人大监督的起源与发展

我国人大监督制度是民主革命时期根据地监督制度的继承和发展。1931年11月7日，在江西瑞金召开第一次全国工农兵代表大会，通过了《中华苏维埃共和国宪法大纲》，采用了工农兵代表大会制度为其政权组织形式。抗日战争时期，选举产生边区参议会为最高权力机关，政府机关由参议会选举产生，对它负责并报告工作。1939年1月，陕甘宁边区第一届参议员大会召开，通过了《陕甘宁边区抗战时期施政纲领》、《陕甘宁边区各级参议会组织条例》等重要法律性文件。边区参议会的职能之一就是监督各级政府的行政、司法人员，边区各级政府负责监督所属机关及其工作人员。解放战争时期，根据毛泽东《新民主主义论》指示，各解放区政权形式逐步由参议会制度转变为人民代表会议制度。1949年8月，华北临时人民代表会议在石家庄召开，选举产生了华北人民政府，并建立了华北人民检察院，作为统一行使监督权的机关。

1949年9月，中国人民政治协商会议召开，通过的《共同纲领》规定"人民行使国家政权的机关为各级人民代表大会和各级人民政府。各级人民代表大会由人民用普选方法产生。各级人民代表大会选举各级人民政府。""国家

---

① 张定河著：《美国政治制度的起源与演变》，中国社会科学出版社，1998年版，第179~206页。

最高权力机关为全国人民代表大会"，在人民代表大会召开之前由政治协商会议全体会议代行全国人民代表大会职能。1954 年 9 月，第一届全国人民代表大会第一次会议召开，会议制定了"五四宪法"，明确了我国权力机关是全国人民代表大会和地方各级人民代表大会，并就人大及其常委会的监督问题作出规定：人民代表大会监督宪法的实施；审查和批准国家的预算和决算；决定国民经济计划；选举决定或罢免国家主席、副主席、国务院组成人员和最高人民法院院长、最高人民检察院检察长；全国人民代表大会代表有权向国务院或国务院各部、各委员会提出质问，受质问的机关必须负责答复；人大常委会监督国务院，最高人民法院和最高人民检察院工作；撤销国务院同宪法、法律和法令相抵触的决议和命令；改变和撤销省、自治区、直辖市国家权力机关的不适当的决议；任免执行机关的部分工作人员等。此外，全国人大或全国人大常委会可以组织对于特定问题的调查委员会，一切有关的国家机关、人民团体和公民都有义务向它提供必要的材料。一届人大还通过《地方各级人民代表大会和地方各级人民委员会组织法》，对地方权力机关的监督做了规定。

"五四宪法"形成了我国人大监督的基本制度，但是由于各种原因人大的监督权并没有真正开展起来。当时对人大代表监督政府还有一些争论，认为人大和政府都是党领导下的国家机关，监督会影响政府效率。甚至还有人担心会搞成像资产阶级议会和政府那样的对立。[①] 县级以上各级人民代表大会未设常设机构，人大对执行机关的日常工作监督难以实施。到 1957 年下半年，刚刚开始的制度探索就结束了。"文革"期间，全国人大及其常委会的工作有八年之久没有开过会议，地方人大和人民委员会也被革命委员会取代，人大监督职能完全丧失。[②] "七五宪法"强调党的一元化领导，完全取消人大监督职能。"七八宪法"恢复人大监督制度。1979 年制定新的《中华人民共和国地方各级人民代表大会和地方各级人民政府组织法》，规定在县级以上的地方各级人民代表大会设立常委会，赋予县级以上各级人民代表大会监督职能，并赋予县级以上各级人大常委会监督权。

1982 年六届人大通过"八二宪法"，全面恢复了"五四宪法"中规定的各级权力机关的监督职权，增加了监督内容，扩大了人大常委会的监督职权。

---

① 蔡定剑著：《历史与变革——新中国法制建设的历程》，中国政法大学出版社，1999 年版，第58 页。

② 林伯海著：《人民代表大会监督制度的分析与构建》，中国社会科学出版社，2004 年版，第77 ~ 78 页。

具体表现在：首次明确规定国家行政机关、审判机关、监察机关由人民代表大会产生，对它负责，受它监督；全国人大常委会有权撤销国务院制定的同宪法、法律相抵触的行政法规；在全国人大闭会期间，全国人大常委会有权审查和批准国民经济和社会发展计划、国家预算在执行过程中所必须作的部分调整方案；对应由人大选举产生决定和罢免的人员做了明确规定。① 随着经济体制改革的深入，政府职能的转变，人大自身的建设也逐步完善，人大监督制度逐步确立并发挥积极效应。

（二）西方代议机关监督的方式

西方法治发达国家，代议机关对行政决策的监督各有特色。内阁制国家信奉议会至上，议会通过选举权、立法权、预算权、审计权、质询权、不信任权、弹劾权、纠正权、调查权等对行政决策形成监督和制约，议会监察的范围广泛。总统－内阁混合制国家，议会的监督的范围相对窄一些，监督政府施政，审核和批准财政收支、预决算等。总统制国家，监督是国会最重要的宪政职责之一。"我们决不能满足于制定法律和政策。实施监督以确保行政部门按国会意图执行法律是我们的职责。"② 在决策权力授予阶段，可以禁止授予决策制定权。通过立法否决、听证会等方式监督行政决策。发达国家的代议机关监督行政决策大体有五种方式：

1. 质询。质询作为内阁制国家议会监督政府的一种形式，指议员就行政事务以口头或书面方式向政府首脑和各部部长提出质疑，并要求对方在法定期限内作出回答。明文规定质询权的国家有法国、德国、意大利、瑞士和日本等，没有明文规定但议员可以动议休会辩论的有英国。在英国，"一个议员无论是想要纠正一件错事，还是想要攻击哪个大臣，提出质询的权力总是重要的。它迫使各部在它们的行动中谨慎小心……它迫使行政人员去注意个人的不平之鸣。"③ 总统制国家政府不对国会负责，议员没有质询权。质询分为询问和质问。前者是议员向政府成员就某事发问了解情况，主要针对一般问题，不带强制性；质问所提的问题涉及重大的政府行为，带有一定的强制性，一般以书面形式提出。对于质询案，议员对政府答复不满意的可以提出补充问题，要

---

① 林伯海著：《人民代表大会监督制度的分析与构建》，中国社会科学出版社，2004年版，第80页。

② Walter J. Oleszek，Congressional Procedures and the Policy Process. Washington D. C.：CQ Press，1978, p. 263.

③ ［英］詹平斯著，蓬勃译：《英国议会》，商务印书馆，1959年版，第123页。

求再作答复。

2. 弹劾。议会对失职政府官员予以指控或免职处罚，即为行使弹劾权，它源于中古时期的英格兰。"在其他民族还苦于找不到一个对付王权、皇权或其他形形色色的独裁和专制的时候，英国就已经利用弹劾这个工具制止了国王的随心所欲，艰难却富有成效地保护着贵族进而也保护了千千万万普通人的权利和自由。"① 这一制度后来被美国采用。美国联邦宪法第二条第四项规定，可被弹劾的人有总统、副总统及合众国一切文职官员。在美国 200 多年的历史中，国会正式行使弹劾权的次数不多，但对于政府的监督效果明显。在法国，弹劾的对象范围比美国窄一些，法国宪法规定国会可以对总统和政府内阁成员进行弹劾。在德国和日本，弹劾对象范围更窄，德国的弹劾仅限于对总统，日本的弹劾对象只限于法官和人事官。

3. 不信任投票。指议会对内阁政府的施政方针或内阁成员的违法失职行为投不信任票，迫使其辞职的一种做法，也称倒阁，是内阁制国家议会监督政府的一种严厉手段。倒阁最早产生于英国。在英国，如果下院对政府某项重大决定通过了不信任案，内阁就面临集体辞职的危险。法国、意大利、日本等国议会对政府的不信任投票比较多见，一旦不信任案通过内阁必须辞职。议会通过不信任案来监督行政决策者，根据责任内阁制原则，内阁的执政必须得到议会的信任和支持。不信任动议有直接和间接之分，直接的不信任动议即直截了当、明白无误地表明对政府的不信任，而间接的不信任动议是就某个具体决策对政府提出谴责动议，或者对某项法案提出修正案，然后表明对政府不信任，要求政府辞职。

4. 调查。调查权是代议机关在行使职权过程中附带产生的权力，主要是为了了解国家政治、经济等方面的有关情况和确认某种事实。一般了解情况的调查包括视察、考察、走访等，没有严格的程序。确认某种事实的专门调查或特别调查包括国政调查、听证调查和特别委员会调查等，其适用范围涉及政府要员、法院法官的某些违法行为。② 议会对政府的调查起源于英国，但以美国为典范。调查权是美国国会最重要的职权之一，虽然联邦宪法并未明确规定国会的调查权，但一直被作为有力武器在与总统的冲突中使用。20 世纪后总统权力膨胀，国会的调查权对监督行政部门的活动更具重要意义。国会的调查主

① 储建国著：《弹劾总统》，长江文艺出版社，1999 年版，第 65 页。
② 尤光付著：《中外监督制度比较》，商务印书馆，2003 年版，第 92 页。

要由国会相关的常设委员会、小组委员会或特别委员会行使。调查问题涉及的是公众关注的重大事项。如1973年"水门事件"的调查，迫使包括总统在内的一大批政府高级官员辞职。

5. 督察专员。督察专员（Omubudsman）最早产生于瑞典。1809年，瑞典议会通过了一部以国王和议会分权原则为基础的宪法性文件，大法官的职权被限制在普通司法范围，议会任命一名官员担负督查官员的任务，并在议会中以督察专员为首长，建立督察专员公署，从而创设了议会专员制度。1976年，瑞典督察专员增至4名，并选出首席督察专员来协调各专员之间的工作，每一位督察专员对自己的行为向议会承担责任。督察专员的监督范围广泛，几乎涉及政府所有领域。督察专员以议会代表的身份对政府部门和官员进行监督，重点是行政行为，包括公务员的专横、不称职、履行职责的迟延、滥用职权、经济上的腐败等，对于人们受到政府不公正处理后的冤情申请进行调查并予以纠正，直接听取来自民间的申诉、控告、检举，接受公民的建议、意见和批评。至今，全世界大约有60个左右的国家和地区设立与督察专员职能大致相同的职位。1994年，欧盟督察专员署正式成立，成为世界上第一个瑞典模式的国际督查机构。

（三）我国人大及其常委会监督的方式

我国宪法规定："国家行政机关、审判机关、检察机关都由人民代表大会产生，对它负责，受它监督。"宪法还规定，全国人民代表大会和人大常委会有权监督宪法的实施。地方各级人大在本行政区域内，保证宪法、法律、行政法规的遵守和执行；全国人大常委会有权撤销国务院制定的同宪法、法律相抵触的行政法规、决定和命令，对地方人大也有相应的规定。所以，各级人大及其常委会拥有宪法规定的监督权。对行政决策而言，人大及其常委会的监督，既有法律监督，也工作监督，即审查行政决策是否符合法律规定的要求，是否符合人民群众的根本利益。人大及其常委会对行政决策的监督方式具体有：

1. 询问和质询。全国人大询问和质询的监督形式是宪法性文件规定的。宪法规定，"全国人民代表大会在全国代表大会开会期间，全国人民代表大会常务委员会组成人员在常务委员会开会期间，有权依照法律规定的程序提出对国务院或者国务院各部、各委员会的质询案。受质询的机关必须负责答复。"《全国人民代表大会组织法》第16条规定："在全国人民代表大会会议期间，一个代表团或者三十名以上的代表，可以书面提出对国务院和国务院各部、各委员会的质询案，由主席团决定交受质询机关书面答复，或者由受质询机关的领导人在主席团会议上或者有关的专门委员会会议上或者有关的代表团会议上口头答复。"第 17 条规定："在全国人民代表大会审议议案的时候，代表可以向有关国家机关提出询问，由有关机关派人在代表小组或者代表团会议上进行说明。"在常委会会议期间，常委会组成人员十人以上可以向常委会书面提出对国务院和国务院各部、各委员会的质询案，由委员长会议决定交受质询机关书面答复，或者由受质询机关的领导人在常务委员会会议上或者有关的专门委员会会议上口头答复。在专门委员会会议上答复的，提质询案的常委会组成人员可以出席会议，发表意见。2007 年开始实施的《各级人民代表大会常务委员会监督法》在第六章专门规定了"询问和质询"。该法规定，各级人大常委会会议审议议案和有关报告时，本级人民政府或者有关部门、人民法院或者人民检察院应当派有关负责人员到会，听取意见，回答询问；全国人大常委会组成人员十人以上联名，省、自治区、直辖市、自治州、设区的市人大常委会组成人员五人以上联名，县级人民代表大会常务委员会组成人员三人以上联名，可以向常委会书面提出对本级政府及其部门和人民法院、人民检察院的质询案。监督法对"答复方式"的规定是，委员长会议或者主任会议可以决定由受质询机关在常委会会议上或者有关专门委员会会议上口头答复，或者由受质询机关书面答复。在专门委员会会议上答复的，提质询案的常委会组成人员有权列席会议，发表意见。委员长会议或者主任会议认为必要时，可以将答复质询案的情况报告印发常务委员会会议。如果提质询案的常务委员会组成人员的过半数对受质询机关的答复不满意，可以提出要求，经委员长会议或者主任会议决定，由受质询机关再作答复。质询案以口头答复的，由受质询机关的负责人到会答复；质询案以书面答复的，由受质询机关的负责人签署。

2. 调查和视察。宪法规定，全国人大及其常委会认为必要的时候，可以组织关于特定问题的调查委员会，并且根据调查委员会的报告，作出相应的决议。调查委员会进行调查的时候，一切有关的国家机关、社会团体和公民都有义务向它提供必要的资料。监督法专门规定"特定问题调查"，各级人大及其常委会对属于其职权范围内的事项，需要作出决议、决定，但有关重大事实不清的，可以组织关于特定问题的调查委员会。调查委员会由主任委员、副主任委员和委员组成，由委员长会议或者主任会议在本级人大常委会组成人员和本级人大代表中提名，提请常务委员会审议通过。调查委员会可以聘请有关专家参加调查工作。委员长会议或者主任会议可以组织本级人民代表大会常务委员会组成人员和本级人民代表大会代表，对有关工作进行视察或者专题调查研究。对于重大行政决策，人大及其常委会有权深入调查或视察，听取人民群众的意见和建议，确保决策正确制定和实施良好。但是，我国法律中就全国人大对重大问题的调查，并没有规定调查程序。

3. 审查和批准。全国人大有权审查和批准预算国民经济和社会发展计划和计划执行情况的报告；审查和批准国家的预算和预算执行情况的报告。在全国人大闭会期间，全国人大常委会审查和批准国民经济和社会发展计划、国家预算在执行过程所必须作的部分调整方案，听取和审议国民经济和社会发展计划、预算的执行情况报告，听取和审议审计工作报告。人大通过这种形式发现行政决策是否有违宪行为，并进行防止与纠正。各级人大听取和审议人民政府报告是行使监督权的基本形式。监督法规定，各级人大常务委员会每年选择若干关系改革发展稳定大局和群众切身利益、社会普遍关注的重大问题，有计划地安排听取和审议本级人民政府专项工作报告。各级人大通过审议和批准政府计划、报告预算来监督行政决策的制定与调整。

4. 改变和撤销。全国人大常委会可撤销国务院制定的同宪法、法律和行政法规相抵触的地方性法规和决议；县级以上的地方人大常委会可撤销本级政府不适当的决定、命令。对违反法律规定性和不当的行政决策，人大及其常委会一般先通告有关机关，让其自行修改，使之与宪法、法律保持一致。在决策部门不主动采取措施修改时，人大常委会予以改变或者依法撤销。

5. 听取和审议。听取和审议政府重大工作报告是人大的重要监督职责。根据监督法，各级人大常委会每年选择若干关系改革发展稳定大局和群众切身利益、社会普遍关注的重大问题。有计划地安排听取和审议本级政府的专项工作报告。通过执法检查、工作评议、执法评议听取专项报告。专项报告一般涉及重大决策事宜，人大听取专题报告后针对报告内容提出意见、建议。近些年，一些地方人大对"一府两院"官员采用听取述职报告并加以评议的方式。

6. 罢免和撤职。对于行政决策中出现重大失误，人大及其常委会有权罢免主要责任的决策者。这是我国人大监督最严厉的一种形式。全国人大在会议期间，经主席团、3 个以上代表团或者 1/10 以上的代表签署，可以提出对中央国家机关领导人的罢免案，大会就罢免案交付表决前，被提出罢免人员有权在主席团会议或者全体会议上提出申辩意见，或者书面提出申辩意见。县级以上地方各级人大常委会在本级人代会闭会期间，可以决定撤销本级人民政府个别副省长、自治区副主席、副市长、副州长、副县长、副区长的职务，可以撤销由它任命的本级人民政府其他组成人员。人大及其常委会通过行使罢免案，敦促行政决策者依法有效决策。

（四）我国人大监督制度的完善

我国人大和西方议会对行政决策监督的功能和方式基本一致，但是由于体制、国情与法治基础差异，人大和"一府两院"的关系与西方国家国家机关间关系有重大区别。我国由人民代表大会统一行使国家权力，"一府两院"由人大产生，对人大负责，受人大监督。各国家机关都在中国共产党领导下。人大根据党的主张和人民的意愿，制定法律、作出决议，决定国家大政方针，并监督和支持"一府两院"依法行政、公正司法。① 各级人大及其常委会具有立法权、重大事项决定权、人事任免权和监督权等职权。人大作为权力机构对行政决策的监督权行使还远远不足。针对人大监督行政决策的规定与现实反差问题，笔者提出四个方面的建议对策。

1. 树立人大监督权威。树立人大权威是发挥监督职能的必然要求。《中华人民共和国各级人民代表大会常务委员会监督法》赋予各级人大常委会发挥作用的根本途径在于"坚持党的领导、人民当家做主和依法治国三个方面的有机统一"，应充分利用现有制度，将监督法规定的调查权、罢免权贯彻落实，通过调查权和罢免权的行使，对决策者造成强大压力和巨大震慑力，只有严格依法监督，才可能真正树立权威。人大权威的树立还体现在与中国共产党的关系上，规范人大和党的关系，就要改善党的领导，党要依法执政，在法律框架内进行活动，接受人大的监督。人大权威要有组织和财政的支持，要保证人大常委会的独立性，探索组织和经费保障机制。另外，人大自身建设要加强，提高自身素质，对不能按照宪法和法律要求履行职责的代表，由代表资格审查委员会撤销其代表资格。

2. 规范人大监督程序。《监督法》规定了有效的监督反馈制度，即各级人民代表大会常务委员会行使监督职权的情况必须向社会公开。这种公开也是接受社会监督的一种方式，监督不力必然会受到来自社会力量的质疑。从人大监督经验来看，立法制度规定往往过于原则，操作弹性大，监督程序粗疏。法治主义要求，监督活动本身应有严格的法律程序，监督者滥用或不积极行使监督权时要承担法律责任。对于此问题，应通过立法措施，完善人大监督的程序规

---

① 吴邦国：《全国人民代表大会常务委员会工作报告——2009年3月9日在第十一届全国人民代表大会第二次会议上》，新华网，2009年3月16日，http：//news. xinhuanet. com/misc/2009-03/16/content_ 11019386. htm.

范。同时，各级人大及其常委会的监督依据、标准、过程应做到公开化，透明的监督程序才能取信于民。

3. 改进人大监督方式。需要指出的是，人大及其常委会对行政决策的监督并不指对所有行政决策进行监督，主要是对重大行政决策进行监督。我国人大监督的一个现实问题是，人大用于监督的时间和精力不足，导致现实的监督不力。改进人大对行政决策监督方式，一是从一般监督转变为重点监督。如果事无巨细对行政决策进行监督，既不可能也不经济。只有集中于重点问题的监督，才会改善监督效果。现实中，人大对行政决策中出现的违宪审查从未启动过，这就能说明核心问题。二是从被动监督转变为主动监督。《监督法》第8条规定："各级人民代表大会常务委员会每年选择若干关系改革发展稳定大局和群众切身利益、社会普遍关注的重大问题，有计划地安排听取和审议本级人民政府、人民法院和人民检察院的专项工作报告。"这就意味着对于重大行政决策各级人大常委会可以依法主动监督。针对专门委员会、常务委员会工作机构在调查研究中发现的突出问题，人民来信来访集中反映的问题，社会普遍关注的其他问题都应采取主动听取报告的方式实施监督。三是从抽象监督转变为具体监督。对行政决策的监督应落实于具体对象，那些有可能侵犯重大公共利益的行政决策应是具体监督的对象，改变以往对行政监督抽象化处理的做法。

4. 建立人大督察专员制度。20 世纪以来，在西方传统的议会监督方式下，对行政违法难以预防。西方督察专员制度弥补议会议员监督权限和能力不足，又便于真正发现问题，及时保护大众利益，调和社会矛盾，有利于增进人民对国家机关的信赖，被认为是一种有效而民主的监督机制，得到世界范围内的推广运用。我国可借鉴西方国家的做法，在县级以上人大设立监督专员，督察专员独立处理各种申诉案件，保障申诉处理的公平和公正。督察专员独立行使调查权、批评权、建议权和质询权，对行政决策等行政事宜的违法行为进行监督，在接到公民投诉后可以对该决策行为展开调查，了解决策行为是否违法或不当，是否对公民权益造成侵害，是否需要惩戒。如果查证属实，督察专员可以向有关行政机关提出意见、建议，或者提议对责任人撤职罢免。这种制度有益于改善人大、行政部门、公民之间的关系，以免造成对抗等紧张关系。

三、行政决策之行政机关监督

行政机关对行政决策的监督是"内部监督"，这种内部监督的主要目的是提高行政效能。内部监督的主体既有上级行政机关、行政主管机关，又有专职的行政监督机构。本书将从行政层级监督、行政法纪监督、行政审计监督来分析，在中西比较研究基础上提出完善我国行政机关监督机制的对策。

（一）行政层级监督

行政层级监督是指在行政机关系统内上级机关监督下级机关是否依法行使职权的一种监督制度体系，是预防和解决行政机关行政不作为、乱作为和违法行政的最直接和最有效手段。正如马克斯·韦伯所指出，"存在着职务等级的权限的原则，也就是说，有一个监督机构的上下级安排固定有序的体现，上级监督下级——一种同时给被统治者提供明确规定的由一个下级机关向它的上级机关呼吁的可能性。这种类型充分发展时，这种职务等级是按照集权体制安排的。"①

中央对地方的监督一直是中央与地方关系的主要问题之一。中央与地方关系主要有联邦制和单一制两种模式。联邦制模式下，中央与地方关系通常由联邦宪法加以规定，既保证国家的统一性，也保证地方政府的自主性。联邦与联邦成员之间的行政分权原则是，涉及全国性决策事务属于联邦政府，各成员保留属于本成员范围内公共事务的决策权。美国的联邦制并不是一个以联邦政府为首、地方政府为基石的金字塔结构，而是联邦政府与各州政府在宪法赋予的范围内享有平等地位。在各州内部，却是单一体系，各州有权变更地方政府的权力结构和运作范围，监督地方政府是州的保留权力。所以，美国的地方政府又称"州内单一制"。美国的地方政府主要有自治市、各郡和特别区，其中自治市包括各城市、乡村以及各市镇等。按宪法规定，州政府可以拟定全州统一的或针对某一地方政府的特殊的公共事务管理方案，地方政府参照执行；州政府可派员对地方政府的活动进行监督和视察，可对地方政府的活动提起建议和要求，但无权强制地方政府执行；对于地方政府的财政收支活动，州政府有权实施审计监督；对于地方政府的违法和渎职的活动，州政府有权依法纠正；地方政府可以根据法律自行制定公共事务方案并予以实施，但需将方案和实施情况呈报州政府。② 美国由于存在较多的政府层级而导致政府运作效率低下的问题一度比较严重。联邦政府有所谓的"默示权力"，即法律没有明确赋予联邦政府，而根据相应的条款可以引申出应有的权力。自从 20 世纪 70 年代中期以

① ［德］马克斯·韦伯著，林荣远译：《经济与社会》（下卷），商务印书馆，1997 年版，第 279 页。

② 尤光付著：《中外监督制度比较》，商务印书馆，2003 年版，第 130～131 页。

来，对分权制的埋怨不断增加，预算紧缩，逐渐出现了集中控制和将更多决策责任归于民选官员的趋势，联邦政府向州扩权，提供各种援助与指导，行政权下移，监督权也逐渐增强。德国的联邦制属"合作联邦制"，联邦和州忠实于合作与信任原则。纯属各州管辖范围内的事，联邦无权直接干涉；属于联邦的事务，除联邦委托，各州不得干涉；由联邦委托州管辖的事务，联邦无权直接干涉，但联邦主管当局可向州主管当局下达指示，监督州当局执行。在州运用联邦法律处理自己的事务时，联邦行使监督权，并有权下达指示；如果某一州不履行联邦法律规定的义务，联邦政府在联邦参议院的同意下，可强迫该州履行其义务。

单一制模式下，中央对地方决策具有最后的监控权，地方服从中央管辖。按照地方政府职权大小，单一制国家又可以分为中央集权型制单一制国家（以法国为代表）和地方分权型单一制国家（以英国为代表）。在英国，中央政府有权责成地方政府遵守实施其行政决策。中央政府主要采取财政手段来监控地方政府。财政监督有三种形式，即拨款控制、借款控制和审计控制。中央政府有权降低地方政府的财政收入和监督其财政支出，监督地方政府的财政实施状况。中央政府还可以通过专项拨款来控制和监督地方行政。另外，英国通过组织等手段监督地方行政决策。但中央政府一般不直接干涉地方政府的具体事务，尊重地方自治的传统。在中央各部的管辖范围内，各部大臣以通报等形式对地方政府决策施加影响。对地方政府重要的施政方案或计划，需要呈请中央有关部门批准后方能实施。如果在实施中出了问题，分管大臣有权修正或中止该计划或方案的实施。法国是典型的中央集权型国家，地方政府组织体制、任务和职权，都由中央政府明确规定。法国对地方的监控更多依赖于人事形式。中央政府向各地方政府派驻共和国专员，负责监督地方政府的行政管理，地方各地行政长官具有双重身份，既是地方最高长官又是国家在地方的代表。法国地方政府机构分为大区、省和市政三级，是全国政府机器中的一个部件。这是法国大革命乃至拿破仑时期建立起来的中央集权的延续。垂直的行政控制导致根深蒂固的官僚主义，被称为"法国病"①

中国是中央集权的单一制社会主义国家。新中国成立以来长期处于集权与分权循环之中，在中央集权统一领导下发挥地方积极性，基础是中央集权，地方积极性是策略。1949年，在中央与省之间，先后设立了华北、东北、西北、

---

① 周民锋主编：《西方国家政治制度比较》，华东理工大学出版社，2001年版，第225～226页。

华东、中南、西南 6 个行政区，简称大区，作为省以上的一级区域建制。大区设人民政府或军政委员会。50 年代初期，中国建立起高度集权的统收统支模式，"五四宪法"确立了中央集权的体制。1956 年 4 月 25 日毛泽东在中共中央政治局扩大会议上作了《论十大关系》的讲话，对"中央与地方的关系"作了具有哲学色彩和普遍意义的阐释。1958 年中国实行第一次分权实验，没有取得成功，权力下放造成经济混乱，1959 年则收权过急。1961 年 1 月 20日，中共中央发出了《关于调整管理体制的若干暂行规定》，强调集中统一，以克服三年困难。1978 年开始改革开放，中央下放经济管理权限。1980 年实行划分收支、分级包干的分灶吃饭财税体制。1982 年通过的新宪法，明确规定了中央和地方国家机构职权划分的总原则，即遵循在中央的统一领导下充分发挥地方的主动性与积极性的原则。"八二宪法"改革一级立法体制，明确规定了我国两级立法体制。权力下放在 1982 年获得法理性的基础。总体上看，1978 年以前的权力下放是在计划体制内的权限调整，地方政府权力的获得往往是一时的权宜之计，没有法律基础；1978 年以来的行政性分权，中央政府集中控制的行政权力如计划决策权、投资权、立法权等适当下放，地方政府参与经济决策，中央给予省级政府更多的权力。1994 年中国正式实行分税制，中央和地方分权得到一定的制度化。总体而观，50 年代强调发挥两个积极性不同于 80 年代强调发挥两个积极性，更不同于 90 年代强调的发挥两个积极性。50 年代结果是形成了中央集权的计划经济体制。80 年代结果是以权力下放、地方分权为主，促进了地方经济的发展，但一定程度上削弱了中央的宏观调控能力。90 年代结果是中央加强了属于自己的宏观调控权，同时把属于地方的权力划归地方。在计划经济体制下集权与分权是零和关系，集权多了，分权就少了；反之分权多了，集权就少了。在市场经济体制下集权与分权是正和关系，集权多了，不一定分权就少了；中央在集中之时，把不应当集中的权力剥离出来，在划清职责的基础上分给地方政府。在一定的制度框架内，中央集权与分权是可以同步增长的。①

因此，对行政决策予以有效行政监督，根本在于建立一个合理、规范的中央与地方分权体制。王绍光、胡鞍钢在《中国国家能力报告》一书中提出，中国不可能实行中央集权体制，也不能实行地方分权体制，必须采用"中央

---

① 辛向阳著：《百年博弈：中国中央与地方关系 100 年》，山东人民出版社，2000 年版，第 350 ~351 页。

集权 – 地方分权"混合体制,这一体制的基本原则是统一性和多样性相结合。① 迄今为止,我国中央政府与地方政府的关系制度化水平得到提高,但政治层面没有根本触及。现行宪法只规定了中央与地方政府的组织形式,没有规定中央与地方的事权与权限划分,这是中央与地方政府权力反复变动的根本原因。②

（二）行政法纪监察

行政违纪监察是内部行政监督的一种主要类型,它是指依法设置在行政系统内部的专司监督职能的机关对政府部门及其公务员以及其他公职人员执行国家法律、法规、政策和决定、命令的情况是否违纪违法进行监督,并对违纪违法的行为进行查处的活动。行政法纪监察不同于代议机关的监察,可以说,是在三权分立（分工）基础上的再分权,行政决策必将受到行政监察机构的违纪监督。由于行政活动的多样性、广泛性、专业性、复杂性等特点,外部监督对政府内部运作并不太熟悉,不能对一般性决策实施有效监督,形成"行政黑箱"。二战以后,西方国家普遍开始重视政府内部的行政监察体系。

1947年,日本总理府内设置中央行政监察委员会,1948年在行政管理厅内设置行政监察局。1952年又在全国范围内设置管区行政监察局和地方行政监察局,作为中央监察机关的派出机构。在政府内部设立行政监察机构,开展行政监察,目的是调整和改善政府行为运行状况。行政监察是行政管理的一个组成部分,行政监察机关独立于政府其他部门,它有权评价批评政府各部门的工作失误。它的职责是负责推进政府决策、组织、行政等方面的改善;负责了解和听取居民呼声,监督政府在行政管理过程中各类问题的改进情况;负责组织行政对话。

美国在1960年代开始在政府各部门设置检察长办公室。1978年美国正式颁布法律,在政府20个部门设立检察长,检察长由总统任命,由参议院通过后正式任职工作,对总统和参议院负责并报告工作。检察长办公室实际上担负着文官财产申报、审计和廉政肃贪的职能,对查证属实的问题向行政长官报告,提出处理建议,由行政首长决定处分。

中国是世界上最早建立监察制度的国家之一。古代的监察制度也称御史制度。公元前221年,秦朝创立封建专制主义制度,在中央设立三个最重要的官

---

① 王绍光、胡鞍钢著:《中国国家能力报告》,辽宁人民出版社,1993年版,第163～169页。
② 王绍光、胡鞍钢著:《中国国家能力报告》,辽宁人民出版社,1993年版,第193页。

职：丞相、太尉、御史大夫，御史大夫执掌监察，位列三公。自此，"御史－监察"体制成为中国封建社会特有的政治和监察制度，历时两千余年。中国传统的监察制度，在监督法律法令实施，纠举不法官员，维护行政秩序等方面发挥了重要的积极作用，也为后世积累了丰富的文化遗产和可资借鉴的宝贵经验。到民国时期，孙中山提出五权宪法，建立了监察院，开始探索现代国家的监督制度。

中华人民共和国成立后，1950 年设置政务院人民监察委员会，相继批准和颁布了有关设置各级人民政府及各部门监察机构的法规、法令和办法，全国范围内的国家行政监察制度逐步建立。1955 年 5 月，中国共产党的纪律委员会改为监察委员会，形成党政监察机构并存局面。1959 年国家行政监察机构被错误撤销，自此进入长时期党政合一的监察制度时期。1986 年第六届全国人民代表大会第十八次会议决定恢复国家行政监察体制，设立了中华人民共和国监察部，随之地方政府逐步恢复监察部门，从此结束了监察领域以党代政的局面，重新确立了党政双轨监察制度。1997 年 5 月 9 日第八届全国人民代表大会常务委员会第二十五次会议通过《中华人民共和国行政监察法》，开始依法监察时代。为加强监察工作，保证政令畅通，维护行政纪律，法律规定监察机关根据检查、调查结果，对拒不执行法律、法规或者违反法律、法规以及人民政府的决定、命令，应当予以纠正的；本级人民政府所属部门和下级人民政府作出的决定、命令、指示违反法律、法规或者国家政策，应当予以纠正或者撤销的；给国家利益、集体利益和公民合法权益造成损害，需要采取补救措施的，提出监察建议。我国行政监察与人事管理相结合，采取"下管一级"与"平级监察"的原则，对行政部门及其公务员的监督予以分工。对于行政决策的监察监督，可以依据执法监察权，调查权，受理控告、检举和申诉权，建议权、决定权和处理权等进行。2004 年《行政监察法实施条例》进一步完善行政监察制度，使其具体化和可操作化。

我国自 1987 年行政监察就开始启动了法制化。行政监察制度的基本法律——《行政监察法》还存在遗漏；《行政监察法》与《行政诉讼法》、《国家赔偿法》等法律法规还存在衔接协调问题；行政监察机关的独立性不强，权威性不足；行政决策的程序监督不健全，对决策过程的合理性、合法性监督缺少规范，形不成制约与监控的有效机制。因此，我国行政监察的范围需要进一步拓宽，内外监督制度之间的协调配合需要加强，重点是增加对政府决策合理性的监督，规范行政决策监察程序。在对行政决策的监察上，应借鉴日本行政监察的改革举措，对相关决策实施评价程序，将评价结果公开发布，以此监督行政决策权的规范运行。2001 年日本政府实施行政机构改革，将原总务厅行政监察局改为总务省行政评价局，监察内容增加了政策评价，强化了对行政机关制定和实现工作目标的监督。行政评价局从政府的角度出发，对中央政府各部和地方政府的工作计划、工作目标及执行情况进行统一、综合地评价。主要评价政策的必要性、有效性、效率性、公平性及优先性，评价工作计划和目标是否符合国民和社会的需要，是否达到预期效果，是否获得了最大效益，是否公平负担了费用，公平享受了成果，是否需要优先实施等。政策评价计划和结果向社会公开，行政评价局的评价情况向国会报告。[①]

（三）行政审计监督

世界各国大都建立了国家审计制度。按照各国政府审计机构的隶属关系，可将审计监督模式划分为 4 种类型：（1）立法型审计监督。最高审计机关隶属于立法机关，对议会负责并报告工作。英、美等国采用这种模式。（2）司法型审计监督。最高司法机关以审计法院的形式存在，法国、意大利、西班牙等属于这种模式。（3）独立型审计监督。国家审计机关独立于立法、司法、行政部门之外，按照法律赋予职责独立开展工作。组织形式是会计检察院或审计院。德国和日本属于这种模式。（4）行政型审计监督。最高审计机关隶属于政府行政部门，对政府负责并报告工作。如中国、瑞典等。最早实行审计制度的国家是英国，它的历史可追溯至 1215 年"大宪章"。在 1867 年，英国设立国库审计署（The Exchequer and Audit Department），负责对国库支出监督和对公共账目进行审查。1983 年又制定国家审计法，1984 年设立国家审计署（National Audit Office）。审计长在法律上享有很高的独立性，独立于行政部门，财务上受议会控制，但工作上不受其约束。审计长终身制，不经两院同意不得罢免。审计署按照法律规定检查各级政府部门机构的费用开支及资源使用的经济型、效率性和效果性，并将结果报告议会。英国审计署的审计范围包括财务审计和效益审计两大部分。财务审计包括检查账目是否准确，经济业务是否合法。效益审计则是对使用公共财产的经济性、效率性和效果性进行审计。

美国审计总署在国会领导下独立进行审计工作。主要职责是：审查联邦财政决算情况，并将审查情况和意见报告国会；审查联邦政府各部门和公共机构

---

① 田雅琴：《日本行政监察制度管窥》，载《中国监察》2005 年第 8 期，第 62 页。

的各项收支及经济效益，包括审计其采购和包工合同；起草会计法和审计法草案；制定审计工作条例；审查批准联邦各部门的会计工作条例；向国会提出更经济、更有效地使用公款的立法建议；指导联邦各部门的内部审计工作；审核总统授用国会拨款咨文副本，向国会提出报告；国会交办的其他事项。审计总署还是国会的调查机关，协助国会依法调查，评定和研究工作；在制定和起草法案时，提供咨询服务；向国会提供有关政府工作和政策的各种信息。二战以后，审计总署的工作范围扩大，审计总署提供联邦政府各部门管理业绩的效率方面的信息，其目的在于确定各政府机构管理活动在人力、物力、财力资源方面是否节约，是否有效率，还对这些项目效果进行审计。

中国属于行政型审计制度模式。显而易见的是，立法型审计制度、司法型审计制度和独立性审计制度强调审计的独立性，一般制定专门的法律，审计机关有单独的预算。行政型审计制度在政府审计的开展和审计建议方面具有比较优势。我国行政型审计体系是在国务院总理领导下进行的，对国务院负责并报告工作。地方各级审计机关分别在省长、自治区主席、市长、州长、县长、区长和上一级审计机关的领导下，对本级预算执行情况和其他财政收支情况进行审计监督，向本级人民政府和上一级审计机关提出审计结果报告。国际上的国家审计内容有合规性审计、财务报表审计、绩效审计。无论是从法律文本还是现实工作，我国行政审计主要以违纪审计（合规性审计）为重点。"围绕加强宏观调控、推进依法行政、维护群众利益、促进提高财政资金使用效益开展工作，注意分析把握预算执行的总体情况，揭露财政财务管理中存在的一些不严格、不规范、不合法，影响经济社会发展的突出问题，从体制机制上分析原因、提出建议，促进完善管理。"[①] 西方为加强行政监督，促进政府活动（包括行政决策等）的经济性、效率性和效果性，广泛开展绩效审计。我国对决策失误和决策腐败的问题没有完全纳入审计重点，审计监督主要是查错纠弊，开展"审计风暴"，但没有开展绩效审计。鉴于此，应重视决策绩效方面的审计监督，建立以问责政府为导向的审计制度。审计报告除涉及国家机密外都应公开。这样既有效监督行政决策机关，也监督审计机关。

---

① 李金华：《关于2005年度中央预算执行的审计工作报告——在第十届全国人民代表大会常务委员会第二十二次会议上》，中国网，2006年6月27日，http://www.china.com.cn/chinese/news/1257795.htm，2009年10月12日最后访问。

四、行政决策之司法机关监督

与行政机关的监督不同，司法机关监督具有被动性和滞后性特点。但同时，司法具有更专业性的权力制约职能，其裁决往往具有权威性，为其他机关所不及。所谓司法机关对行政决策的监督，实际上指司法审查监督，也就是司法审判机关依据公众或利害关系人申请，对行政决策的合法性进行审查，有权撤销违法的行政决策行为，或判决行政机关履行行政决策职责。

（一）西方国家的司法审查

司法审查是司法机关监督行政权运行的一项重要法律制度，对行政的司法审查是现代法治国家所普遍遵循的原则。西方国家的司法审查基本上有两种形态：一种是普通法院的司法审查模式，以英美法系为代表；一种是专门法院的司法审查模式，以大陆法系为代表，包括宪法法院审查违宪案件与行政法院审查行政案件。本书所探讨的司法审查，实际上是广义的概念。

英国司法审查制度的宪政基础是议会主权和法治原则，表现在司法审查过程就体现为越权无效原则。司法审查的对象是委任立法和行政行为，凡是影响公民权益的行政行为法院都可以审查。普通法院审理行政案件，体现英国人法律面前人人平等的自信，但是面对复杂的现代行政专业技术，普通法院不免难以胜任。因此，英国设立行政裁判所以补充普通诉讼之不足。行政裁判所兼有行政与司法的性质，它受理公民与行政机关之间产生的一些行政争端以及公民与公民之间一些与社会立法有关的纠纷，它的裁决受普通法院的管辖。英国司法审查的核心原则是越权原则，具体包括：违反自然公正原则；程序上的越权原则；实质上的越权。① 司法审查的标准是合法性、程序正当性与合理性。

美国的司法审查肇端于1803年的"马伯里诉麦迪逊"案。对行政机关的司法审查既包括对行政行为的审查，也包括对立法行为的司法审查（违宪审查）。20世纪70年代以来，美国法院扩大了司法审查的范围，政府的行政行为几乎无所不包地被列入司法审查范围之内。② 《联邦行政程序法》第704条规定了司法审查的范围，"法律规定可受司法审查的行政行为，或在法院没有其他适当救济的行政机关最终的行为应受司法审查。不直接受司法审查的初步的、程序性的或中间阶段的行政行为或行政裁决，在复审行政机关最终确定的

---

① 王名扬著：《英国行政法》，中国政法大学出版社，1987年版，第151页。

② 傅思明著：《中国司法审查制度》，中国民主法制出版社，2002年版，第65页。

行政行为时，也应接受司法审查。"可以看出，美国对行政行为的司法审查范围相当广泛。但法律也规定了司法审查的例外情形：自由裁量行政行为不受司法审查；确定未来政策的行为；有关国防与外交的行政决定；行政机构纯内部管理决定；基于直觉和预感而作出的监督性管理行为。美国自由裁量排除司法审查不是绝对的，滥用自由裁量权的行为法院有权审查。对行政行为司法审查的标准包括几个方面：是否违法；是否侵犯宪法性权利；是否越权；是否滥用自由裁量权；是否无事实根据；是否无可定案证据。法院司法审查的依据是行政机关组织法、特定管理法、一般管辖法律或特殊管辖法律、相对人的反诉式异议、普通令状、宪法规定等。

法国没有建立英美式的司法审查模式，而是建立宪法委员会履行违宪审查职能。宪法委员会以违宪审查为己任，同时兼有司法职能和咨询职能。法国建立独立于普通法院的行政法院，通过行政法院的判例监督行政行为。行政法院分为普通法行政法院和专门行政法院。普通法行政法院有权受理属于行政法院权限的各类诉讼，无须明确的法律授权；专门行政法院只受理法律明确授权的案件。行政法院的审查方法大致可分三类：行政机关没有任何自由裁量权，行政法院进行严格的审查；行政机关拥有绝对的自由裁量权，行政法院几乎不能控制行政为；行政机关拥有一定的自由裁量权，行政法院可以有效地控制政策的界限。① 独特的违宪审查和行政法院模式使法国公共行政部门在合法性与效率之间保持了理性的平衡。

德国的司法体制中有六种法院审判制度，② 设立专门的宪法法院和行政法院来行使司法审查权的。宪法法院的主要职能是保证宪法的实施，拥有"法律违宪司法审查权"、"权限裁决权"、"弹劾审判权"。虽然德国所有法院都有权对管辖权范围内的政府行为进行合宪性审查，但只有联邦宪法法院才有权宣布法律违宪。其中专设行政法院系统对行政权力进行司法审查。德国行政法院既不同于英美两国的普通法院，也不同于法国属于行政系统，它作为独立、自主的司法机关，与其他法院一样行使其法定司法权，对行政权力进行司法审查。行政法院对行政机关行使司法审查权，直接源于《联邦基本法》的规定："任何人的权利如果受到公共权力的侵害时，都可运用正式法律途径"。个人

---

① 周汉华：《论行政诉讼中的司法能动性——完善我国行政诉讼制度的理论思考》载《法学研究》，1993 年第 2 期。

② 六种法院分别是宪法法院、行政法院、一般法院（民事和刑事法院）、劳动法院、财政法院和社会法院。

权利受到行政机关不法侵害时，向行政法院提起申请，可以对行政机关的行政权力进行司法审查。《行政法院法》明确规定：行政裁判权由独立而与行政官署分离的行政法院行使。规定联邦行政法院各种管辖权及其裁判程序，赋予行政行为审查并且确认其管辖范围内的行政机关违法行政行为无效的权力。这与英国普通法院监督行政机关活动依据"越权原则"是不同的。德国所有不属于宪法范围的公法争议，如果联邦法律没有明确地规定由其他法院处理，都可以提起行政诉讼。州法领域的公法争议可以由州法院分配给其他的法院处理。

（二）中国的司法审查

我国司法审查体制有四种选择模式：（1）设立直接向全国人大及其常委会负责的行政法院；（2）设立隶属于国务院系统的行政法院；（3）设立受最高人民法院指导和监督的，同军事法院、海事法院类似的行政法院；（4）赋予人民法院司法审查权。① 中国的司法审查主要表现在行政诉讼法。《行政诉讼法》第 5 条规定，人民法院审理行政案件，对具体行政行为是否合法进行审查；第 54 条规定，滥用职权的行政行为得判决撤销或者部分撤销，并可以判决被告重新作出具体行政行为。1989 年通过的《行政诉讼法》授权人民法院行使司法审查权，司法权可以审查具体行政行为，建立了我国的司法审查制度。有学者从司法审查的角度阐述了行政诉讼法的意义。"《行政诉讼法》的意义绝不仅在于它是一部规定如何进行行政诉讼的程序法，而更在于它是一部规定以司法审查具体行政行为为核心的实体法即对司法审查的原则、对象、标准、依据、效力以及行政侵权赔偿等问题作出了规定。"② 这一评论可谓切中肯綮。但我国的司法审查是一种有限的司法审查，不包括违宪审查和抽象行政行为的审查。

我国的司法审查体制，以人民法院为司法审查机关，在普通法院内设立行政法庭，通过适用专门的行政诉讼程序审理行政案件来进行。行政诉讼法确立了司法审查标准，即"以具体行政行为的合法性审查为原则，以合理性审查为例外"的审查标准。合法性审查要求行政权力的存在、运用必须依据法律、符合法律，不得与法律相抵触；合理性原则要求运用行政权力所作的行政决定的内容客观、适度、合理。合法性是合理性的前提，行政自由裁量权以合理性为限度，超出合理性限度的行政行为不符合法治行政原则，人民法院有权审查

---

① 傅思明著：《中国司法审查制度》，中国民主法制出版社，2002 年版，第 115 页。
② 傅思明著：《中国司法审查制度》，中国民主法制出版社，2002 年版，第 113 页。

撤销或改变。但目前看人民法院对合理性审查非常谨慎，尽管法律规定对滥用职权的行为可以判决撤销或变更，但实际上很少使用，如果有审查的话，那是非常严格地局限于行政处罚上的显失公平。我国司法审查范围局限于具体行政行为所产生的行政争议，对影响更大的抽象行政行为不能提起诉讼。而现实行政决策中存在大量的显失公平、违法的实例，不能纳入行政审查范围。《行政诉讼法》第 12 条规定：人民法院不受理公民、法人或者其他组织对行政法规、规章或者行政机关制定、发布的具有普遍约束力的决定、命令等提起的诉讼。最高人民法院颁布的"解释"规定，具有普遍约束力的决定、命令是指行政机关针对不特定对象发布的能反复适用的行政规范性文件。此条文是对抽象行政行为的解释，行政决策中有相当部分属抽象性的决定和命令，具有一定的约束力，也是行政主体和行政相对人在行政管理中遵循的行为规范。

从世界范围内看，主要法治国家都把抽象行政行为作为司法审查的对象，相对人可以直接对行政决策等抽象行政行为提起行政诉讼，实现事前救济。我国学界对司法审查的范围讨论，概括起来有三种观点：（1）所有抽象行政行为都应接受司法审查。（2）只对规章及其以下的规范性文件进行司法审查。（3）只对行政法规、规章以外的其他规范性文件进行司法审查。尽管在法律上对抽象行政行为还不能进行审查，但在审判实践中，在很多情况下法院不但对被诉的具体行政行为进行审查，同时也审查具体行政行为所依据的抽象行政行为的合法性。① 鉴于此，因应之策是通过修改行政诉讼法，人民法院扩大审查范围，以使行政决策行为纳入司法审查监督。司法审查应不受行政机关规范性文件的限制，赋予其拒绝使用与上位法相抵触的规范性文件的权力，也就是说合法性审查的依据应当是宪法与法律，行政法规和地方性法规以及规章仅选择适用。人民法院依法开展司法审查监督，应有权对行政决策的合法性进行审查；对行政决策所依据的行政规章和地方性规章进行合法性审查；对行政决策的合理性进行审查。人民法院对行政决策的审查监督从三个方面实施。第一，附带性审查。相对人对具体行政行为不服而提起行政诉讼时，可以对所依据的行政决策提出合法性的司法审查，人民法院受理后对行政决策文本进行合法性审查。第二，依职权审查。相对人就具体行政行为提起诉讼时，人民法院依职权先审查具体行政行为所依据的行政决策是否合法，并以此为根据审查和裁定具体行政行为。第三，控诉审查方式。相对人认为行政决策侵犯其合法权益

---

① 甘文：《对抽象行政行为的司法审查》，载《人民司法》2002 年第 4 期。

的，可以直接诉请人民法院对行政决策进行司法审查并作出合法性裁定。

我国违宪司法审查制度尚未建立，人民法院无权对抽象行政行为进行合宪性审查。随着我国法治环境不断改善，现阶段导入合宪性审查制度的条件已经成熟。季卫东教授认为保障宪法效力的关键是建立司法性质的合宪性审查制度，在具体的制度设计方面有两套可供选择的方案：在现行体制下设置只对全国人民代表大会负责的宪政委员会；在重新立宪的基础上设立宪法法院。[①] 本书认为对重大行政决策进行违宪审查是我国宪政的必然选择，重大行政决策违宪审查可以分为两个步骤，现阶段由最高人民代表大会常务委员会进行权力机关的宪法监督，在条件具备的情况下由专门宪法机构对重大行政决策中的违宪问题进行审查。

五、行政决策之政党监督

政党是 18 世纪后期和 19 世纪资产阶级民主革命的产物。政党制度是现代国家政治制度中极为重要的组成部分。政府的组成与更迭，权力的分配与竞争，政策的制定与监督，都有政党的介入和参与。政党监督既是政党制度的有机组成部分，也是政党制度的重要表现形式。西方国家政党对行政决策的监督，一是表现为执政党通过议会党团和执掌行政权来对行政决策予以监督；二是表现为在野党以"影子内阁"等形式对行政当局的决策予以监视和抨击。[②] 在中国政党制度中，中国共产党是执政党，八个民主党派是参政党。政党对行政决策监督有中国共产党的领导性监督、民主党派的监督和人民政协的监督三种主要形式。

（一）中国共产党的监督

中国共产党对行政决策的监督首先表现为政治领导性监督。这是由我国革命历史传统和宪法确认的。政治领导性监督主要表现在三个方面：（1）政治监督。即监督国家机关及其公务员在各项工作中是否严格按照党的路线、方针、政策办事。（2）组织监督。即党的各级组织部门通过对各级国家机关各部门的主要负责人员的考察、选择、任免、培训，将执政党的意志与人民选举的意志有机统一起来，保证党对国家公职人员的管理和监督。（3）思想监督。

---

① 季卫东：《合宪性审查与司法权的强化》，载《中国社会科学》2002 年第 2 期，第 4~16 页。
② 尤光付著：《中外监督制度比较》，商务印书馆，2003 年版，第 285 页。

即国家机关中的各级党组织做公务员的思想政治工作。①

中国共产党作为执政党对行政决策的监督，主要采取了以下方式：（1）将党员选入各级人大及其常委会监督行政决策的制定；（2）将党员输入各级政府任职以影响和监督行政决策的实施；（3）以党纪国法对决策制定者和执行者进行检查、监督、奖罚、任免乃至绳之以法等。②中国共产党对行政决策的监督具有的作用是：（1）通过制定路线、方针、政策，影响和规约行政决策的内容和方向。（2）通过对党的领导，监督和制约行政机关及其行政人员依法行政、依法决策。（3）通过转变党的执政方式，将主要精力放在对行政机关重大行政决策实行监督，实现行政决策的合理化和科学化。（4）以党章党纪监督行政决策者，拥有行政决策权的行政首长绝大多数是党员，根据党章规定，党员有接受党组织监督的义务。③

在社会主义中国，一切重大方针政策的制定，都是在共产党的领导下进行的。中国共产党制定路线、方针、政策，规定行政决策的总任务和总目标，对各级政府贯彻党的路线、方针、政策的情况进行督查检查。中国共产党有权监督行政决策权及其行使过程的合法性和合理性，对于政府起草经济发展规划、政府工作报告，或者制定重大行政决策，一般都事先提到党委会议或常委会讨论同意后进行。一些经常性或突发性的政治、经济、社会问题和工作，党委和政府常常联合作出决策。中国共产党的监督必须在宪法和法律的范围内活动。第一，要依法监督。党的监督要在法律框架下进行，监督规则与程序不能与法律相冲突。过去中国政党制度的成功之处就在于坚持走制度化、法制化这条道路。只有制度化、法制化才能保证政党按程序运作，保证政党的合法地位。④第二，尊重政府决策的主体性和独立性。党和政府职能要分开，党的监督不能代替政府决策，行政决策权力的所有者和使用者之间形成的法理关系，不能因为党的监督而改变。第三，完善监督程序，符合程序正义。健全党委班子的监督机制，保证党员民主监督领导机关、领导干部的权利，积极开展自下而上的监督。党的监督坚持公开、回避、多数决定等程序正义原则。第四，党的监督要接受监督。党监督行政决策的同时，自觉接受人民及人民代表大会的监督。

① 尤光付著：《中外监督制度比较》，商务印书馆，2003 年版，第 285 页。

② 陈振明编著：《公共政策分析》，中国人民大学出版社，2002 年版，第 94 页。

③ 刘峰、舒绍福著：《中外行政决策体制比较》，国家行政学院出版社，2008 年版，第 225～226 页。

④ 王邦佐等编著：《中国政党制度的社会生态分析》，上海人民出版社，2000 年版，第 278 页。

《中国共产党纪律处分条例》规定，"坚持党要管党、从严治党的原则。党的各级组织和全体党员应当遵守和维护党的纪律。对于违犯党纪的党组织和党员，必须严肃处理。"对不传达贯彻、不检查督促落实党和国家的方针政策，或者作出违背党和国家方针政策的错误决策的党组织负责人给予相应处分。邓小平讲过，"共产党要接受监督"。① 现代法治精神要求中国共产党自觉接受国家制度的监督，即接受人民代表大会的监督，同时也接受人民群众的监督。

（二）民主党派的监督

民主监督是民主党派的一项基本政治职能，是我国政党制度赋予民主党派的民主权利。1989 年制定的《中共中央关于坚持和完善中国共产党领导的多党合作和政治协商制度的意见》，明确了民主党派参政党地位及其参政党的历史使命。各民主党派各自联系着一部分劳动者和爱国者，参与国家政权的组成，参与重大国策的协商，参与国家事务的管理，是各级行政决策的重要监督力量。民主党派的监督既不同于国家权力机关的监督，又不同于社会监督，它具有（1）组织性；（2）精英型；（3）协商性；（4）制约性之特点②。

民主党派对行政决策的监督主要有两类形式，一是参政议政过程中的民主监督。各民主党派成员在国家权力机关中占有适当数量，依法履行职权。各民主党派成员担任国家及地方人民政府和司法机关的领导职务；各级人民政府通过多种形式与民主党派联系，发挥他们的参政议政作用。民主监督的内容主要是行政决策中对宪法和法律法规的实施情况，重要方针政策的制定和贯彻执行情况。为发挥民主党派监督作用，国务院和各级地方政府聘请民主党派成员、无党派人士担任政府参事室参事，政府有关部门和司法机关聘请民主党派成员担任特约人员。最高人民检察院、教育部、监察部、国土资源部、审计署、税务总局聘请民主党派成员、无党派人士担任特约检察员、教育督导员、特约监察员、特约国土资源监察专员、特约审计员、特约税务监察员等。地方各级政府部门也聘请民主党派成员、无党派人士担任特约人员。特约人员发挥参谋咨询作用和联系人民群众的桥梁纽带作用，履行民主监督职责。二是社会沟通和社会服务过程中的民主监督。我国的民主党派具有明显的代表性，如民革重点联系和代表的是原国民党和与国民党有历史联系的人士；民建重点联系和代表的是原工商界人士；民盟、民进、九三学社、农工党重点联系和代表的是知识

---

① 《共产党要接受监督》，《邓小平文选》（第一卷），人民出版社，1994 年版，第 270～274 页。

② 汤唯、孙季萍著：《法律监督论纲》，北京大学出版社，2001 年版，第 461～462 页。

分子；致公党重点联系和代表的是归侨、侨眷人士；台盟重点联系和代表的是在大陆的台湾籍人士。2004 年 3 月 12 日全国政协十届二次会议通过的《中国人民政治协商会议章程修正案》指出："在人民革命和建设事业中同中国共产党一道前进、一道经受考验并作出重要贡献的各民主党派，已经成为各自所联系的一部分社会主义劳动者、社会主义事业的建设者和拥护社会主义的爱国者的政治联盟。"民主党派的社会基础与中国共产党的社会基础具有相互融合的一致性。不同的只是民主党派成员以知识分子阶层为主体，还保留着各自的历史特点。① 各民主党派通过协调、沟通、反馈等非权力监督，协调各民主党派内部的关系，促进社会稳定与团结。

民主党派的监督是非权力监督。加强民主党派的监督，并不是要使民主党派的监督向国家权力监督的方向倾斜和延伸，而是要在非权力监督与有效监督之间寻求一个平衡点，既要坚持民主党派监督的固有性质，又要使监督形成一定的压力。有论者提出的应对之策是，（1）进一步扩大民主党派成员的知情权，建立重要情况和重大问题通报制度。政府的运作情况、宏观经济运行情况以及其他方面的重大情况，应及时通报于各民主党派，让他们在知情的条件下出力。（2）建立民主监督意见"专报"制度，畅通和规范沟通环节，强化民主监督机制以及反馈机制。（3）建立合理的评价机制，科学评估民主监督的实际效果，以增强民主监督的约束性和有效性。至少每年要进行一次这样的评价，评价对象既包括民主监督的主体，也包括民主监督的客体。（4）民主党派要加强自身建设，不断提升整体政治水平，这也是保证民主监督质量的一个关键因素。② 这些建议是必要且可行的。需要强调的是，民主党派的监督的重点应为重大行政决策，而不针对一般行政决策。加强体制赋予民主党派的监督功能，就要规范监督程序，使监督工作走上程序化与规范化的轨道。更重要的是提供民主党派参与重大决策的途径，落实民主党派法的协商权、质询权、检查权等。

（三）人民政协的监督

人民政协是中国共产党领导的多党合作和政治协商的重要机构，是爱国统

---

① 任世红：《中国民主党派性质的三重解读》，载于《中央社会主义学院学报》2006 年第 6 期，第 27 页。

② 曾宪初：《在非权力监督与有效监督之间寻求平衡点——关于我国民主党派的民主监督问题》，载于《中央社会主义学院学报》2006 年第 5 期，第 152 ~ 155 页。

一战线组织。人民政协的民主监督主要指对行政机关在决策过程中贯彻执行宪法与法律、法规的情况；国家重要方针政策的执行情况；行政机关及其工作人员的履行职责、遵纪守法、为政清廉等方面的情况。人民政协不是国家权力机关，其监督不具法律上的约束性和强制性。

人民政协对行政决策的监督主要形式有：通过政协全国委员会和地方各级政协委员会的全体会议、常委会议、主席会议，向国务院和地方各级政府提出建议案；通过各级政协的各专门委员会提出建议或有关报告；通过政协委员的视察、提案、举报或以其他形式提出批评和建议；参加国务院有关部门和地方政府组织的调查、检查、咨询、论证活动；列席人民代表大会等。在上述监督方式中，政协建议案作为高层次的协商监督的重要形式，可就政治、经济、社会等方面的重大问题，经政协常务委员会会议或主席会议协商讨论后审议立案，并以政协组织的名义和正式文件形式，向同级人民政府提出重要意见和建议。组织委员参观视察、调查和检查，向行政决策机关提出批评和建议，是履行政协监督职能的重要形式。人民政协可就公共政策的执行情况调研和视察，并将协商意见通报相关部门。政协组织以意见听取会的形式，提出行政决策议程或建议，反映民情民意。

应深入推进政协监督制度化、规范化和程序化建设。明确人民政协的协商、监督等的法理价值以及法治定位，规范人民政协监督的内容、形式、程序建设和原则，发挥人民政协团结和民主的制度优势，为政府的决策提供广泛的民意基础的支持。应发挥人民政协的民主性、协商性和广泛性特点，围绕事关全局的重大问题以及群众关注的问题，向政府提出意见、批评和建议。通过舆论监督的配合，组织政协委员对所监督问题展开评议活动，公开监督过程，扩大政协民主监督的社会影响力。

六、行政决策之社会监督

（一）社会监督的宪法依据

社会监督是指公民、社会团体或者社会舆论机关依据宪法、法律和法规，运用各种方式，对行政机关及其工作人员的决策行为进行的监督，是自下而上的监督。1945 年毛泽东与黄炎培的谈话，说明了人民监督的意义：要跳出历史兴亡周期率只有走民主的新路，让人民监督政府，政府才不敢松懈，只有人人起来负责，才不会人亡政息。① 但是长期以来我国偏重自上而下的监督，自下而上的监督渠道不畅，效用有限。与国家监督不同，社会监督没有刚性约束力和强制性。宪法第 27 条规定，"一切国家机关和国家工作人员必须依靠人民的支持，经常保持同人民的密切联系，倾听人民的意见和建议，接受人民的监督，努力为人民服务"。第 35 条规定："中华人民共和国公民有言论、出版、集会、结社、游行、示威的自由。"第 41 条规定："中华人民共和国公民对于任何国家机关和国家工作人员，有提出批评和建议的权利；对于任何国家机关和国家工作人员的违法失职行为，有向有关国家机关提出申诉、控告或者检举的权利，但是不得捏造或者歪曲事实进行诬告陷害。对于公民的申诉、控告或者检举，有关国家机关必须查清事实，负责处理。任何人不得压制和打击报复。"宪法明确赋予公民对于国家机关的监督权利，国家机关有自觉接受人民监督的义务。公民通过人民代表大会和社会团体以及社会舆论，反映自己的意见和要求，监督决策机关的工作。十七大报告提出，"确保权力正确行使，必须让权力在阳光下运行"，完善社会监督制约机制，逐渐成为朝野上下共识。我国社会监督主要有三个方面：（1）公民监督；（2）社会团体监督；（3）舆论机关监督。分别论述之。

（二）公民监督

行政决策的公民监督，也称为群众监督，是指公民个人基于宪法和法律所赋予的权利，对行政决策所进行的监督。宪法确立了我国公民具有批评权、建议权、申诉权、控告权、检举权。

公民运用权利对行政决策的监督，一种方式是公民单枪匹马地为维护自己的合法权益与政府交涉，但是这种效果往往不理想。另一种方式是通过集体行动抗议行政决策，要求听取民意，维护民权，取消或纠正行政决策，这种方式很容易被作为不稳定因素。公民监督的前提是政务公开。公民监督一般是在公民行政参与过程中完成的。公民唯有亲身参与到行政决策过程中，才能真正监督并制约行政决策。可以说，行政参与是公民监督的基本前提，公民参与就是一种监督过程。没有充分有效的参与，决策监督就是一句空话。如何通过公民参与实现对行政决策的有效监督？笔者以为，第一要实现决策信息公开化。第二要发挥专家审查的效力和效果。决策过程要自觉吸收专家意见，必要时开展

---

① 薄一波：《若干重大决策与事件的回顾》（上卷），中央党校出版社，1991 年版，第 156～157页。

专家辩论。第三要建立公益诉讼制度。第四要引导公民社团的建设。原子化的个人力量单薄，监督行政决策有一定难度，公民应建立自己的社团组织，维护自己权益，增强监督力量。

（三）社团监督

1998 年《社会团体登记管理条例》指出，"社会团体是指中国公民自愿组成，为实现会员共同意愿，按照其章程开展活动的非营利性社会组织"。何建宇、王绍光撰文《中国式的社团革命——对社团全景图的定量描述》，选取戈登·怀特"四类分类法"对中国社团进行了分析。第一类是人民团体。主要包括执行党的群众路线、参加全国政协的八大人民团体，即工会、妇联、共青团、工商联、科协、侨联、台联、青联等。第二类是准政府社团。这类组织的政治性以及享有的政治地位不及人民团体，但基本上也由政府发起，政府给予编制和财政拨款，人员享受公务员待遇，如计划生育协会、红十字会、残联等。第三类是登记注册的社团组织，包括商会与行业协会、专业团体、学会、联谊组织、文体社团等。四是草根团体，包括社区团体和网上社团。① 这四类社会团体发挥着不同的监督功能。

我国社团对行政决策的监督现状：（1）人民团体的监督，由于各人民团体的性质、地位、组织、权利和义务等不同，监督功能各有侧重。工会注重对就业制度、劳动合同和劳动保护措施等方面的监督。工会在劳动关系方面代表职工利益，监督行政决策的制定与执行。共青团代表青年议政督政，向各级政府部门反映情况，使行政决策中照顾青年利益，反映青年的意见与要求，支持青年参与民主监督。妇联代表妇女的权益参政督政，监督在行政决策中保护妇女、儿童的合法权益，同歧视、虐待、摧残、迫害妇女儿童的行为作斗争。十七大报告对人民团体的工作提出新的要求，提到政治建设和社会建设、政治体制和社会体制改革的高度，强化了工青妇组织的政治功能和社会服务功能。这对加强行政决策监督提供了政治空间和政治依据。社会管理和公共服务同时也是重要的政府职能，人民团体要强化这方面的职能，意味着可以对行政决策进行更积极有为的监督与合作。（2）准政府社团监督。准政府社团是借助政府的支持建立起来的，它们在各自的事业领域内发挥着动员社会力量、辅助政府工作的职能，对于相关问题可以向政府反映，参与讨论。（3）登记注册的社

---

① 高丙中、袁瑞军主编：《中国公民社会发展蓝皮书》，北京大学出版社，2008 年版，第 133 ~ 163 页。

团组织监督。据调查，登记注册的社团中，行业性和专业性社团占 34%，教育、研究类的社团占 18%，其余比较活跃的社团分别在文化娱乐、法律与政策倡导、社会服务与公益慈善、农村发展与卫生保健领域等。① 注册社团与前两个相比较，有较强的独立性和监督意识，可以发挥其建设性功能，改善决策质量。（4）草根社团。草根社团在互联网时代得到迅猛发展，对我国政治、社会、文化生活中的影响越来越大。草根社团涉及环保、联谊、艺术、运动、旅游等多个领域，其中不少青年社团已逐步走向品牌塑造，积极参与公共事务，扩大自身影响。环保社团在草根社团中占半壁江山，如"自然之友"会员就超过 10 万人，这些社团在保护藏羚羊、反对怒江建坝等有影响的环保行动中对相关行政决策起到相当大的监督作用。草根社团的数量日益剧增，其影响力绝不可小视。有些地方面对蓬勃发展的草根社团，主动规划发展，主动接受草根社团的监督。如上海鼓励各级团组织依托青年民间组织开展青年社会工作，调动和发挥青年民间组织在开展工作、服务社会方面的优势。推动相对成熟的青年民间组织落地街镇社区，使社团所拥有的流动的社会资源和区县、街镇所有的固定的党团资源实现良性互动。② 毋庸置疑，中国正在发生一场"社团革命"③，社团监督必将进一步发挥更大更积极的作用。

（四）舆论机关的监督

舆论机关的监督，也称新闻舆论监督，是社会监督的重要形式。西方国家普遍称舆论监督是除立法权、司法权、行政权之外的"第四权力"。杰斐逊指出报纸要对政府提供一种其他机构无法提供的监督作用；宁要没有政府的报纸而不需要没有报纸的政府。我国的舆论监督概念出现较晚。1950 年 4 月 19 日中共中央作出了《关于在报纸刊物上开展批评和自我批评的决定》。这是新中国成立后的第一个新闻舆论监督的文件，它规定了在报刊上开展批评和自我批评的原则、目的和具体方法。该决定开篇就指出，"吸引人民群众在报纸刊物上公开地批评我们工作中的缺点和错误，并教育党员，特别是党的干部在报纸刊物上作关于这些缺点和错误的自我批评，在今天是更加突出地重要起来了。"该决定认为，"我们提倡的批评，乃是人民群众以促进和巩固国家建设

① 高丙中、袁瑞军主编：《中国公民社会发展蓝皮书》，北京大学出版社，2008 年版，第 133 ~ 163 页。

② 孟知行：《"草根"社团将落地街镇社区》，载《解放日报》，2007 年 12 月 2 日第 2 版。

③ 高丙中、袁瑞军主编：《中国公民社会发展蓝皮书》，北京大学出版社，2008 年版，第 133 ~ 163 页。

事业为目的，有原则性、有建设性、与人为善的批评"。随后，政务院批准发布新闻总署《关于改进报纸工作的决定》，明确规定："报纸对于国家机关及其工作人员、经济组织及其工作人员的工作中的缺点和错误，应负批评的责任。""报纸所发表的批评应当要求被批评者作适当的说明，以便向人民报告批评的结果。"这是新中国建立后第一个带有法律效力的规定舆论监督的规章。1949 年至 1956 年我国舆论监督基本处于正常、健康状态，据统计，这一时期仅《人民日报》发表的批评报道和批评稿件有 7499 篇，批评报道成了报纸办得好坏的重要衡量指标。① 1981 年中共中央总结新中国成立以来的经验教训，作出《关于当前报刊新闻广播宣传方针的决定》，指出对报刊、新闻、广播、电视的工作应该加强集中统一领导和党性原则。媒体要正确处理表扬和批评的关系，"以表扬为主"，"点名批评要慎重"。1987 年党的十三大报告提出，"要通过各种现代化的新闻和宣传工具，增加对政务和党务的报道，发挥舆论监督的作用，支持群众批评工作中的缺点，反对官僚主义，同各种不正之风作斗争"。这是党的文件中第一次使用舆论监督概念，并赋予舆论监督广泛的意义，它不仅包括批评报道，还包括对党务、政务活动的报道，以及对重大情况、重大事件的报道。1990 年《报纸管理暂行规定》把"发挥新闻舆论的监督作用"列为报纸的功能之一。1997 年《价格法》规定"新闻单位有权进行舆论监督"。新世纪以来舆论监督得到新的发展。2004 年《深圳市预防职务犯罪条例》赋予媒体采访权、建议权和人身保障权，阻碍新闻媒体依法开展舆论监督将被追究法律责任。② 舆论机关的监督是一项独立的政治权力，其主要内容有：搜集、获取、了解各种信息和意见权利；利用大众传媒公开报道事实、表达批评意见的权利；传播信息和意见的权利。

舆论监督"主体二元结构说"认为，公众是舆论监督当然的主体，新闻媒介也是舆论监督的主体。舆论监督是一种制度性组织权利，舆论监督多表现为新闻媒介的自觉行为。在市场竞争下，通过舆论监督来获取社会声誉，也获得市场地位，是大多数媒体包括党报党刊的主动选择。一些媒体因为敢于监督、善于监督获取了社会赞誉和公众信任，收获了不俗的发行业绩。中国的舆论监督正在逐步向独立自主方向发展，但是还有许多体制障碍没有清除。

---

① 王强华著：《舆论监督与新闻纠纷》，复旦大学出版社，2000 年版，第 4~5 页。

② 该条例第 19 条规定："新闻工作者在宣传和报道预防职务犯罪工作过程中依法享有进行采访、提出批评建议和获得人身安全保障等权利。""新闻媒体报道或者反映的问题，可能涉嫌职务犯罪的，有关部门应当及时进行调查，对其中有重大影响的问题，可以将调查处理情况向新闻媒体通报。"

我国舆论监督权还没有从法定的权力变为现实的权力，舆论监督受到各种限制和干扰。法律法规不健全，加大监督的风险，使舆论监督者畏惧风险，半途而废；也增加了监督成本，使舆论监督者不堪重负，无力完成监督使命。另外，媒体送审制度也使有关领导迫于压力或者怕惹麻烦会压下不发，一些批评性报道就胎死腹中。除此之外，对行政决策的舆论监督还存在地方保护主义的障碍，地方政府封锁信息，阻碍新闻媒体报道，特别是对自己不利的报道，不择手段阻挠，甚至动用专政机器吓阻记者。

网络时代开拓了便捷丰富的监督平台和监督手段，颠覆了传统的舆论监督的局限性模式。蓬勃发展的互联网事业预示着一个新型的"乌托邦"世界，网络上空前繁荣的虚拟社区、论坛 BBS、个人博客等已经承担起了揭露腐败、浪费、官僚丑闻、决策失误等舆论监督职责。面对网络革命，最高决策者以积极的姿态作出了回应，并开始直接与网民对话交流。越来越多的政府官员通过网络获知民众意见，接受民众监督。网络问政、网络监督已经趋于常态。

传统新闻媒体的监督也好，网络监督也好，都面对新的挑战，也在承受改革的压力。改善舆论监督，还须加强对舆论监督者的监督制约，可以从三个层面进行。（1）法律法规的强制约束。以法律的形式将舆论监督者的行为纳入法制轨道。（2）舆论媒体组织的职业规范。新闻从业人员必须遵守职业伦理与规范。（3）舆论媒体从业人员自我约束。新闻工作者在社会所认可的道德范畴以及职业道德的范围内履行监督职责与报道义务。只有提高舆论监督的地位，改善舆论监督的功能，才会敦促政府谨慎论证，民主科学决策，最大限度实现人民福祉。

综上所述，行政决策的监督法治化命题，受政治、经济、文化乃至历史等各方面因素的影响，其进程或许是缓慢的。可能的思路是以社会监督推动国家监督，维护和落实人民群众参与监督的权利，为人民群众监督创造制度条件，使国家监督和社会监督良性互动，促使国家和社会的监督达到一个新阶段。

第四节　行政决策责任制度

我国学界关于行政决策的法律责任方面的研究比较薄弱，行政决策责任制度没有建立起来，这可能要归咎于行政决策牵涉之浩繁，技术上存在诸多困难，法治基础还很脆弱等客观实际。行政决策法律责任问题有两个观察角度，一是社会学的法律概念，一是哲学上的正义理论。前者是一种外在考察，少了法律的理想主义色彩；后者是一种内在考察，法律现实主义不足。相关的代表性理论分别是 N. 卢曼的系统论和约翰·罗尔斯的正义论。哈贝马斯在马克斯·韦伯和塔尔科特·帕森斯的启发下提出了一种"双重视角"。"从内在视角出发，郑重其事地重构其规范性内容；从外在视角出发，把它描述为社会实在的组成部分。"① 这里的分析框架受到哈贝马斯的启发。

一、行政决策责任体系

不同学科领域和不同语境下，责任一词的内涵各不相同。以自我约束力为表现形式的责任是道德责任，以社会团体约束力为表现形式的责任是纪律责任，以国家强制力为表现形式的是法律责任。"一种比较宽泛而且更适合的答案是，公共管理者应该向公民负责。在一个民主的社会里，我们有责任权衡宪法、法律问题与政治问题，有责任作出能使我们很好地理解政策执行的决策。我们有责任建立一种为公民承担道德责任的机关"。② 从责任的性质和范畴出发，可将行政决策责任理解为行政决策主体及其行政人员对代议机关、法律法规、社会价值等负有的政治责任、法律责任和道德责任。政治责任和法律责任属于客观责任，道德责任属于主观责任，三者之间既互相区别，又互相渗透、互相保障，形成一个有机的行政决策责任体系。其中，政治责任是指决策官员作出符合民意的行政决策并推动其实施的职责以及没有履行好职责时所应受的制裁和谴责。③ 道德责任是指决策官员出于道德自觉性在行政决策时承担的实现公平正义和公共利益最大化的良心责任。一定意义上讲，道德责任是政治责任和法律责任的升华，法律责任是最低限度的责任，是必具的责任。实际上，政治责任经常掩盖了法律责任，或法律责任被政治责任置换，最终悬空了行政决策的责任。本书的意旨是促进"最低限度"责任的实现，在此基础上推进行政决策最终为人民负责的责任体系的实现。

行政决策的法律责任是一种客观责任，由违宪责任、刑事责任和行政责任

---

① ［德］哈贝马斯著，童世骏译：《在事实与规范之间：关于法律与民主法治国的商谈理论》，北京：三联书店，2003 年版，第 54 页。

② ［美］乔治·弗雷德里克森著，张成福等译：《公共行政的精神》，中国人民大学，2003 年版，第 202 页。

③ 张贤明教授认为，政治责任是指政治官员制定符合民意的公共政策并推动其实施的职责及没有履行好职责时应承担的谴责和制裁，前者为积极意义的政治责任，后者为消极意义的政治责任。见《政治责任与法律责任的比较分析》，载自《政治学研究》2000 年第 1 期，第 13～21 页。

等构成，具体而言，突出行政决策的法律责任，一是制裁行政决策权的滥用。制裁是法律规则的构成要素，是保障法律实施的必要机制。对滥用行政决策权的行政主体的行为予以否定性评价，说明该决策没有得到国家和社会的承认，政府及其部门的声誉受到贬损，甚至丧失公信力，为以后的工作带来巨大的危机。一些决策责任人将受到行政处分，升迁受到影响，或被免职、降职，或承受更严厉的责任如人身自由被剥夺或被限制，精神上受压抑，道德上受谴责。正因为组织与个人可能为滥用决策权付出代价，才能有效地遏制决策权的腐败及肆意。二是警戒和规范行政决策权的行使。确立行政决策法律责任，也就确立了"谁决策，谁负责"的理念，促使决策者意识到可能承担的法律责任，从而严格依法决策，民主科学论证，审慎严谨决断，尽可能产生"令人满意的决策"，预防违法和不当决策。三是安抚与补偿相对人的损失。对因违法或不当决策造成相对人权益受损进行补偿。政府不是天使，决策者也不是天使，对于违法行政决策造成相对人利益受损的，除了惩处相关责任人外还要建立起赔偿或补偿规则，给合法利益受损的相对人给予精神上的安抚和物质上的补偿。因此，行政决策还应纳入国家（行政）赔偿范围。在法律责任中，以行政法律责任为多见，因此，着重讨论行政法律责任问题①。

二、行政法律责任归责原则

我国行政法学界在行政责任归责原则上主要有：（1）过错责任原则说，主张承担行政责任以有无过错为依据。当今多数学者坚持以过错责任作为行政法律责任的归责原则。（2）无过错责任说，认为无过错责任成为现代行政法理念的主流。（3）违法责任说，认为违反法律行为具有客观性，无需证明主观心态。另外，还有行政不当责任原则、严格责任原则等观点。这些学说在不同的背景下和不同的领域中有其合理性。

从法治发展趋势看，无过错责任逐渐成为现代行政法的主流理念。出于对行政权的控制以及对相对人的特殊保护，个别国家在立法中也确认了这一原则。但对于行政决策而言，无过错责任并不具有现实可行性，极大制约了决策效率，并且将使政府不堪重负。采用过错推定原则就比较适宜。行政相对人只要证明自己所受的损害是由具体的行政决策所致，相关行政主体又不能证明自己对此没有过错，法律上就应推定行政主体有过错，并承担行政法律责任。过

---

① 本书将行政责任与行政法律责任视为同一概念。

错推定原则是一种积极原则，对决策主体提高了要求，使决策活动处于较高责任状态。过错推定实行举证责任倒置，有利于追究行政决策主体的行政责任，使相对人合法权益在受损时容易获得救济。

对于违反行政法律义务的行政决策，行政决策主体具有主观上的过错，如行政决策主体不能证明自己的行为合法，行政决策主体必须承担责任。责任主体包括行政决策主体（行政机关或法律法规授权组织）和决策者个人，即二元主体。过错责任原则针对公务人员个人，是追究内部行政责任的原则。只有行政决策主体的责任，没有决策者个人的责任，则不会对后者起到应有的惩戒作用。因此应强化对决策者个人的行政责任追究力度。

有一种情形，行政决策没有过错，行政相对人也没有过错但因之发生损害，这种情况下坚持"公平分担损失"，即行政决策主体应给予相对人适当补偿损失。2004 年通过的《宪法修正案》规定：国家为了公共利益的需要，可以依照法律规定对土地实行征收或者征用并给予补偿。这是宪法对于行政补偿的直接规定。当行政主体管理国家和社会公共事务过程中作出的合法行政决策，为了不使公民、法人和其他组织的合法权益遭受特别损失，本着公平合理的原则，在与当事人协商一致，从经济生活或者其他方面对其所受损失予以适当补偿。行政补偿是公平责任原则的体现。

在内部行政责任的追究中，根据"谁决策，谁负责"的原则，谁作出违法或不当决策谁就承担相应的行政责任。行政决策权实际上由具有决策权的个人即行政首长掌握，实行行政首长负责制，行政首长对自己主管的工作有完全决定权。这也意味着，行政首长的职务行为本身具有一定的风险，会碰到没有法律和政策依据或是没有具体规定但又不得不做出决定的行政事务，致使某些违法和不当决策难以避免。在这种情形之下，如果由决策者个人承担责任并不公平。解决这一问题的思路是建立以过错推定原则为主，以过错责任原则、违法责任原则、公平责任原则为补充的归责原则体系，对外由行政决策主体承担责任，这是主要责任；在内部，以过错责任原则，追究决策者个人的责任，这是次要责任。行政决策责任是外部责任和内部责任的复合体。

在违法责任中，根据违法行政决策的社会危害程度以及所违反的法律规范的性质的不同，可以分为一般的违法行政决策和严重的违法行政决策。一般的违法行政决策是指行政主体的行为违反了行政法律规范的规定。一般情况下，对行政决策造成相对人侵害，符合行政决策责任构成要件的，决策组织应赔偿相对人的损失，然后追究决策个人的行政责任。也就是说，公务人员个人的责任不会因为组织承担了赔偿责任而消灭。正是如此，才会有决策机关的责任与其公务人员责任的划分。决策机关和公务人员责任的内容、承担方式和追究程序等有很大差异。如果对其不加区别，就很难建立科学合理和切实可行的行政决策责任制度。

如严重违法行政决策，不仅违反了行政法的规范，而且违反了刑事法律规范，构成行政职务犯罪，在刑法典中列于"渎职罪"中。《刑法》第397条规定："国家机关工作人员滥用职权或者玩忽职守，致使公共财产、国家和人民利益遭受重大损失的，处三年以下有期徒刑或者拘役；情节特别严重的，处三年以上七年以下有期徒刑。本法另有规定的，依照规定。国家机关工作人员徇私舞弊，犯前款罪的，处五年以下有期徒刑或者拘役；情节特别严重的，处五年以上十年以下有期徒刑。本法另有规定的，依照规定。"在现行刑法体系中，行政决策具有严重危害性的可以按行政职务犯罪，包括滥用职权罪、玩忽职守罪和徇私舞弊罪三类犯罪予以刑事处罚。但是刑法规定这三种犯罪的主体都限于国家机关工作人员，不包括国家机关。在许多场合，行政职务违法是通过正常的行政程序运作与实施的，或者说是由于行政机关的内部机制或制度导致的，在这种情况下，仅仅处罚行政公务人员，不能在根本上解决问题。将行政主体排除在职务犯罪主体之外，不利于有效控制和减少行政职务犯罪。

那么，什么是行政决策责任的承担方式？我以为包括行为责任、精神责任、财产责任和人身责任四个方面。一些违法行政决策应依法撤销，或责令纠正；一些违法决策，应由责任主体公开道歉（行政首长的公开道歉应制度化，深圳已有了相关的试点）；给相对人造成财产损失的应给予行政赔偿；对造成重大危害结果的决策人依法以职务身份，或者以限制人身自由方式承担责任。概言之，在行政决策法律责任体系中应以行政赔偿、撤销以及行政处分为主要承担方式。

按照现代风险社会理论，应建立应急决策的法治体系。完备的应急法律制度是非常时期权力得以合理配置所必需的。明确政府应急决策的基本原则，界定政府应急决策权力的范围和边界，确定紧急行政决策权力的行使条件及行使程序，即使是应急决策，也应保障公民最基本人权不受侵害，因此必须健全应急决策的法律责任。我国需出台一部"紧急状态法"，保证行政决策高效、及时、果断处置相关事项，落实决策者的行政决策责任。在紧急状态期间，国家机关因行使应急决策致使公民、法人和其他组织的人身权利和合法财产造成不必要损失的，遭受损失的公民、法人和其他组织理应获得相应的国家补偿。

三、行政赔偿责任

国家赔偿制度经历了"国家无责任"、"国家承担部分责任"和"国家全面承担责任"三个阶段。19 世纪以前，绝对主权理论盛行，在"国王不能为非"、"国家主权至上"、"国家主权豁免"等观念下，国家权力至高无上，国家是免责的，国家赔偿被全面否定，对公务人员执行职务侵害公民权利的由公务人员个人自负其责。20 世纪初期，绝对主权思想有所动摇，对国家赔偿相对肯定。一战以后，发展为全面肯定国家赔偿，主张不论是公法行为还是私法行为所产生的损害，都应负赔偿责任。德国法学家奥托·迈耶认为，国家是通过雇佣公职人员来处理其事务的，如果这些公职人员违法造成行政相对人权益受损，为确保相对人获得应得的赔偿，国家有责任对其进行损害赔偿。①德国1910 年制定《帝国责任法》，规定国家对其官员行使被委托的公权力，因故意或过失违反对第三人的职务义务时，代官员负担责任。确立了国家赔偿过失主义的原则。二战以后，西德联邦共和国基本法明确国家赔偿责任，国家赔偿法制基本完备。日本 1946 年新宪法规定"任何人因公务员违法行为受到损害时，得依法律对国家或公共团体请求赔偿"。美英两国分别于 1946 年、1947 年制定《联邦侵权赔偿责任法》、《王权诉讼法》，承认国家赔偿责任。1968 年瑞士出台《联邦和雇员赔偿责任法》，完善了国家赔偿责任制度。

行政赔偿作为国家赔偿的重要组成部分，是行政机关及其工作人员在行使职权过程中违法侵犯公民、法人或者其他组织的合法权益并造成损害，国家对此承担的赔偿责任。行政赔偿是一个法治国家不可或缺的制度。在西方发达国家，行政赔偿的范围各不相同。英国行政赔偿责任主要指行政机关的侵权行为和违反契约的责任，此外，还包括返还责任和合法行为的补偿。美国《联邦侵权赔偿法》规定，凡联邦政府人员在其职务范围内因过失不法或不作为致使相对人财产受损或人身伤亡的，均可以美国政府为被告，请求行政侵权赔偿。法国行政赔偿责任，主要包括过错责任和危险责任，以过错责任确定赔偿范围，将无须以过错为条件的赔偿责任称作危险责任。在德国，行政赔偿责任是指行政机关及其官员的行政行为影响了相对人的权益，必须为此承担应有责任。行政机关的赔偿责任由多种行为造成，如行政侵权、违反合同、不作为、剥夺财产等。当代西方国家行政赔偿制度一个共同特点是赔偿范围比较广泛，

---

① [德]奥托·迈耶著，刘飞译：《德国行政法》，商务印书馆，2002 年版，第 183~184 页。

不仅对行政机关及其公务人员的公务行为承担赔偿责任，还对行使行政权力的其他组织的公务行为承担赔偿责任；不仅对过错行为承担责任，还承担危险责任、特别牺牲责任等；有关不作为行为、行政事实行为等造成的损害一般都列入行政赔偿的范围。可以推断，对于违法或不当行政决策行为造成相对人财产或身体损害的，国家应纳入行政赔偿范围，追究行政赔偿责任。

我国国家赔偿制度是逐步建立起来的。1954 年宪法第 99 条规定："由于国家机关工作人员侵犯公民权利而受到损害的，有取得赔偿的权利。"一些法律、法规和政策也规定了国家赔偿的内容。1982 年宪法再一次规定了国家赔偿责任，而且新增加了内容，即明确了国家机关的侵权行为及赔偿责任，提出了制定专门法律确认国家赔偿责任的要求。但是直至 1989 年行政诉讼法出台以前，国家赔偿的范围、方式、标准、程序等缺乏具体性规定，国家赔偿责任的实现较为困难。由公权力导致侵权而引起的赔偿事宜通过民事法律来规范。行政诉讼法的实施是国家赔偿制度的突破口。行政诉讼法确立了行政赔偿责任，规定因违反具体行政行为受到损害的人有权取得国家赔偿的权利，对行政赔偿责任构成要件、赔偿义务主体、赔偿程序、追偿及赔偿费用来源等作了规定。1994 年通过《国家赔偿法》，国家赔偿制度基本完善。2010 年 4 月 29 日全国人大常委会通过修改决定，在赔偿范围、赔偿标准上取得了进步，完善了赔偿程序，并对"精神损害抚慰金"作了明确规定。规定"有本法规定的侵犯公民、法人和其他组织合法权益的情形，造成损害的"，受害人有权取得赔偿，删去了"违法行使职权"的前提。

我国行政决策纳入国家赔偿范围，是落实法治政府和责任政府的基本承诺。一是行政决策行为侵犯行政相对人合法权益的情况相当普遍。当代中国社会发展的一个突出特征是社会快速转型，社会转型过程中社会各种矛盾、摩擦增多，社会发展目标给行政决策体系形成了多方面的压力。将行政决策纳入国家赔偿责任，有利于弱势群体的权益保障，能积极消弭社会矛盾，二是行政决策的侵权具有现实性和直接性。行政决策既有宏观决策，而更多的是微观决策，这些微观决策处理的问题比较明确具体，给特定的当事人带来的权益侵害可能性大。三是有助于行政效能的提高。行政决策对于行政效能具有决定性作用，在信息瞬息万变和快速转型的高风险的社会中，政府必须在第一时间做出抉择，如果决策者畏惧承担责任，贻误决策时机，就造成行政管理的失误和浪费。行政赔偿是国家责任而不是代位责任。① 如果在法律实施中确立这样的机制，就会降低行政机关的抵制力，确保受害人的及时救济，同时为法制之网中的决策者赋予处置权和适当保护。四是现行的国家赔偿法并不禁止对行政决策的赔偿。行政赔偿制度的目的是为权力受损害者提供救济，在保护受害人主观权利的同时，客观上促进行政机关依法决策。国家赔偿义务机关在代表国家向受害人履行国家赔偿义务之后，依法责令或要求对引致赔偿后果有故意或重大过失的责任者偿还部分或者全部国家赔偿费用。建立行政决策的国家赔偿制度，能提升相对人对政府决策的承受能力，也保障行政决策坚持科学品质。

四、违法行政决策的撤销

"撤销"是一种法律责任。撤销行政决策，是依法否定违法或不当行政决策效力的一种法律责任形式。在行政国家，行政决策长期高高在上，具有相当的权威，当其违法或不当被依法撤销，意味着对行政决策权威的否定，使决策主体信誉遭受打击，决策官员也将受到不利结果。

在我国，撤销行政决策有《宪法》和《地方各级人民代表大会和地方各级人民政府组织法》、《各级人民代表大会常务委员会监督法》的依据。《宪法》第 67 条第 7 项规定，全国人民代表大会常务委员会有权"撤销国务院制定的同宪法、法律相抵触的行政法规、决定和命令"；第 89 条第 13 项和第 14 项规定，国务院有权"改变或撤销各部、各委员会发布的不适当的命令、指示和规章"，有权"改变或撤销地方各级国家行政机关的不适当的决定和命令"。第 108 条规定，县级以上地方各级人民政府"有权改变或撤销所属工作部门和人民政府的不适当的决定"。《地方各级人民代表大会和地方各级人民政府组织法》第 8 条规定：县级以上的地方各级人民代表大会有权撤销本级人民政府的不适当的决定和命令；第 44 条规定：县级以上的地方各级人民代表大会常务委员会行使下列职权：撤销本级人民政府的不适当的决定和命令；第 59 条规定：县级以上的地方各级人民政府有权改变或者撤销所属各工作部门的不适当的命令、指示和下级人民政府的不适当的决定、命令；《各级人民代表大会常务委员会监督法》第 30 条规定：县级以上地方各级人民代表大会常务委员会对下一级人民代表大会及其常务委员会作出的决议、决定和本级人民政府发布的决定、命令，经审查，认为有下列不适当的情形之一的，有权予

---

① 沈岿：《国家赔偿：代位责任还是自己责任》，载《中国法学》2008 年第 1 期，103～113 页。

以撤销：超越法定权限，限制或者剥夺公民、法人和其他组织的合法权利，或者增加公民、法人和其他组织的义务的；同法律、法规规定相抵触的；有其他不适当的情形，应当予以撤销的。

撤销行政决策的行为有三种情况，一是县级以上人民代表大会及其常委会有权撤销同级人民政府不当行政决策；二是上级人民政府有权撤销下级人民政府不当行政决策；三是县级以上各级人民政府有权撤销所属工作部门的不当行政决策。人民代表大会的撤销权的行使应有所作为。撤销的标准如何？理论上，撤销行政决策的理由有主要有如下几点：（1）事实依据不合法；（2）适用政策和法律错误；（3）违反法定的程序；（4）超越职权或滥用职权；（5）决策内容违法；（6）明显不当。而现行法律规范对撤销行政决策的理由是同宪法和法律相抵触，具体的标准需在有关立法中进一步明确。

五、行政处分

2007年6月1日《行政机关公务员处分条例》开始实施，这是我国第一部规范行政惩戒的专门行政法规。行政处分不是一种内部纪律，而是具有法律效力的行政法规。那种认为行政处分是一种纪律（政纪）处分的观点是不全面的。单纯的违纪行为只需要对其所属的行政机关承担一定的责任，表现为承受行政机关对其所作的否定性评价，而行政处分所针对的行为中有大量的违法情形。违反法律的行为不仅要对所属行政机关负责，更要对国家承担责任，承受国家的否定性评价。行政机关不同于一般社会组织，也不同于政党组织，行政纪律具有法定性。现代社会，为加强行政纪律的约束性，保证行政纪律的公正性，行政纪律规范大多以法律形式加以确认，上升为国家意志，成为法律规范。① 我国行政处分机关包括任免机关和监察机关。《行政机关公务员处分条例》第34条规定：对行政机关公务员给予处分，由任免机关或者监察机关按照管理权限决定。还有一些单行法律法规也对行政处分作了规定，如《行政处罚法》等。

《行政机关公务员处分条例》第19条规定：对于负有领导责任的公务员违反议事规则，个人或者少数人决定重大事项，或者改变集体作出的重大决定的，给予警告、记过或者记大过处分；情节较重的，给予降级或者撤职处分；

---

① 姚锐敏、易凤兰著：《违法行政及其法律责任研究》，中国方正出版社，2000年版，第339～430页。

情节严重的，给予开除处分。这是目前我国有关行政决策处分方面的明确规定。重视决策议事规则，对违反规定行为予以行政处分，这是我国首次作类似的规定。对行政决策违反民主议事程序而提出，具有重要的现实针对性。处分条例第2条规定：行政机关的公务员违反法律、法规、规章以及行政机关的决定和命令，应当承担纪律责任的，给予行政处分。法律、其他行政法规、国务院决定对行政机关公务员处分有规定的，依照该法律、行政法规、国务院决定的规定执行。除法律、法规、规章以及国务院决定外，行政机关不得以其他形式设定行政机关公务员处分事项。

对法律、法规授权的具有公共事务管理职能的事业单位中经批准参照公务员法管理的工作人员给予处分，参照该条例的有关规定。这一范围基本包括了行政决策主体的范围。行政处分方式有警告、记过、记大过、降级、撤职、开除六种类型。我国在1957年颁布《国务院关于行政机关工作人员的奖惩暂行规定》，规定行政处分方式包括警告、记过、记大过、降级、降职、撤职、开除留用察看、开除。1993年《国家公务员暂行条例》将行政处分方式规定为警告、记过、记大过、降级、撤职、开除六种，与1957年"暂行规定"相比，取消了降职和开除留用察看两种处分方式。2007年的《行政机关公务员处分条例》定型了六种规定，这是一个相对科学合理的行政处分方式体系，统一了长期以来比较分散的行政处分方式规定，提升了行政处分的严肃性与法定性。

尽管行政处分的法制化水平在提升，但行政决策方面还有待完善，行政处分的相关条款需要细化。比如，提升行政监察机关的地位，党纪处分不能代替行政处分。行政处分的职责应完全归监察机关。对行政决策处分责任而言，监察机关对行政决策违法的判断更具权威性和法定性。

综上所述，行政决策的法律责任是以行政责任为基础的。行政责任的归责以过错推定为主要原则，以公平责任原则、过错责任原则、违法责任原则为补充原则，这是一个多元体系。我国正在经历深刻的社会转型，面对国内外复杂形势的挑战，应设置紧急决策的相关责任制度。行政决策的行政责任主要集中在行政赔偿、撤销、行政处分上。法治精神要求强化对决策者个人的行政责任追究力度。同时，应以国库为保障，对相对人因行政决策受到的权益侵害给予行政赔偿。行政决策的国家赔偿制度将提升相对人对政府决策的承受能力，确保受害人及时得到物质上的救济，也有助于行政决策坚持科学品质，同时，对正当决策的风险予以保护。"撤销"是一种特殊的行政决策法律责任形式，这是与我国宪法性法律规定相契合的一项制度。撤销的法定条件有行政决策的事实依据不合法、适用政策和法律错误、违反法定的程序、超越职权或滥用职权、决策内容违法以及明显不当等。相比较而言，行政处分是一个相对成熟的法律制度，在内容上进一步细化条款，以明确行政决策责任的相关规定。

行政决策法律责任制度牵涉甚广，完善这一责任体系应持开放性思维，打破既有法律条文的制约，对一些不符合时代特征的法律规定予以修订，而不是在既有框架下缝缝补补。制度建设不可能毕其功于一役，遵循先易后难，点滴推进，唯如此，才可为整体的法律责任奠定制度基础，并为政治责任和道德责任提供稳定支撑。

第五章

行政决策法治化的实证检验

行政决策法治化战略选择理论，即关于发展思路、发展目标、发展道路、发展模式的阐述，如何检验其真伪及"效性威胁"，本书采用"相关检验法"①，即通过对温岭"民主恳谈"个案的十年回顾的实证研究以及全国范围内遴选出的五个不同地方制度创新实践研究，初步检验了上述结论的"效度"问题，也验证了行政决策的主体制度、程序制度、监督制度以及责任制度的建构是否为当下所需且符合实践逻辑。

第一节　温岭民主恳谈个案分析

一、民主恳谈的背景

（一）温岭概况

温岭地处浙江东南沿海，长三角地区南翼，三面滨海，陆域面积926平方公里，海岸线长317公里，辖11个镇、5个街道、834个行政村、93个居，人口116万，外来人口50多万，是全国人口密度最高的县（市）之一。改革开放以来，温岭的经济社会持续、快速、健康发展，先后荣获"全国农村综合实力百强县（市）"、"中国明星县（市）"、"全国农民收入先进县（市）"、"国家可持续发展试验区"、"国家级生态示范区"等称号。我国第一家股份合作制企业就诞生于温岭。2007年，社会经济综合发展指数、县域经济基本竞

① 亦称"三角检验法"，即将同一结论用不同的方法、在不同的情境和时间里，对样本中不同的人进行检验，以求得结论的最大真实度。参见陈向明著：《质的研究方法与社会科学研究》，教育科学出版社，2000年版，第403~404页；

争力和城市创新能力分别居全国百强县市 34 位、14 位和 6 位。温岭是浙江省优先培育的中等城市，省首批 17 个扩权县（市）之一。温岭的地理优势及生产生活方式，培育出艰苦奋斗、勇于创业、敢闯敢冒、不甘落后的人文精神，温岭人有一种奋发有为、昂扬向上、创新创业的精神状态，这为温岭的发展提供了持久强大的精神动力。

（二）发达的市场经济

温岭的经济是典型的"草根经济"，不是等靠国家投入，而是自主找路子。1984 年，第一家股份合作制企业诞生于此。通过股份合作制，温岭解决创业资金匮乏的难题，同时释放出民众自主创业的能量。温岭工业化走的是一条"演进型"道路。20 世纪 90 年代中期以来，民营经济逐步建立现代企业制度。技术密集型企业逐步壮大，形成了机制灵活、市场活跃、民资丰厚的区域经济发展特色。目前，全市有非公企业 2.6 万家，职工 50 万多人，初步形成了汽摩配、水泵、制鞋、帽业、空压机、船舶修造、建材、注塑等 8 大行业，体现出明显的"一镇一品"、"一村一品"的块状经济发展特征。

（三）兴起的公民社会

温岭人具有"敢冒险、有硬气、善创新、不张扬"的人文精神。这种精神气质与较早发育的市场经济锻造了温岭人的共同体意识和平等身份观念。无论在市一级，还是在村镇一级，民众关心公共事业，关心社区治安、公共卫生、公共预算、公共福利等事务。他们广泛参与公共讨论，积极建言献策，直言不讳提出批评。"温岭商会"等民间组织兴起，志愿者队伍自发形成。一定意义上社会和政府的对话机制已经建立。温岭人创业成功后积极投身社会公益事业，增强了公民的政治认同感。同时，民间组织以及具有权利意识的公民个人对政府行为构成有力的监督制约。温岭的基督教比较发达，信众倡导爱国、敬业、诚信、友善等道德规范，开展社会公德、职业道德、家庭美德教育。公民社会与政府是一种合作的关系。在一些公共领域，在一些村镇社区，公民精神正在养成。

（四）以民为本的政治建设

温岭的政治建设较为突出的是党的制度创新。1988 年台州市椒江区在全国首批试行了党代会常任制。12 个试点单位中，台州是能坚持不懈的少数地区之一。温岭市在全市范围推行党代表任期制与党代会常任制。实行任期制后党代表活动有了制度保障，代表权利得以落实。同时还实行党代会代表述职评议，如果被评议为不称职，就要主动辞去代表职务。近两年全面推行党组织换届选举"一评两推一选"办法和村委会自荐海选办法。温岭规范干部任用提名制度，完善公开选拔、竞争上岗、差额选举等办法，改进考试与测评工作，增强民主推荐、民主测评的科学性和真实性。行政制度创新方面，主动将政府职能转向制度供给、服务供给与权利保障方面。近年来，全市建立了20多家行业协会，既减轻了政府工作的负担，又促进了各行业快速健康发展。同时，加强社区、村、居等自治组织建设，充分发挥基层自治组织的作用，使政府从过多地直接管理事务中摆脱出来。

温岭改革开放30年，既是经济创业的30年，也是制度创新的30年。经过30年的改革与发展，温岭经济发达，政治气氛宽松，干部创新意识强，公民文化发育较早，公民社会初步形成，民主土壤已经具备。温岭的地域文化中蕴含着独特的创新意识。温岭人将自上而下的制度建设和自下而上的制度创新有机结合，官员开明的作风和民众的民主诉求共同催生了参与式民主的有效形式——民主恳谈。在温岭，孕育出"中国21世纪农村基层民主政治建设的一道新曙光"。

二、民主恳谈的发展历程①

（一）初创阶段（1999年～2000年）

民主恳谈起源于党的思想政治工作的新形式——"农业农村现代化教育论坛"。1999年6月，温岭市松门镇作为试点镇尝试改变传统的单向灌输说教模式，采取干部与群众面对面交流的形式。第一次就有100多位群众自发参加与镇领导的对话，议题涉及经济发展、社会治安、村镇建设、邻里纠纷等各层面。平等对话得到群众热烈拥护，这出乎党委部门所料。1999年底，温岭市委号召各乡镇开展形式多样的民主对话活动。次年8月，全市在松门镇召开现场会议，将各地开展的名称各异、形式多样的基层民主统一称作"民主恳谈"。从"教育论坛"到"民主恳谈"，有两点规范：一是议题逐渐明确具体，二是信息公开透明。凡恳谈会涉及的议题、方案都予以公开。此后，"民主恳谈"很快从松门扩展到其他乡镇、村、社区。

---

①　卢剑峰：《参与式民主的地方实践及战略意义——浙江温岭"民主恳谈"十年回顾》，载《政治与法律》2009年第11期，第56～65页。此文被中国人民大学复印报刊资料《中国政治》2010年第1期全文转载，第70～79页。

（二）初步发展阶段（2000 年～2005 年）

2001 年，温岭出台"意见"对民主恳谈的形式和内容做了规范化、制度化的设置，提出和确定民主恳谈的程序和方法、决策的实施过程、结果的监督等规定。镇一级主要解决经济和社会发展中群众普遍关心的热点、难点问题。在村一级，民主恳谈作为村级民主议事机制，针对村级财务公开、村里公共事务和农民群众切身利益密切相关的事项进行对话协商，提升群众自我治理的能力。2004 年，《关于"民主恳谈"的若干规定（试行）》对各层次的民主恳谈的议题、程序、实施和监督做了规范。各乡镇根据自身实际也规范了操作性意见。

这一时期，民主恳谈与人大制度结合逐步进入改革者的视野。2004 年 8 月，温峤镇召开民主恳谈会，讨论吉屯坑水库引水工程以及增加 2004 年度基本建设财政预算项目，镇政府根据民主恳谈结果修正了建设方案，并向镇人大主席团提交了《关于吉屯坑水库引水工程建设和增加 2004 年度基本建设投资预算的议案》，人大主席团召开镇临时人民代表大会对议案进行审议表决通过。

民主恳谈领域逐渐扩展，"警民恳谈"、"党内民主恳谈"、"企业劳资恳谈"纷纷举行。"警民恳谈"由温岭太平派出所首创。公安机关现场回答群众提问，听取群众的批评意见，恳谈对象、恳谈内容、恳谈形式不受限制，什么都能谈，怎么谈都可以。2003 年，温岭市提出以警务民主恳谈为载体推进公安工作改进，制定了警民恳谈考核规则。"警民恳谈"改变了温岭的警察的形象，也提升了政府形象。民主恳谈向纵深方向发展的另一个标志是将民主恳谈机制引入党内。2004 年 6 月 8 日，温岭首次党内民主恳谈会召开，参加的人员有市委 7 位领导、75 位市党代会代表，党代表提出建议案和提案，市委领导以对话交流的形式答复。"行业工资协商"是温岭民主恳谈的又一重要创新，是新河镇、泽国镇在羊毛衫、水泵等行业首先开启，行业内职工和企业主双方分别授权行业工会和行业协会，分别就行业工资、分配形式、工资水平等事项进行评定协商，在协商一致的基础上签订工资协议。2000 年，温岭市出台《关于在非公有制企业开展"民主恳谈"活动的意见》。实施行业工资集体协商制度以来，新河镇的羊毛衫行业工人工资逐年提高，逐步实现了工资纠纷案件"零"投诉。

（三）加快发展阶段（2005～2008 年）

温岭的进一步创新在于将民主恳谈与财政预算审查结合。从 2004 年开始，温岭考虑如何深化民主恳谈机制，而不致在原地打转或流于形式。新河镇首先探索将民主恳谈与预算制定结合起来，人大代表在预算过程中全程参与，老百姓也自愿参加到制定过程中来，允许发表意见或提出建议，并可旁听人大会。2005年以后，参与式预算改革逐步形成两种模式，即"新河模式"与"泽国模式"。如果说新河模式是指在体制内参与的话，泽国模式就是指通过体制外民众参与预算的编制修正。新河在预算编制和初审中，人大代表参与全过程，公众自愿参加预算编制。他们把预算程序分预算草案初审、镇人代会审议与批准预算草案、预算执行与预算监督几个环节。具体做法是细化预算草案，公开预算草案，公开审查过程，公众广泛参与。新河规定，人大代表5人以上联名可提出预算修正案，这在国内是首创。为了方便人大代表在人代会闭会期间开展预算监督，专门设立了人大财经小组。这些细化措施得到了法律专家的高度评价。"泽国模式"是通过随机抽样产生民意代表参与政府预算以及项目编制的协商机制。泽国镇运用"协商民意测验"的方法，让随机产生的民意代表来讨论预算决策中的主要项目。泽国模式体现的是精致化的民主恳谈模式。

（四）全面发展阶段（2008年~今）

2008年，民主恳谈发展到市直部门。市交通局率先开启了部门预算恳谈。2009年扩大到2家，2009年以后将民主恳谈推广到"两个80%"，即乡镇财力的80%、市级部门财力的80%，绝大多数的财政预算通过民主恳谈确定下来，真正体现了公共预算的公共性和透明性。2009年，实施参与式预算的乡镇占到绝大多数。

三、民主恳谈的发展特征①

第一，从基层民主到参与式民主。

民主恳谈一开始是一种基层民主，即在农村自治的范围内由居民参与集体事务，自己的事情自己办，民主讨论决策，行使直接民主权利，实现自我管理、自我教育、自我服务、自我监督的目标。在基层民主发展中，温岭党委政府有意识引导公众对政府决策介入和参与，而这种想法一试验就受到当地百姓的热烈响应，从此对公众利益有重大影响的决策都采取这种形式，获得了成功，官员们也获得了取信于民的经验。温岭的参与式民主是以政府为主导，引

---

① 卢剑峰：《参与式民主的地方实践及战略意义——浙江温岭"民主恳谈"十年回顾》，载《政治与法律》2009年第11期，第56~65页。

入公众参与这一因素，对政府决策事项公开公告，政府聆听公众意见，而且公众之间也进行说服、接受、妥协、合作。积十年之功，民主恳谈形成了自己的特色，学者们称之为"温岭模式"，实际上是一种具有乡土气息的参与式民主形式。温岭乡镇以及政府决策通过恳谈实现民主，"恳谈"一词体现的是人大代表和普通民众的沟通理性，"参与"成为乡镇决策的法定程序，不经这一程序的决策会被民众视为不合法，决策者必须坚持程序公正与公开原则，不能重返"关门决策"的旧轨。在我的观察中，新河、泽国、箬横等镇公众广泛而积极地与政府对话，参与公共事务的决定。温岭还积累了许多实际经验，如主动邀请人大代表、政协委员、离退休老干部参与政府决策，他们发言积极，建议富有建设性。听证会和论证会上"两代表一委员"的积极作用无可替代。这种参与是在党委领导下进行的。在乡镇一级，党政基本"合一"，只有党委书记主动支持，参与式决策的实验才有可能进行并取得成功。这一关键性因素不可忽视。

第二，多主体、多形式的复合发展路径。

所谓民主恳谈的多主体性，体现在十年来不仅有政府及其职能部门，还包括党委、社区和村民自治组织，社会团体、行业协会和企事业单位也被号召开展民主恳谈，更有意义的是，县乡两级的人大与县一级政协都利用各自职能开展政情恳谈活动。在温岭，通过人民民主带动了党内民主，党委的民主恳谈扩大了主题（范围）。另外，民主参与不仅集中在行政与政治领域，也扩展到经济领域和社会领域。在一些私人企业实行了劳资协商机制，新河镇羊毛衫行业的工资协商机制充分体现了经济民主。企业员工参与非公企业管理，说明参与式民主的形式除了参与决策外，还有民主管理功能。温岭模式最具战略意义的是参与式预算改革，这一实践活动撬动了人大代表的法定职能，让他们真正代表人民利益，看住"钱袋子"，让公共财政为民众谋利，体现出人民意志。

第三，体制内民主与法治的互动。

民主恳谈的制度创新是在地方党委的领导下进行的，是一种有序的参与实验。十年来，很多地方的制度创新都不能坚持下来，温岭模式却坚持下来，不断发展，日趋成熟，个中原因引人深思。2009 年 10 月，长期参与、指导、观摩温岭民主恳谈的学者重聚温岭，研讨会上，李凡先生认为，"温岭经验对于全国基层民主的发展来看，不完全是一个地方试验，只具有地方意义，而且具有总体性的意义，对中国的民主发展来讲是全局意义的。"张小劲教授指出，温岭民主恳谈表现为四点：党和政府为主导，群众为主体，民主决策为主题，多轨并行为主要形式。周梅燕教授总结温岭民主恳谈有三大功能：公民学习与实践的课堂；财政资金的公平分配；人大制度改革的推动力。浦兴祖教授认为，温岭经验回答了四个问题，第一个问题是搞民主会不会冲击党的领导。温岭经验显示党委组织和支持人民当家做主是加强党的领导的体现。第二个问题是搞民主会不会影响稳定。不仅不会影响稳定，还有利于持久的稳定。第三个问题是老百姓素质太低是不是跟得上。事实上利益驱动人们参与到民主进程中来，不用害怕所谓民主素质的问题。①

温岭模式是在体制内所作的一种民主与法治的改革，是以参与式民主启动渐进法治之路的一种尝试，一方面符合民众程序民主和实质利益要求，一方面符合现代控权与维权精神。政府在决策过程吸纳公众参与，提高政府决策的合法性和政策执行的有效性。而这一些改革的实际决策者和推动者是温岭市委。从 1999 年起，温岭市委先后颁布文件规范和引导民主恳谈的深入拓展。如，《进一步深化"民主恳谈"活动加强思想政治工作推进基层民主政治建设的意见》（2001 年），又如，《进一步深化"民主恳谈"推进基层民主政治建设的意见》（2002 年）等。2004 年 9 月，《中共温岭市委关于"民主恳谈"若干规定（试行）》出台，规定民主恳谈遵循"四项原则"，即：坚持党的领导；坚持依法办事；坚持民主集中制；坚持注重实效。从根本上提升民主恳谈品质，是自觉结合人大制度。政府重大决策之前召开民主恳谈，公众否定原先方案的情况多有发生，政府按照民众意见修正方案，并提交人代会表决。这一做法将民主恳谈与人民代表的"重大事项决定权"相结合。参与式预算则更进一步，即人大代表依法参与预算编制过程，与传统的形式不同，人大代表不再当"花瓶"，而是真正代表民意，监督预算，因为公众参与预算过程，公众参与机制开始"倒逼"人大发挥作用。我认为，这是温岭模式的一大创新——让民众对人大代表进行监督，同时也强化了对政府的监督。

（四）从合法性到合法律性。

追求政治合法性是民主恳谈的初衷，通过公众参与，让政府决策获得同意，在决策执行过程减少阻力。在民主恳谈制度化的进程中，逐渐从政治合法性向合法律性发展。温岭逐渐形成一套通过公民参与和公共审议来决策、治理

---

① 王军波：《十年回顾与前行期待——一场关于民主恳谈的"专家恳谈"》，浙江新闻网，2009 年 10 月 19 日，http://wlnews.zjol.com.cn/wlrb/system/2009/09/26/011452477.shtml，2009 年 11 月 2 日访问。

与监督的机制，开创了国内预算参与、协商、监督结合的典范。在参与式预算中，新河镇启动代表辩论程序和票决制，为人大代表发挥作用进一步创造了条件。通过多年的民主恳谈，基层干部民主行政能力得到锻炼，凡是搞民主恳谈的乡镇官员都能从容面对群众，理性面对质询。温岭的官员坚持"法律保留原则"，做到决策不违法，降低操作风险。经过多年制度建设，民主恳谈形成的格局是人大前台主持，党委幕后指导，政府积极应对。在制度层面，民主恳谈程序与法律程序紧密结合，呈合法律性特征。①

四、民主恳谈的价值与意义

（一）理论价值

景跃进教授曾经把民主恳谈比喻成一个大火锅，十年来，专家、学者、官员和老百姓不断往里加佐料，显得更加多元了，使它在不同领域、不同程序上都发挥着作用。② 的确，温岭人坚持不懈赋予民主恳谈以丰富的内容，在不同层面、不同领域、不同途径上都得到了阐述。究其理论，**我以为民主恳谈是一场中国式经典的参与式民主实验。它以公众参与政府决策为主要形式，以制度完善为主线，演绎了一幅地方政府与民众一起推进民主与法治进程的生动画卷。**

民主恳谈是一种发自基层民主又超越基层民主的一种理论创新，已上升到人民民主层面。通过参与，落实了公民的知情权、参与权、表达权、监督权，而不再是宣示于纸面的权利。重大决策由政府"为民做主"模式转变为民主参与模式，公众直接参与政府决策，反映他们的利益和诉求，民主不仅是一种程序，更是一种权利实现。参与式民主发展背后是公众利益的驱动，民众自己代表自己的利益，自己主张自己的诉求，在乡镇决策中得到积极回应。政府决策从议程的设定到决策执行都允许民众参与，这些参与领域一般都为人们最关心和感兴趣的领域。议题阶段的参与非常重要，公众不是被限定在某些领域做选择，而是在开放的气氛中提出主张，如征地问题、建房问题、安全问题、生态问题等，不仅捍卫了民众的生存权利，还解决了社会矛盾，维护了社会和

---

① 卢剑峰：《参与式民主的地方实践及战略意义——浙江温岭"民主恳谈"十年回顾》，载《政治与法律》2009 年第 11 期，第 56～65 页。

② 王军波：《十年回顾与前行期待——一场关于民主恳谈的"专家恳谈"》，浙江新闻网，2009年 10 月 19 日，http：//wlnews.zjol.com.cn/wlrb/system/2009/09/26/011452477.shtml，2009 年 11 月 2日访问。

谐。但是，这种参与并没有否定代议民主，没有架空人民代表的职能，也没有主张无政府主义，政府依然是行政决策主体，是不同利益的平衡者和仲裁者。

同时，民主恳谈实践并完善了"三统一"理论，即把坚持党的领导、人民当家做主和依法治国有机统一起来，探索现阶段决策民主的有效途径。在温岭模式中，党政决策者主导，公众主动参与（不是动员参与），人大发挥职能，这是一个符合现实又符合法治精神的模式，既获得人民群众的支持，又获得政治支持和法律支持。这种参与显然与西方的参与式民主具有重大区别。温岭的民主与法治是党委推动的，自身既是改革的推动者又是改革对象，但是只凭这一支力量，很难坚持下去。社会的推动成为另一支力量，公众觉醒的权利意识和参与精神督促政府实行民主决策。这样，既实现了公众的民主权利，维护了公共利益，又实现了执政党对民主与法治的要求，推进了政府职能转变和服务型政府的转型。中国法治的重点在于人大发挥应有作用，民主恳谈直接推动地方人大制度建设。新河镇完善了人大议事规则，补充了预算审查程序，增加乡镇人大会的会次和会期，人大代表在履行监督与审议职能时有较为充分的时间保证。规定每年召开三次以上的人代会，讨论预算草案一般有两天时间，这是一个很大的进步。预算草案要求尽可能细化、明确、具体，让代表看明白，从而有针对性地提出修正意见。新河镇为方便人大会闭会期间代表履职而设立人大财经小组，这是一个创举，规定五名以上乡镇人大代表联名可以提预算修正案，设置了代表辩论程序，实施预算草案票决制，这些实实在在的制度建设，目的是让预算审查与民主参与更为真实。

（二）实践意义

民主恳谈的实践意义在于通过增量民主迈向渐进法治。这个增量民主形式就是参与式民主，是一种多元的参与式民主。参与式民主成为行政决策的法定机制。这意味着凡是没有经过公众参与的重大决策都会受到民众的质疑，在执行中会遇到阻力，既不符合党委规范性文件，也不符合政府的规定。不坚持民主恳谈政府无法给各方交代，公众对恳谈已经有深切期待，人大代表更怀有光荣感与使命感，不经恳谈而决策会遭到人大代表批评和投票反对。民主恳谈坚持依法办事原则，决策符合参与原则，符合民主制度规定。而这一系列制度是在民主恳谈发展过程中健全完善起来的。民主恳谈的程序设计由镇党委负责，预选项目由镇政府提出，可行性方案由专家论证，重大决定及财政预算由人大代表审查，项目建设由镇政府实施。党委、政府、人大各司其职，分工相当明确。可以说，民主恳谈作为一种机制，激活了现行体制中的民主基因，对民众、人大代表以及党政官员是一个民主法治的教育与训练：通过民主恳谈，民众学会了参政议政的方法；人大代表增强了代表意识，提高了代表能力；党政官员提高了民主意识和法治观念。民主恳谈得到学界和媒体的广泛关注与充分肯定。2004 年和 2008 年，民主恳谈分别获取了第二届和第五届"中国地方政府创新奖"的优胜奖和提名奖。实际上，民主恳谈其内涵已远远超出政府创新范畴，它已和温岭这一地方紧密相连，具有中国特色的民主与法治实践。温岭模式的启示是增量民主导入渐进法治，继而由法治巩固民主的一条发展道路。

第二节　行政决策制度的地方创新

2003 年 3 月 21 日，温家宝总理在新一届国务院第一次全体会议上指出，新制定的《国务院工作规则》突出强调实行科学民主决策、依法行政、加强行政监督，这是政府为适应新形势加强自身建设的必然要求。2004 年国务院颁布《全面推进依法行政实施纲要》以后，地方政府开始行动起来，探索行政决策制度建设。这种行政决策制度的地方创新，即"创制性地方立法"，是地方拥有立法权的国家权力机关和人民政府为了填补法律和法规的空白，或者是为了变通法律和法规的个别规定而进行的立法活动。其中，为填补法律法规的空白而进行的创制性地方立法称为自主性地方立法，为补充法律法规的规定而进行的创制性地方立法称为补充性地方立法。创制性立法对于充分发挥地方立法的主观能动性、创造性以及突出立法的地方性或地域性等方面具有重要的意义和作用。① 根据我的观察，这些地方创新具体表现为，制定行政决策规则与程序，规定公众参与和民主听证以及专家论证等必需环节。其中一些地方的制度创新可圈可点，这种"法治地方"实验对于国家法治建设具有重要的现实意义，"具体法治是法治地方的基本经验，法治地方之于法治国家，是积累和量变的实践过程。"② 我选取五地实例分析如下。

一、信息预公开制度

2002 年 11 月 6 日广州市政府颁布《广州市政府信息公开规定》，2003 年

---

① 刘志坚：《浅议创制性地方立法》，载于《人大研究》2001 年第 8 期，第 18～21 页。
② 卢剑峰：《"法治地方"是实现法治国家的积极途径——以浙江为例》，载于《浙江万里学院学报》2008 年第 6 期，第 32～36 页。

1月1日起正式实施。这是我国第一部政府信息公开的地方立法。规定共七章三十四条，除总则和附则以外，有"公开内容"、"公开方式"、"公开程序"、"监督与救济"、"法律责任"等规定。明确如下政府信息应该公开：（1）本行政区域的社会经济发展战略、发展计划、工作目标及完成情况；（2）事关全局的重大决策；（3）规章、规范性文件及其他政策措施；（4）政府的机构设置、职能和设定依据；（5）政府行政审批项目；（6）当地重大突发事件的处理情况；（7）承诺办理的事项及其完成情况。其中，前三项关系行政决策事务，"发展战略"、"发展计划"、"工作目标"、"事关全局的重大决策"等内容予以公开，打破以往政府"禁脔"，民众可评头论足，发表批评意见。值得指出的是，《规定》设置了"预公开制度"，即凡是重大决策都应事先让民众知晓，让民众参与方案的讨论。第19条规定："涉及个人或组织的重大利益，或者有重大社会影响的事项在正式决定前，实行预公开制度，决定部门应当将拟决定的方案和理由向社会公布，在充分听取意见后进行调整，再作出决定。"政府决策的"预公开"制度创新在于不仅仅是单一的政府信息公开，把形成的决策结果告诉民众，而是让民众参与到决策过程，是一种双向的、积极的措施，这一举措是政府信息公开制度的深化。

2004年1月15日，广州举行了市区摩托车限行方案听证会，较为充分地听取市民和有关方面的意见，最后出台了《关于限制摩托车在市区部分区域路段行驶的通告》，得到广大市民的支持。广州地铁一号线建成后，初拟票价高于北京、上海，但是市民有不同意见，为此市政府专门召开听证会，最终达成各方面都能接受的决策方案。广州在一些重大建设项目设计上也对方案草案预公开，征集市民意见，大剧院、国际会议中心等的设计投标方案就采取"预公开"方法，市民投票选择自己喜爱的方案。① 广州建立重大决策征求意见制度和专家顾问制度，得到民众的好评。据2006年3月20日《广州日报》报道，广州方舟市场研究咨询公司的调查显示，大多数居民认可政府决策听证的做法，六成以上市民对听证会影响政府的定价或决策的作用持肯定态度。②

政府决策信息"预公开"具有明显的制度意义，不仅改进了行政决策的科学品质，还带动其他地方学习与创新活动。近些年，国家机关以及上海等地

① 《广州市政府决策呈现三大亮点》，载于《人民日报》，2004年11月10日，第4版；杨金志等：《"预公开"保障科学决策中央"预公开"带了好头》，载于《瞭望新闻周刊》2009年7月20日；
② 《听证会制度逾六成市民认为作用大》，载于《广州日报》2006年3月20日。

在一些重大决策出台前，通过信息"预公开"制度听取群众意见，一定程度上推进了决策民主法治化进程，预防行政腐败，也化解了决策风险。但是，广州信息"预公开"推行的范围不够广泛，一些规定需要完善，规章权威性不够，应该上升到法规层次。2010 年《广州市政府重大行政决策程序规定》出台，明确五大决策事项必须通过公共媒体、听证会等方式征求公众意见。

二、开放式决策制度

2009 年 1 月 23 日杭州市颁布并施行《杭州市人民政府开放式决策程序规定》，以确保市政府决策基础的广泛性、民意表达的直接性、决策民主的有序性，提高行政决策的公开化、民主化、科学化水平。该规章共 26 条，简洁明快但内容丰富，开放的理念贯全文，包括决策事项的酝酿、调研、起草、论证，市政府常务会议讨论、决策，以及决策的实施，都是开放的、民主的，既向市民开放，又向媒体开放。"开放式决策"体现公开、透明、参与、互动，重在落实市民参政议政权利。正如当地官员所表示，老百姓有权知道政府在做什么，因此开放式决策主张的是事前、事中和事后全过程公开和全过程参与。市政府的重大行政事项都应实行开放式决策。该规定涵盖决策事项的提出、征求意见、决策审议、决策结果反馈。开放式决策事项包括八项：拟提交市人代会审议的政府工作报告、全市国民经济和社会发展计划报告、财政报告等；城市总体规划、市域城镇体系规划、经济社会发展规划、重点专项规划；重要的地方性法规草案、政府规章草案；事关群众切身利益的重要改革方案与公共政策；群众日常办事程序和社会公共服务事项等的重大调整；涉及群众生产生活的重大公共活动、重大突发公共事件应对方案；加强市政府自身建设的重大事项；市长提出的其他重大事项。杭州已处在人均 GDP 过 1 万美元的发展新阶段上，社会主体多元化和利益关系复杂化对政府决策科学化、民主化提出新的更高的要求，杭州市明确规定，"相关行政机关、咨询机构、行业协会、中介机构、利益相关者和人民团体等组织代表，市人大代表、市政协委员、专家和公众等个人代表，依照本规定参与市政府开放式决策。"明确提出社会主体如咨询机构、行业协会、利益相关者等参与政府决策，充分反映了逐渐多元和分层的社会，体现决策者的开放视野。"开放式决策"使政府决策从事后公开转向事前、事中、事后全过程公开，这是以往政务公开所不具备的。决策事项承办单位在将决策事项提交市政府审议前一般应按下列规定事先征求意见，未经充分协商的事项不得提交市政府决策。一是举行专家论证会，邀请专家或者研究咨询机构，对重大决策事项进行可行性论证；二是征求有关区县（市）政府和市本级有关部门的意见，进行充分的沟通和协商；三是通过召开座谈会、听证会、协商会等方式征求行业协会、中介机构、利益相关者、人民团体和公众的意见，确保利益相关群体尤其是残疾人、失业者、"新杭州人"等社会群体的意见平等表达；四是涉及群众利益的重大事项，应面向社会公示征求意见。对于涉及民生的重大公共政策事项的决策规定要事先依法组织听证，听证会由决策事项承办单位召开，在听证会举行前10个工作日进行公告（举行听证会的时间、地点；听证的事项；公众参加听证会的报名时间、报名方式）。通过媒体公开决策会议，市政府常务会议的实况直播、互联网视频连线发言资料，均在"中国杭州"政府门户网站和杭州网等媒体上开设专栏予以公布。市政府常务会议研究议题、议题内容及市民参与方式等信息在会前5个工作日通过《杭州日报》、政府门户网站和杭州网等媒体预告。市政府常务会议可邀请部分市人大代表、政协委员和市民代表列席会议，听取他们的意见和建议。普通市民可选择以下方式参与市政府常务会议：通过自愿报名，申请参加互联网视频连线发言或列席会议；通过政府门户网站等收看会议实况直播；通过政府门户网站等在直播论坛上发表意见和建议。杭州市政府的重要活动或全体会议都将进行视频直播，杭州各区县市也将因地制宜，通过网络直播形成互动。

在开放式决策的规定颁布之前，杭州实际上已经启动了这一工作。从2009年起，杭州市及所辖13个区、县（市）政府全面开始推行"开放式决策"，用开放协商、透明会议、全程参与等创新举措来提升政府决策品质，实现社会利益的平衡。2009年3月，杭州市政府工作报告、国民经济和社会发展计划报告、财政预决算报告"两会"前一个月网上公开征求意见，页面点击浏览量达16万人次，市民通过发帖或发邮件发表意见606件，有1147人次参与了网上调查投票。市民代表提出的"扩大医疗保险联网支付覆盖面"、"加强妇幼保健"、"引导学校等单位内体育设施节假日向社会开放"、"扩大老小区物管覆盖面"、"表彰扩大就业先进企业"、"加强劳动监察工作，及时纠正和查处欠薪等违反劳动法律的行为"等意见建议均被吸收采纳，写入《政府工作报告》。群众反映比较集中的公交路线、住房、新建小区配套设施、统筹城乡区域发展、外来务工人员生活保障、优化城市生态环境等合理建议被《计划报告》采纳。廉租房补贴、旅游设施投入、消费券发放、国有资产管理、人才引进机制、民生保障与从严控制会议、接待、出国和公车购置使用等被采纳写入《财政报告》。①"开放式决策"塑造了民主法治政府的形象，公开、透明、廉洁、高效、决策的科学性、群众认同度的提高是"开放式决策"带来的直接效果，受到学界和舆论好评。2010 年 1 月，杭州"开放式决策"荣获"第五届中国地方政府创新奖"优胜奖。

三、行政决策程序制度

2008 年 4 月《湖南省行政程序规定》颁布，2008 年 10 月 1 日起施行，创造性开启了在一省范围内依循统一程序规范行政决策的历史。《规定》共 10 章 178 条，确定将公众参与作为制定行政程序的一个基本原则：社会公众有权依法参与行政管理，提出行政管理的意见和建议；行政机关应当为公民、法人或者其他组织参与行政管理提供必要的条件，采纳其合理意见。公民可以向政府提出决策建议；公布重大决策方案草案，征求听取公众意见；通过座谈会、协商会、开放式听取意见等方式听取公众意见；在制定规章和规范性文件当中，要求公布草案，广泛听取各方面意见。行政决策主体突破了传统规定，将法律、法规授权的组织和依法受委托的组织以及当事人和其他参与人纳入其中，显示了前瞻而宽广的视野。专门对"行政决策程序"进行规定，从 29 条到 53 条具体规制了重大行政决策和制作规范性文件的行为。明确了重大决策必须经过调查研究、专家论证、公众参与、合法性审查和集体研究等五个必经程序。公众参与成为重大行政决策的法定环节。对需要进行多方案比较研究或者争议较大的事项，要求拟定两个以上可供选择的决策方案。决策承办单位应当对重大行政决策方案草案进行合法性论证。除依法不得公开的事项外，决策承办单位应当向社会公布重大行政决策方案草案，征求公众意见。公布的事项包括：重大行政决策方案草案及其说明；公众提交意见的途径、方式和起止时间；联系部门和联系方式，包括通信地址、电话、传真和电子邮箱等。决策承办单位公布重大行政决策方案草案征求公众意见的时间不得少于 20 日。决策承办单位应当组织 3 名以上专家或者研究咨询机构对重大行政决策方案草案进行必要性、可行性、科学性论证。决策承办单位应当从与重大行政决策相关的专家中随机确定或者选定参加论证的专家，保证参加论证的专家具有代表性和均衡性。专家进行论证后，应当出具书面论证意见，由专家签名确认。决策承

---

① 《浙江省杭州市政府：开放式决策》，中国政府创新网，http：//www.chinainnovations.org/showNews.html？id＝C1866DA63337D6C61261DCCD5D32CE28，2010 年 1 月 10 日最后访问。

办单位对专家论证意见归类整理，对合理意见应当予以采纳；未予采纳的，应当说明理由。专家论证意见及采纳情况应当向社会公布。这些规定体现了政府对公民参与的真诚态度，不是摆样子。结合实际，建立了全省行政登记制度，对重大决策、规章和规范性文件，实行统一登记、统一编号、统一公布，对规范性文件"三统一"，被学界看做是政府信息公开的一大创举。明确重大行政决策有下列情形之一的要举行听证会：涉及公众重大利益的；公众对决策方案有重大分歧的；可能影响社会稳定的；法律、法规、规章规定应当听证的。实行行政问责制度，对行政机关及其工作人员的行政违法行为进行责任追究。行政机关在实施行政决策过程中，因工作人员故意或者重大过失，导致行政行为违法且产生危害后果，有下列情形之一的，对行政机关及其工作人员应当追究责任：不履行或者拖延履行法定职责的；超越或者滥用职权的；不具有法定行政主体资格实施行政行为的；重大行政决策未经调查研究、专家论证、公众参与、合法性审查、集体研究的；违反程序制定和发布规范性文件的；不依法举行听证会，或者采取欺骗、贿赂、胁迫等不正当手段，操纵听证会结果的；因违法实施行政行为导致行政赔偿的；等等。责任追究形式包括行政处理和行政处分。

行政程序规定实施一周年间，举行 227 场行政决策听证会和征求意见会，344 个政府及其部门已经或正在制定行政裁量权基准，"三统一"规范性文件 4481 件，有 4323 个部门公布了办事期限，召开公民旁听的政务会议 115 次。省政府及有关部门先后就"药品零售店距离是否设限"、"2009 年省政府立法项目"、"2009 年为民办实事事项"等问题举行听证会。其中，因听证代表反对，省药监局作出审批药品零售店不设距离限制的决定。① 湖南的行政程序规定创立了"先地方后中央"立法路径，作为中国首部系统规范行政程序的地方规章，填补中国行政程序立法的空白，对行政决策法治化具有历史性贡献。

2009 年 1 月 9 日《青海省人民政府重大行政决策程序规定》通过（自2009 年 4 月 1 日起施行），这是省级人民政府为提高行政决策水平，自己对自己进行立法规范的尝试，从这个意义上说它具有一定的开拓意义。"规定"共8 章 31 条，简明扼要。重大行政决策包括 8 项内容：省政府贯彻落实党中央、

---

① 参见《<湖南省行政程序规定>贯彻实施一周年成效显著》，湖南省政府门户网站，2009 年 9月 13 日，www. hunan. gov. cn，2010 年 1 月 10 访问。《湖南省行政程序规定实施一年开创"湖南模式"》，红网，2009 年 9 月 26 日，http：//www. rednet. cn，2010 年 1 月 10 访问。

国务院及省委的重要决议、决定和工作部署的实施意见；省政府需要报请国务院审批或者提请省委、省人民代表大会及其常务委员会审议的重大事项；省政府工作报告，全省国民经济和社会发展规划草案、年度计划草案，省级财政年度预算、决算草案；涉及全省经济社会发展的重要政府投资项目，重大国有资产变更事项，制定或者调整全省产业发展规划，制定重要的生态保护建设规划和政策措施，依权限审批土地利用总体规划、城乡规划、行政区划变更及调整；地方性法规草案、省政府规章，研究重要的省政府规范性文件；社会保障、劳动就业、医疗服务、文化教育、社会救助、城镇住房保障等涉及民生的重大事项；政府职能转变、行政管理体制改革等加强政府自身建设方面的重大问题；其他省政府决策的重大事项。省政府重大决策由省长主持召开省政府全体会议或者常务会议讨论决定。建立决策前调研、协调、论证制度。要求决策事项提出单位与决策承办单位深入开展调研工作，涉及多部门合作的决策事项，应当事先协调、沟通。规定决策方案、草案应进行合法性审查，专业性、技术性较强的决策事项，应当事先组织专家、专业服务机构进行必要性和可行性论证。建立决策的社会公布和听证制度。对涉及人民群众切身利益的决策事项，应当通过省内主要新闻媒体和政府网站将决策方案、草案向社会公布，广泛征求意见；需要召开听证会的，应当组织听证。决策前根据需要，决策方案、草案可以召开座谈会或书面征求意见的形式征求省政府参事、省人大代表、省政协委员、民主党派、群众团体、专家学者等社会各界的意见和建议。规定明确公民、法人和其他组织可以通过省政府有关部门、西宁市、各自治州人民政府、海东行署向省政府提出建议，省政府有关部门、西宁市、各自治州人民政府、海东行署对公民、法人和其他组织提出的建议，认为应当由省政府决策的，可以向省政府提出决策事项建议。

该规定弥补了青海省人民政府行政决策民主与法治的制度盲点，明确重大行政决策透明，公民可以提出决策建议，公众利益事项应公布等规定，具有积极的现实意义。[①] 但是，由于受经济社会发展所限，"规定"对公众参与的规定不详，未能赋予公众直接提建议的权利，而通过一些部门和机构"转达"，显示出开放性不够，具有一定的保守性，总体上疏于空泛，操作性较弱，决策责任与决策权力不尽统一。

---

① 除青海本地媒体外，其他媒体对于青海的行政决策程序规定关注不多。《青海重大行政决策凸显科学民主亮点》载于 2009 年 5 月 16 日《法制日报》。

四、专家咨询论证制度

《成都市重大行政决策事项专家咨询论证办法》规定，凡是重要的政府规章草案、宏观调控和改革开放的政策措施、社会管理事务、大型项目和关系社会稳定等重大行政决策事项，在提交市政府全体会议或者市政府常务会议讨论决定前，原则上都应经专家咨询论证。《成都市重大行政决策事项专家咨询论证办法》，2004年3月16日成都市人民政府通过，自2004年5月1日起施行。该办法共24条。成都市政府建立总数为300人左右的咨询专家库，设立重大行政决策专家咨询论证委员会。咨询委员会是市政府直接领导的由各方面专家组成的为政府决策服务的非常设决策咨询论证机构。主要任务是根据市政府决策的需要，组织咨询专家围绕本市经济、科学技术、文化、社会发展和改革开放中的全局性、长期性、综合性问题进行战略研究、对策研讨，提供科学的咨询论证意见。对一些特殊论证事项，市咨询委员会可以邀请库外的专家参加咨询论证。咨询专家实行聘任制，每届任期三年。规定咨询专家具备下列条件：从事相关专业领域工作满10年，具有高级职称或同等专业水平，并在相关专业领域具有一定知名度；熟悉有关法律、法规、技术规范和标准；具有政治觉悟、公正诚信、廉洁自律。按照规定，咨询专家享有下列权利：经邀请列席市政府研究有关经济社会发展的专业会议和参加市政府各部门有关经济社会发展的专题研讨会，参与有关部门的咨询论证活动；根据需要查阅政府和有关部门的相关文件资料；独立为政府重大行政决策事项提供咨询论证意见和建议；提出专家咨询论证意见，不受任何单位和个人的干涉；对承担的课题研究有权自主支配课题研究费用；获得参加咨询论证活动的劳务报酬。

据姜晓萍等的研究，成都市重大行政决策专家咨询论证通过如下方式发挥出积极的作用：一是直接为市委、市政府或政府部门领导提供专题咨询；二是参与重大行政决策的可行性研究、论证或部分规章制度的设计；三是参与针对成都市的重点课题调研；四是全程参与重大项目方案的制订和实施；五是参与部分政府工作或重大项目的检查、验收。这一工作得到社会与政府的认同。据当年的问卷调查：有86.6%的人认为专家参与行政决策咨询提高了决策的科学性，74.2%的人认为为行政决策提供了理论依据和技术支撑。[①] 这些内容有

[①] 姜晓萍、范逢春：《地方政府建立行政决策专家咨询制度的探索与创新》，《中国行政管理》2005年第2期。

些需要进一步更新完善，但在这几年来的政府决策中已有所贡献。

第三节　行政决策法治化的初步成效

一、一些决策者的法治意识已基本确立

法治意识是行政决策法治化的精神条件，是法律规则有效运行的心理基础。在行政决策法治进程中，行政决策主体的法治意识特别是各级领导的法治意识显得尤为重要。从人治走向法治，这是大趋势，不随任何人的意志而转移，随着中国逐步融入世界并参与世界游戏规则的制定，法治越来越深入决策者的思维。但是法治意识与传统文化、传统势力、既得利益相冲突，其确立过程也并不是一帆风顺的。行政决策法治理念，准确地说是在新世纪逐步形成的。这一过程是从民间到国家，经由知识界呼吁而推进的。

行政决策法治意识主要包括法律至上意识、人民主体意识和决策责任意识等内容。党的决策要通过法律途径，影响行政决策，党政决策职能的适度分离有助于行政决策法治进程。人民主体意识是一个略显"宏大"的概念，长期以来地方政府的民本意识淡化，行政决策对上级负责，对党委负责，人民主体被抽象化、虚拟化，基层政府出现信任危机，行政决策"伤民"屡见不鲜。中央连续作出一系列重大决定，2004 年国务院颁发《全面推进依法行政实施纲要》，2006 年《中共中央关于构建社会主义和谐社会若干重大问题的决定》实施，2008 年《国务院关于加强市县政府依法行政的决定》作出，2008 年《关于深化行政管理体制改革的意见》发布，2009 年《国家人权行动计划（2009～2010 年）》通过，2009 年《关于实行党政领导干部问责的暂行规定》颁布实施，2009 年《中共中央关于加强和改进新形势下党的建设若干重大问题的决定》通过。如此密集地部署规定，说明了自上而下的法治理念的确立，服务型政府正在建构。我国行政决策责任一度模糊不清，这与行政决策主体不明确、党政职能不分有关。有权力必有责任，中国官员问责制从 2002 年"SARS 危机"开始在行政高层"试水"，已有一些高官因决策责任被问责，有的承担政治责任、行政责任，还有的被追究刑事责任。行政决策法治意识的确立，在中国这样一个前法治国家，在行政系统中通过动员甚至强制的形式可以较快地确立起来，事实证明这有其合理性。

二、行政决策的规则与制度正逐步健全

行政决策的制度化建设长期滞后。"无法可依"问题有主客观两方面的原因，即主观认识不足，客观规则匮乏。法治政府建设和依法行政方向明确以后，行政决策法制逐步提到议事日程，但由于行政决策法制牵涉甚广，党政关系、人大和政府关系、中央与地方关系等相互纠葛，需要从宏观上进行政治体制改革才能深入解决。正因为如此，地方政府才有一些空间在体制内进行规则构建，通过"作茧自缚"规范政府决策机制，与民众开展对话来取信于民。一个保守的估计，可能超过90%市县政府制定了行政决策制度。与国家层面的制度相比，地方的行政决策规章更具体细致，更具操作性。这些地方制度建设共同之处是，都围绕"公众参与、专家咨询、集体决定"三结合建立健全行政决策机制，促进政府科学决策、民主决策、依法决策。但是在制度创新上具有一些差异性。因为制度创新与当地的经济社会条件密切相关（虽然不是充分条件），在制度规定上，东部沿海地区的社会力量给政府施加了压力，政府开放程度更高一些，体现在民众与政府之间建立起了实实在在的对话平台。决策责任机制逐步建立，结束了有权力无救济、有权无责的现状，各地政府规章几乎都规定了决策责任追究，意味着给行政决策戴上"紧箍咒"。一些地方政府还规定，政府决策失误将在相关工作会议和媒体上作检讨和公开道歉。如果一年内两次以上（含两次）因决策失误进行检讨或公开道歉的，作出决策的责任领导停职检查直至行政处分。[①] 对于决策失误造成严重后果或恶劣影响，需追究纪律责任的，依照有关规定处理；涉嫌犯罪的，移送司法机关依法处理。这些规定基本上是政府规章形式出现，以地方性法规出现的很少，说明法制建设的联动机制还没有完全调动起来，处于政府自我限权、自我规范的阶段。法治要深入推进，需要调动人大的职能和主动性。

三、政府主导下的公众参与在逐步扩大

凡是行政决策法治化进展较快的地方，公众参与就更真实和广泛，反之，公众参与被行政钳制，诉求渠道不畅。我国公众参与行政决策的渠道有：人民

---

① 据新华网报道，2009年9月15日，四川省眉山市政府常务会议审议并通过了《眉山市政府部门决策失误检讨和公开道歉制度》，规定今后市政府组成部门（含直属事业单位和派出机构）及其内设机构的领导成员，如果出现决策失误，将作检讨和公开道歉。

代表大会和政治协商会议，政府举行的决策听证会、征求意见会，以及各种方式的来信来访、领导接待日、不定期座谈会等。参与式民主的影响因素很多，其与公民社会的发育有关，也与当地干部的法治意识与法治能力有关。参与式决策搞得好的地区，往往是各种因素的综合而成，这些地方在公众参与决策上具有突破性的具体的规定，而一些地区往往"宣示意义"大于"行动意义"。甘肃省政府从 2004 年开始，委托兰州大学"中国地方政府绩效评价中心"每年对全省 14 个市、州政府和省政府所属的 39 个职能部门进行绩效评价，目的是促使政府及其部门提高决策和执行效率，实现管理职能的转变。同时通过绩效评价强化政府部门的责任意识和服务意识，提高政府部门的法治能力。这种通过公民参与政府绩效评价的"甘肃模式"，催生了《甘肃省非公有制经济发展政策》的出台。通过第三方政府绩效评价的方式，较客观公正地反映了相对人对政府决策及作风等的意见和建议。[①] "甘肃模式"体现的是一种第三方主持，公众参与，以"3E"为标准的评价体系。有理由期待，在甘肃，公众对政府决策的影响力增强，影响形式更多样更有效，通过公众参与评价政府绩效，对政府决策进行监督，促进甘肃各级政府的决策民主与法治发展。

重大行政决策听取意见已经是主流的观点和认识，但这并不等于现实中就实现了充分参与与直接民主。一些与民众利益密切相关的决策如自来水价格、管道燃气价格、生活垃圾处理费、城市公共客运基准票价等公共事业价格收费标准，可能对生态环境、城市功能造成重大影响的政府投资项目决策，民众有了维权意识和公益精神，逐渐获取了参与、协商与讨论的能力。一些地方对城市规划草案、总体布局、区域定位等方面的重大决策，制定、调整经济社会发展的重大战略、中长期规划举行听证，都通过听证会获取公众意见。一些地方制定听证程序，科学合理地遴选听证代表。经过公众参与，重大行政决策通过"合法关"；重大决策之前，法制机构或者有关专家对方案进行"合法律性"审查。未经合法性审查或者经审查不合法的，不得作出决策。这不能不说是一个很大的进步。公众参与在基层决策中有更显著的意义。从基层积累的经验不仅体现在制度层面上，还在行动层面上，制度供给保证了参与有序，公众参与也推动法治秩序生成。现阶段的趋势是参与式民主逐步上移，已经在市、县人

---

① "甘肃模式"的相关文献参见包国宪：《绩效评价：推动地方政府职能转变的科学工具——甘肃省政府绩效评价活动的实践与理论思考》，载于《中国行政管理》2005 年第 7 期；包国宪、孙加献：《政府绩效评价中的"顾客导向"探析》，载于《中国行政管理》2006 年第 1 期；包国宪、冉敏：《政府绩效评价中不同主体的价值取向》，载自《甘肃社会科学》2007 年第 1 期。

民政府甚至在省级人民政府决策中都有实施。自上而下的动员和自下而上的试点，已经趋于结合，合力的形成加快法治化进程，对此我们应有信心。

四、行政决策的控权机制已趋于多元

传统模式下，行政决策受到党权和道德的控制。建国前 30 年，党政决策合二为一，党政不分，以党代政，甚至一度取消行政决策。改革开放以后，行政决策的独立性得到发展，党对行政决策是一种监督和控制力量。推进法治化后，开始重视"以权力控制权力"、"以法律控制权力"、"以社会控制权力"，取得了一些成效。立法权和司法权对行政决策权的监督与制约，具体是人大机关和司法机关对行政机关的监督和制约，在依法治国战略确立以后，人大机关的权威性得到加强，司法机关的独立性也有改善。在法学界一直推崇的以法律控制权力的进路，有一个预设就是法律是客观、公正、稳定、可预期的规则，只要法律体系完善就可以有效控制行政决策，截至目前行政决策都是政府自我规范，上升到法律和法规的还比较少见，这仍然是一个努力的方向。但是，我国实务界已突破行政实体规范的局限，开始探索程序法律的法律功能，并以政府规章的形式，控制行政决策权。"以社会控制权力"范式在我国具有重要的意义，公民社会虽然初步形成，力量仍有限，但通过民主参与等形式，可以训练民主意识，从根本上制约行政权力，也能激活体制内"休眠"的权力制衡功能，从近十年实践来看，这是一条积极的进路，体现"以民主推动法治"的模式。

结　论

　　本书是对转型期中国行政决策如何迈向或实现法治的一项基础性研究。在本书的讨论中，首先对中国行政决策法治化进程进行了历史性回顾，得出行政决策法治仍处于起始阶段的判断。接着分析了现实存在的非法治表征，反思其深层原因，主要是行政决策体制不合理、行政决策监督滞后，行政决策责任虚置、行政决策的法律体系不完善以及决策者的法治观念与法治能力不强。针对上述问题，在战略选择上就发展思路、发展目标、发展道路、动力模式四方面展开了论述，建立了论文的核心观点。同时，结合法治的规范分析，对行政决策主体制度、行政决策程序制度、行政决策监督制度以及行政决策责任制度进行建构分析。最后通过温岭"民主恳谈"十年回顾的案例分析以及我国典型的行政决策制度的地方创新阐释，初步证立本书结论。

　　本书的创新之处在于提出了行政决策法治化的战略选择。首先，确立了行政决策法治化总体思路，即以行政决策民主化带动行政决策法治化。这与学界普遍认为的通过法治走向民主的认识不同。我所主张的行政决策民主化先行的主张基于两方面的考察：民众自发的维权式民主普遍兴起；地方政府主动的参与式民主改革的成功试验。这些现实揭示了通过行政决策的民主化迈向行政决策法治化是一条可行路径。由于行政决策体制牵涉党政关系，牵涉政府与人大的关系，规范党的决策与政府决策的关系以及人大重大事项决定权与政府决策的关系，在法治框架下使三者相互协调、相互制约，是行政决策法治化的重要内容，也是一项挑战性和长期性的任务。其次，确立了行政决策法治化目标。即形式法治与实质法治相统一。我所主张的行政决策"综合法治"目标是以民主作为决策程序，公众参与充分，行政决策重心从经济效益转向社会公平。"综合法治"指向行政决策的形式合理性与价值合理性问题，兼顾行政决策的效率原则。这一问题是首次得到论述。再次，确立了行政决策法治化的动力模式。行政决策法治实现政府推进和社会推进相结合，即"互动结合论"，这一动力模式在认识论上突破了期待权威政治转型的单一思维的局限，推动建立政府－社会良性互动的结构。中国的公民社会不具有与政府的对抗性，而是一种合作的关系。通过公众参与，使公共领域的讨论与体制内的决策形成积极而良性的互动。体制内的动力不足时，应借用体制外力量促进体制结构改革。当下最重要的是制度供给，解决社会团体发展上的法律空白问题。同时，应看到公民社会在推进决策法治上的有限性，主张以政府为主导推进行政决策制度建设和决策体制再造。温岭民主恳谈及宁海等地的实践提供了支持的论据。如果用一句话来作结论，即：以行政决策民主化促进行政决策法制化，以行政决策的法制化来巩固行政决策的民主化，二者互动交融的过程即是实现行政决策法治化的进程。本书提出的战略选择，一方面防止民粹主义或多数人暴政风险，一方面防止专制严苛的规则主义倾向，具有现实指导意义。

如上所述，通过行政决策的增量民主推动行政决策的渐进法治是中国行政决策法治化必由之路。行政决策的法治化由行政决策的民主化启动，即通过参与式民主激活各种体制内资源，推动增量民主发展，进而以增量民主推动渐进法治，优化与改善行政决策质量。体制外民众的参与起"启动"与"激活"作用。民众自己代表自己的利益和主张，不被利益集团所左右，不由知识精英所垄断。政府对此予以正面积极的回应，以同样民主的精神制定民主决策程序，疏通民主参与渠道，建设服务型政府，并自觉转变政府职能，在决策中坚持照顾社会正义。在此前提下的行政决策不仅具有合法性，而且合法律性。换言之，行政决策走向法治的前提是合法化，合法化基础是公众普遍有效的参与。

需要指出的是，在宪政框架中，我并不主张以参与式民主代替代议制民主，协商民主代替选举民主，而毋宁是以参与式民主促进代议制民主的完善，两种形式的民主共同发展。在行政决策上应以参与式民主为主导。唯此，才可使代议制民主发挥应有作用。决策领域的基层民主以及维权式民主最终要上升到人民民主和法治民主层面上来。

本书倡导"草根阶层"（grass－root）有效参与，意指探索制度的创新与完善。行政决策主体制度、程序制度、监督制度和责任制度具有不可替代的基础性地位。应建立多元多级的行政决策主体制度，确立行政决策主体的"权限法定"、"分权法定"、"公民参与"和"行政决策一体"的原则，健全职权行政决策主体和授权行政决策主体两类不同的主体，分别完善中央和地方的行政组织法，制定社会自治组织法。分散化的决策体制比集权化的决策体制更适应变动不居的社会，让公众分享行政决策权，必须健全公众参与机制，保证普通公民直接参与行政决策并在决策程序中能充分自我表达，不同利益群体能面对面平等讨论协商。构建新的公众议程模式，让公众议程直接影响政府决策。政府要支持公民组建社会团体，以社团形式有序参与政府决策。应建立落实相对人参与权的正当行政决策程序，使正当决策程序理念（形式合法性、民主性以及理性）在决策提议、决策公开、决策听证、决策评估等环节得以实现。行政决策程序法治最终还有赖于统一行政程序法典的出台。应完善内部监督和外部监督结合的行政决策监督体系。一个高效能的监督体制是对多元监督形式的有机整合。将代议机关的监督、司法机关的监督、独立舆论的监督以及政党监督等职能予以激活而真正发挥作用，主张以社会监督推动国家监督，为人民群众监督创造制度条件，使国家监督和社会监督良性互动。体制内监督重点是发挥人大监督职能，主张建立人大督察专员制度，同时对重大行政决策启动司法审查。应健全行政决策责任体系。让行政决策向全体民众负责，本书提出建立以过错推定原则为主，以公平责任原则、过错责任原则、违法责任原则为补充的归责原则体系，对外由行政决策主体承担责任，这是主要责任；在内坚持过错责任原则，追究决策者个人的责任，这是次要责任。落实"谁决策谁负责"的原则，对违法的、不合理的、不公正的行政决策追究责任，促成违法行政决策的及时撤销，推进行政赔偿责任的完善，实现决策权和决策责任的统一。

社会公众运用各种社会资源、社会权利与社会权力，施加积极影响促使政府加快体制改革力度，加大制度创新步伐。政府应自觉改革，完善法制，创新体制。行政决策法治秩序的建构，必须将政府与社会两方的政治资源、行政资源以及社会资源综合利用起来。行政决策法治化蕴含政制改革与法制建设两个方面，忽视哪一个方面都不可能实现行政决策法治化。

中国行政决策法治化，最终要归结到推进政治体制改革上来，不规范党政关系，不完善人民代表大会制度，不深化社会管理体制改革以及行政决策体制改革，行政决策法治化不会持续深入得到推进。本书在方法论上是从系统论视角对行政决策法治化进行研究，将行政决策法治化作为中国法治化的子系统，看到后者与前者的决定—被决定的关系，也看到前者的独立性和复杂性。行政决策法治化的进程必将是一个渐进有序的过程。

在本书的论述中，"公众参与"作为一条主线贯穿始末，这隐含一个前提性假设，即中国公民/公众政治责任感较强，参与公共事务频率较高，有一定的民主政治常识，公民/公众懂得如何参与，明白如何在合法框架内维护个体或群体的权益，而不是相反。这一判断或许过于乐观，忽视了公民政治冷漠、公共精神欠缺、喜欢搭便车等"非积极公民"的大量存在的现实。对提高公民主体性条件的路径没有展开论述，可能也是一个缺陷。虽然对民主化的弊端进行了一定程度的剖析，注意对其制度化防范，但对法治化本身可能过于理想主义，对于法治本身的弊端没有足够的论述。论文提到了法治的本土性与国际性的结合，提到了中国的国情特殊与文化特质，但法治框架的自我建构性不足，似乎没有跳出"西方中心主义"的窠臼。这些构成了本书难以避免的缺陷。

2010 年吴邦国委员长所作的全国人大常委会工作报告中首次提出将对国务院有关部门依法开展专题"询问"和"质询"。温家宝总理在政府工作报告中明确提出，"创造条件让人民批评政府、监督政府"，让权力在阳光下运行。财政部官员在"两会"发言表示，凡是提交到人大审议、批准的预算，都是可以公开的，可以通过财政网站、部门网站向社会公开。高层的改革承诺将有效地推动法治进程。"两会"代表、委员积极履行自己的法定职责，通过深入基层调研，利用"微博"等新型媒体与广大民众积极互动，越来越直面问题，代表民声讲真话；媒体也越来越具有新闻专业性和独立性，多视角报道代表、委员参政议政表现；网民监督日益壮大，对重大议题和社会热点发表意见。我想重复强调的是，只有充分实施参与式民主，才可能让人民有效监督政府，政府承担决策责任；才可能激活人大等机构的应有职能，加强国家制度建设，从而推动行政决策之法治化进程。我们已在路上，尽管这将是一个相当长的旅程。

参考文献

一、英文著作

1. B. Barber. *Strong Democracy：Participatory Politics for a New Age*. CA：University of California Press. 1984.

2. Carole Pateman. *Participation and Democratic Theory*. Cambridge University Press. 1970.

3. Earl Latham. *The Group Basis of Politics*. New York：Cornell University Press. 1965.

4. Francis E. Rourke. *Bureaucratic Politics and Public Policy* 3rd ed. Boston：Little. Brown and Compang. 1978.

5. Graham T. Allison. *Essence of Decision：Explaining the Cuban Missile Crisis*. Boston：Little. Brown and Company. 1971.

6. Gilley Bruce. *China's Democratic Future：How It Will Happen and Where It Will Lead*. Columbia University Press. 2004.

7. John D. Steinbruner. *Cybernetic Theory of Decision：New Dimension of Political Analysis*. Princeton：Princeton University Press. 1974.

8. Jerry L Mashaw. *Due Process in the Administrative State*. New Haven：Yale University Press. 1985.

9. Joseph Raz. *The Authority of Law：Essays on Law and Morality*. Oxford University Press. 1979.

10. John Finnis. *Natural Law and Natural Rights*. Clarendon Press. 1980.

11. Richard Neustadt. *Presidential Power and the Modern Presidents：The Polices of Leadership from Roosevelt to Reagan*. New York：The Free Press. 1990.

12. Walter J. Oleszek. *Congressional Procedures and the Policy Process*. Washington D. C.：CQ Press. 1978.

13. Yehezkel Dror. *Public Policymaking Reexamined*. New Brunswick. NJ：Transaction Books. 1983.

二、中文译著

1. [古希腊] 亚里士多德著：《政治学》，吴寿彭译，商务印书馆 1965 年版。

2. [古希腊] 修昔底德：《伯罗奔尼撒战争史》，谢德风译，商务印书馆 1960 年版。

3. [古罗马] 西塞罗著：《论共和国论法律》，王焕生译，中国政法大学出版社 1997 年版。

4. [美] 约翰·W·金登著：《议程、备选方案与公共政策》（第二版），丁煌等译，中国人民大学出版社 2004 年版。

5. [美] 托马斯·戴伊、哈蒙·齐格勒著：《民主的嘲讽》，孙占平译，世界知识出版社 1991 年版。

6. [美] 富勒著：《法律的道德性》，郑戈译，商务印书馆 2005 年版。

7. [美] R.麦克法夸尔、费正清编：《剑桥中华人民共和国史——中国革命内部的革命（1966～1982）》，中国社会科学出版社 1992 年版。

8. [美] R.M.昂格尔著：《现代社会中的法律》，吴玉章等译，译林出版社 2001 年版。

9. [美] 汉密尔顿、杰伊、麦迪逊著：《联邦党人文集》，程逢如等译，商务印书馆 1980 年版。

10. [美] 尼古拉斯·亨利著：《公共行政与公共事务》，项龙译，华夏出版社 2002 年版。

11. [美] 查尔斯·林德布洛姆著：《决策过程》，竺乾威等译，上海译文出版社 1988 年版。

12. [美] 赫伯特 A.西蒙著：《管理行为》，詹正茂译，机械工业出版社 2004 年版。

13. [美] 伍德罗·威尔逊著：《国会政体：美国政治研究》，商务印书馆 1986 年版。

14. [美] 哈罗德·J·伯尔曼著：《法律与革命—西方法律传统的形成》，贺卫方等译，中国大百科全书出版社 1993 年版。

15. [美] 理查德·B·斯图尔特著：《美国行政法的重构》，沈岿译，商务印书馆 2002 年版。

16. [美] 约瑟夫·熊彼特著：《资本主义、社会主义与民主》，吴良健译，商务印书馆 1999 年版。

17. [美] 塞缪尔·亨廷顿著：《第三波——二十世纪末的民主化浪潮》，刘军宁译，上海三联书店 1998 年版。

18. [美] 塞缪尔·亨廷顿著：《变化社会中的政治秩序》，王冠华等译，生活·读书·新知三联书店 1989 年版。

19. [美] 约翰·罗尔斯著：《公共理性观念再探》，时和兴译，载舒炜主编《公共理性与现代学术》，三联书店 2000 年版。

20. [美] 约翰·罗尔斯著：《正义论》，何怀宏、何包钢、廖宗白译，中国社会科学出版社 1988 年版。

21. ［美］尼葛洛庞帝著：《数字化生存》，胡泳等译，海南出版社 1997 年版。

22. ［美］阿尔温·托夫勒著：《第三次浪潮》，朱志焱等译，生活·读书·新知三联书店 1984 年版。

23. ［美］詹姆斯·博曼：《公共协商：多元主义、复杂性与民主》，黄相怀译，中央编译出版社 2006 年版。

24. ［美］弗兰克·J·古德诺著：《政治与行政》，王元等译，华夏出版社 1987 年版。

25. ［美］詹姆斯·W·费斯勒、唐纳德·F·凯特尔著：《行政过程的政治——公共行政学新论》（第二版），陈振明等译，中国人民大学出版社 2002 年版。

26. ［美］P. 诺内特、P. 塞尔兹尼克著：《转变中的法律与社会》，张志铭译，中国政法大学出版社 1994 年版。

27. ［美］乔治·弗雷德里克森著：《公共行政的精神》，张成福等译，中国人民大学 2003 年版 28. ［美］奥尔森著：《集体行动的逻辑》，陈郁等译，上海人民出版社 1995 年版。

29. ［美］汉密尔顿、杰伊、麦迪逊著：《联邦党人文集》，程逢如等译，商务印书馆 1980 年版。

30. ［德］马克斯·韦伯著：《经济与社会》，林荣远译，商务印书馆 1997 年版。

31. ［德］哈贝马斯著：《在事实与规范之间——关于法律和民主法治国的商谈理论》，童世俊译，生活·读书·新知三联书店 2003 年版。

32. ［德］哈贝马斯著：《包容他者》，曹卫东译，上海人民出版社 2002 年版。

33. ［德］E·博登海默著：《法理学法哲学与法律科学》，邓正来译，中国政法大学出版社 1999 年版。

34. ［德］哈特穆特·毛雷尔著：《行政法学总论》，高家伟译，法律出版社 2000 年版。

35. ［德］奥托·迈耶著：《德国行政法》，刘飞译，商务印书馆 2002 年版。

36. ［德］康德著：《逻辑学讲义》，许景行译，商务印书馆，1991 年版。

37. ［德］G·拉德布鲁赫著：《法哲学》，王朴译，法律出版社 2005 年版。

38. ［英］哈耶克著：《通过奴役之路》，王明毅等译，中国社会科学出版社 1997 年版。

40. ［英］哈耶克著：《自由秩序原理》（上册），读书·生活·新知三联书店 1997 年版。

41. ［英］彼得·莱兰，戈登·安东尼著：《英国行政法教科书》（第五版），杨伟东译，北京大学出版社 2007 年版。

42. ［英］威廉·韦德著：《行政法》，徐炳等译，中国大百科全书出版社 1997 年版。

43. ［英］J. S. 密尔著：《代议制政府》，汪瑄译，商务印书馆 1984 年版。

44. ［英］詹平斯著：《英国议会》，蓬勃译，商务印书馆 1959 年版。

45. ［英］梅因著：《古代法》，沈景一译，商务印书馆 1959 年版。

46. ［英］P·切克兰德著：《系统论的思想与实践》，左晓斯等译，华夏出版社 1990 年版。

47. ［英］约翰·索利著：《雅典的民主》，王琼淑译，上海译文出版社 2001 年版。

48. ［英］戴维·赫尔德著：《民主的模式》，燕继荣等译，中央编译出版社，1998 年版。

49. ［英］戴雪著：《英宪精义》，雷宾南译，中国法制出版社 2001 年版。

50. ［英］彼得·莱兰、戈登·安东尼著：《英国行政法教科书》（第五版），杨伟东译，北京大学出版社 2007 年版。

51. ［英］卡罗尔·罗、理查德·罗林斯著：《法律与行政》，杨伟东等译，商务印书馆 2004 年版。

52. ［英］洛克著：《政府论》下篇，叶启芳等译，商务印书馆 1964 年版。

53. ［英］约瑟夫·拉兹著：《法律的权威———法律与道德论文集》，朱峰译，法律出版社 2005 年版。

54. ［英］阿克顿：《自由与权力》，侯健、范亚峰译，商务印书馆 2001 年版。

55. ［英］约翰·索利著：《雅典的民主》，王琼淑译，上海译文出版社 2001 年版。

56. ［法］孟德斯鸠著：《论法的精神》（上）张雁深译，商务印书馆 1959 年版。

57. ［法］让—马克·夸克著：《合法性与政治》，佟心平译，中央编译出版社 2002 年版。

58. ［法］卢梭著：《社会契约论》，何兆武译，商务印书馆 2003 年修订第 3 版。

59. ［法］让·里韦罗、让·瓦利纳著：《法国行政法》，鲁仁译，商务印书馆 2008 年版。

60. ［法］让·里韦罗、让·瓦利纳著：《法国行政法》，鲁仁译，商务印书馆 2008 年版。

61. ［日］盐野宏著：《行政法》，杨建顺译，法律出版社 1999 年版。

62. ［日］盐野宏著：《行政法［第四版］行政法总论》，杨建顺译，北京大学出版社 2008 年版。

63. ［日］盐野宏著：《行政法Ⅲ［第三版］行政法组织法》，杨建顺译，北京大学出版社 2008 年版。

64. ［日］盐野宏著：《行政法Ⅱ［第四版］行政法救济法》，杨建顺译，北京大学出版社 2008 年版。

65. ［澳］约翰·S·德雷泽克著：《协商民主及其超越：自由与批判的视角》，丁开杰等译，中央编译出版社 2006 年版。

66. ［澳］何包钢著：《协商民主：理论、方法和实践》，中国社会科学出版社 2008

年版。

三、中文论著

1. 《毛泽东选集》（第五卷），人民出版社 1977 年版。

2. 《刘少奇选集》（上下卷），人民出版社 1985 年版。

3. 《邓小平文选》（第 1～3 卷），人民出版社 1994 年版。

4. 《彭真文选》，人民出版社 1991 年版。

5. 薄一波著：《若干重大决策与事件的回顾》，中共中央党校出版社 1993 年版。

6. 胡锦涛：《在首都各界纪念全国人民代表大会成立 50 周年大会上的讲话》，人民出版社 2004 年版。

7. 陈振明编著：《公共政策分析》，中国人民大学出版社 2002 年版。

8. 陈振明主编：《政策科学——公共政策分析导论》，中国人民大学出版社 2003 年版。

9. 梁漱溟著：《中国文化要义》，上海人民出版社 2003 年版。

10. 王名扬著：《法国行政法》，北京大学出版社 1989 年版。

11. 王名扬著：《英国行政法》，中国政法大学出版社 1987 年版。

12. 蔡定剑著：《历史与变革——新中国法制建设的历程》，中国政法大学出版社 1999 年版。

13. 蔡定剑主编：《公众参与：欧洲的制度和经验》，法律出版社 2009 年版。

14. 邓正来著：《市民社会理论的研究》，中国政法大学出版社 2002 年版。

15. 邓正来著：《中国法学向何处去——建构'中国法律理想图景'时代的论纲》，商务印书馆 2006 年版。

16. 翁岳生主编：《行政法》，中国法制出版社 2002 年版。

17. 苏力著：《法治及其本土资源》，中国政法大学出版社 1996 年版。

18. 苏力著：《也许正在发生——转型中国的法学》，法律出版社 2004 年版。

19. 公丕祥著：《法制现代化的理论逻辑》，中国政法大学出版社 1999 年版。

20. 公丕祥著：《中国的法制现代化》，中国政法大学出版社 2004 年版。

21. 季卫东著：《法治秩序的建构》，中国政法大学出版社 1999 年版。

22. 季卫东著：《法律程序的意义——对中国法制的另一种思考》，中国法制出版社 2004 年版。

23. 郑永流著：《法治四章：英德渊源、国际标准和中国问题》，中国政法大学出版社 2002 年版。

24. 何勤华主编：《英国法律发达史》，法律出版社 1999 年版。

25. 何包钢著：《民主理论：困境与出路》，法律出版社 2008 年版。

26. 何海波编著：《法治的脚步声——中国行政法大事记（1978～2994）》，中国政法大学出版社 2005 年版。

27. 蒋立山著：《法律现代化——中国法治道路问题研究》，中国法制出版社 2006 年版。

28. 姜明安主编：《行政程序研究》，北京大学出版社 2006 年版。

29. 罗豪才主编：《中国司法审查制度》，北京大学出版社 1993 年版。

30. 傅思明著：《中国司法审查制度》，中国民主法制出版社 2002 年版。

31. 胡鞍钢著：《中国政治经济史论（1949～1976）》，清华大学出版社 2007 年版。

32. 高鸿钧著：《现代法治的出路》，清华大学出版社 2003 年版。

33. 林尚立著：《当代中国政治形态研究》，天津人民出版社 2000 年版。

34. 甘文著：《行政诉讼法司法解释之评论——理由、观点与问题》，中国法制出版社 2000 年版。

35. 郭华榕著：《法国政治制度史》，人民出版社 2005 年版。

36. 高丙中、袁瑞军主编：《中国公民社会发展蓝皮书》，北京大学出版社 2008 年版。

37. 贺善侃等主编：《现代行政决策》，上海大学出版社 2001 年版。

38. 储建国著：《弹劾总统》，长江文艺出版社 1999 年版。

39. 赵晓呼主编：《政党论》，天津人民出版社 2001 年版。

40. 黄学贤主编：《中国行政程序法的理论与实践：专题研究述评》，中国政法大学出版社 2007 年版。

41. 胡肖华著：《走向责任政府——行政责任问题研究》，法律出版社 2006 年版。

42. 林伯海著：《人民代表大会监督制度的分析与构建》，中国社会科学出版社 2004 年版。

43. 梁治平：《法辩——中国法的过去、现在与未来》，贵州人民出版社 1992 年版。

44. 刘莘主编：《法治政府与行政决策、行政立法》，北京大学出版社 2006 年版。

45. 刘峰、舒绍福著：《中外行政决策体制比较》，国家行政学院出版社 2008 年版。

46. 孟鸿志主编：《中国行政组织法通论》，中国政法大学出版社 2001 年版。

47. 马怀德主编：《行政程序立法研究：＜行政程序法＞草案建议稿及理由说明书》，法律出版社 2005 年版。

48. 陈向明著：《质的研究方法与社会科学研究》，教育科学出版社 2000 年版。

49. 马怀德主编：《完善国家赔偿立法基本问题研究》，北京大学出版社 2008 年版。

50. 彭宗朝等：《听证制度：透明决策与公共治理》，清华大学出版社 2004 年版。

51. 孙笑侠著：《法的现象与观念》，群众出版社 1995 年版。

52. 世界银行编写组：《1997 年世界发展报告：变革世界中的政府》，中国财经出版社，1997 年版。

53. 汤唯、孙季萍著：《法律监督论纲》，北京大学出版社 2001 年版。

54. 谈火生著：《审议民主》，江苏人民出版社 2007 年版。

55. 聂高民等编：《党政分开理论探讨》，春秋出版社 1988 年版。

56. 张文显著：《法哲学范畴研究》（修订版），中国政法大学出版社 2001 年版。

57. 王绍光、胡鞍钢著：《中国国家能力报告》，辽宁人民出版社 1993 年版。

58. 王绍光著：《分权的底限》，中国计划出版社 1997 年版。

59. 王绍光著：《民主四讲》，生活·读书·新知三联书店 2008 年版。

60. 王强华著：《舆论监督与新闻纠纷》，复旦大学出版社 2000 年版。

61. 王邦佐等编著：《中国政党制度的社会生态分析》，上海人民出版社 2000 年版。

62. 王锡锌著：《公众参与和行政过程——一个理念和制度分析的框架》，中国民主法制出版社 2007 年版。

63. 王锡锌主编：《行政过程中公众参与的制度实践》，中国法制出版社 2008 年版。

64. 卓泽渊著：《法治国家论》，法律出版社 2008 年版。

65. 吴丕等著：《政治监督学》，北京大学出版社 2007 年版。

66. 吴敬琏著：《呼唤法治的市场经济》，生活·读书·新知三联书店 2007 年版。

67. 吴浩主编：《国外行政立法的公众参与制度》，中国法制出版社 2008 年版。

68. 辛向阳著：《百年博弈：中国中央与地方关系 100 年》，山东人民出版社 2000 年版。

69. 孙笑侠著：《法律对行政的控制——现代行政法的法理解释》，山东人民出版社 1999 年版。

70. 周民锋主编：《西方国家政治制度比较》，华东理工大学出版社 2001 年版。

71. 谢晖著：《价值重建与规范选择——中国法制现代化沉思》，山东人民出版社 1998 年版。

72. 薛刚凌主编：《行政主体的理论与实践——以公共行政改革为视角》，中国方正出版社 2009 年版。

73. 俞可平主编：《治理与善治》，社会科学文献出版社 2000 年版。

74. 俞可平著：《增量民主与善治——转变中的中国善治》，社会科学文献出版社 2003 年版。

75. 喻中著：《权力制约的中国语境》，山东人民出版社 2007 年版。

76. 姚锐敏、易凤兰著：《违法行政及其法律责任研究》，中国方正出版社 2000 年版。

77. 杨寅著：《中国行政程序法治化——法理学与法文化的分析》，中国政法大学出版社 2001 年版。

78. 应松年、薛刚凌著：《行政组织法研究》，法律出版社 2002 年版。

79. 尤光付著：《中外监督制度比较》，商务印书馆 2003 年版。

80. 张定河著：《美国政治制度的起源与演变》，中国社会科学出版社 1998 年版。

81. 张志勇编著：《行政法律责任探析》，学林出版社 2007 年版。

82. 周振想、邵景春主编：《新中国法制建设 40 年要览（1949—1988）》群众出版社 1990 年版。

83. 高丙中等主编：《中国公民社会发展蓝皮书》，北京大学出版社 2008 年版。

四、英文论文

1. Amitai Etzioni. Mixed – Scanning：A "Third" Approach To Decision – Making. Public Administration Review, 27, 5, 1967.

2. Brian D. Jones, Sadia Rreenberg, Clifford Kaufman & Joseph Drew. Service Delivery Rules and the Distribution of Local Government Services：Three Detroit Bureaucracies. Journal of Politics, 40, 1978.

3. Michael D. Cohen, James G. March and Johan P. Olsen . A Garbage Can Model of Organizational Choice . Administrative Science Quarterly, Vol. 17, No. 1 (Mar. , 1972) .

4. Peter Bachrach & Morton Baratz. Two Faces of Power. The American Political Science Review, 1982 (4) .

5. Fewsmith, J. "Taizhou Area Explores Way to Improve Local Governance ", China Leadership Monitor, No. 15.

6. S. R. Arnstein. A ladder of citizen participation, Journal of the American Institute of Planners, 1969, 35.

五、中文论文

1. 刘志坚：《试论国家追偿程序》，载《兰州大学学报》（社会科学版）2000 年第 5 期。

2. 刘志坚：《浅议创制性地方立法》，载《人大研究》2001 年第 8 期。

3. 包国宪：《绩效评价：推动地方政府职能转变的科学工具——甘肃省政府绩效评价活动的实践与理论思考》，载《中国行政管理》2005 年第 7 期。

4. 包国宪、孙加献：《政府绩效评价中的"顾客导向"探析》，载《中国行政管理》2006 年第 1 期。

5. 包国宪、冉敏：《政府绩效评价中不同主体的价值取向》，载《甘肃社会科学》2007 年第 1 期。

6. 陈金钊：《走出法治万能的误区——中国浪漫主义法治观的评述》，载《法学》1995 年第 10 期。

7. 陈明明：《现代化进程中政党的集权结构和领导体制的变迁》载《战略与管理》2000 年第 6 期。

8. 陈君佑：《舆论监督的不公》，载《新闻记者》2002 年第 2 期。

9. 陈红太：《从党政关系的历史变迁看中国政治体制变革的阶段特征》，载《浙江学刊》2003 年第 6 期。

10. 陈斯喜：《行政法发展的五大趋势》，载《学习时报》，2009 年 3 月 2 日，第 8 版。

11. 程汉大：《论中世纪晚期英国议会政治》，载《史学月刊》2002 年第 12 期。

12. 曾宪初：《在非权力监督与有效监督之间寻求平衡点——关于我国民主党派的民主监督问题》，载于《中央社会主义学院学报》2006 年第 5 期。

13. 董洪亮：《用群众智慧描绘教育蓝图——《国家中长期教育改革和发展规划纲要》第一轮公开征求意见综述》，载《人民日报》2009 年 2 月 27 日第 2 版。

14. 冯军：《刑事责任论》，载《法学研究》1999 年第 3 期。

15. 郭道晖：《法治行政与行政权的发展》，载《现代行政》1999 年第 1 期。

16. 甘文：《对抽象行政行为的司法审查》，载《人民司法》2002 年第 4 期。

17. 高小平：《以科学发展观指导转变政府职能》，载《中国行政管理》2005 年第 1 期。

18. 高全喜：《法制变革及"中国经验"》，载《中国人民大学学报》2009 年第 2 期。

19. 侯健：《实质法治、形式法治与中国的选择》，载《湖南社会科学》2004 年第 2 期。

20. 郝铁川：《中国的法治虚无主义与法治浪漫主义》，载《东方法学》2008 年第 1 期。

21. 黄万盛：《正在逝去的和尚未到来的—序＜破碎的民主＞中文本》，载《开放时代》2004 年第 4 期。

22. 黄文艺：《为形式法治理论辩护——兼评＜法治：理念与制度＞》，载《政法论坛》2008 年第 1 期。

23. 刘熙瑞：《服务型政府：经济全球化背景下中国政府改革的目标选择》，载《中国行政管理》2002 年第 7 期。

24. 李艳萍：《国家与社会互动关系中的制度选择——中国社会主义法治道路探索》，天津师范大学博士学位论文，2003 年。

25. 姜明安：《公众参与与行政法治》，载《中国法学》2004 年第 2 期。

26. 罗豪才、宋功德：《链接法治政府——＜全面推进依法行政实施纲要＞的意旨、视野与贡献》，载于《法商研究》2004 年第 5 期。

27. 李步云：《中国法治的理想与现实》，载《湘潭大学学报》1998 年第 4 期。

28. 李迎春：《行政法视角下的行政决策》，载《行政法学研究》2007 年第 4 期。

29. 景天魁：《底线公平与社会保障的柔性调节》，载《社会学研究》2004 年第 6 期。

30. 景跃进：《如何扩大舆论监督的空间—＜焦点访谈＞的实践与新闻改革的思考》，载《开放时代》2000 年第 5 期。

31. 景跃进：《代表理论与中国政治——一个比较视野下的考察》，载《社会科学研究》2007 年第 3 期。

32. 季卫东：《法律程序的意义》，载《中国社会科学》1993 年第 1 期。

33. 季卫东：《合宪性审查与司法权的强化》，载《中国社会科学》2002 年第 2 期。

34. 蒋立山：《中国的转型秩序与法治发展战略》，载《中国法治论丛》2008 年卷，知识产权出版社 2009 年版。

35. 蒋立山：《中国法治发展的目标冲突与前景分析》，载《法治与社会发展》2009 年第 1 期。

36. 蒋立山：《中国法制现代化建设特征分析》，载《中外法学》1995 年第 4 期；

37. 蒋立山：《中国法治道路初探》，载于《中外法学》1998 年第 3 期。

38. 毛江清：《华东东北十省市人大研究工作座谈会关于重大事项决定权与其他职权关系的讨论》，载于《人大研究》2002 年第 4 期。

39. 马作武：《中国古代"法治"质论——兼驳法治的本土资源说》，载《法学评论》1999 年第 1 期。

40. 马怀德：《行政程序法的价值及立法意义》，载《政法论坛》2004 年第 5 期。

41. 马长山：《市民社会与政治国家：法治的基础和界限》，载《法学研究》2001 年第 3 期。

42. 马长山：《社会转型与法治根基的构筑，载《浙江社会科学》2003 年第 4 期。

43. 马长山：《全球社团革命与当代法治秩序变革》，载《法学研究》2003 年第 4 期。

44. 马占山：《法治的平衡取向与渐进主义法治道路》，载《法学研究》2008 年第 4 期。

45. 潘维：《法治与未来中国政体》，载《战略与管理》1999 年第 5 期。

46. 任世红：《中国民主党派性质的三重解读》，载《中央社会主义学院学报》2006 年第 6 期。

47. 舒国滢：《中国法治建构的历史语境及其面临的问题》，载《社会科学战线》1996 年第 6 期。

48. 苏力：《二十世纪中国的现代化和法治》，载《法学研究》1998 年第 1 期。

49. 石佑启：《论公共行政之发展与行政主体多元化》，载《法学评论》2003 年第 4 期。

50. 邵建东：《从形式法治到实质法治——德国"法治国家"的经验教训及启示》，载《南京大学法律评论》2004 年第 2 期 。

50. 孙笑侠、冯建鹏：《监督，能否与法治兼容——从法治立场来反思监督制度》，载《中国法学》2005 年第 4 期。

51. 沈岿：《重构行政主体范式的尝试》，载《法律科学》2000 年第 6 期。

52. 沈岿：《公共行政组织建构的合理化进路》，载《法学研究》2005 年第 4 期。

53. 沈岿：《国家赔偿：代位责任还是自己责任》，载《中国法学》2008 年第 1 期。

54. 唐莹莹、陈星言：《30 年党和国家监督制度的重要发展》，载《人大研究》2009 年第 1 期。

55. 田雅琴：《日本行政监察制度管窥》，载《中国监察》2005 年第 8 期。

56. 王家福、李步云、刘海年、刘瀚、梁慧星、肖贤富：《论依法治国》，载《法学研究》1996 年第 2 期。

57. 王贵秀：《谈谈政治体制改革的突破口问题》，载《科学社会主义》2002 年第 1 期。

58. 王人博：《一个最低限度的法治概念——对中国法家思想的现代阐释》，载《法学论坛》2003 年第 5 期。

59. 王绍光：《正视不平等的挑战》，载《管理世界》1999 年第 4 期。

60. 王绍光、胡鞍钢、周建明：《第二代改革战略：积极推进国家制度建设》，载《战略与管理》2003 年第 2 期。

61. 王绍光：《中国公共政策议程设置的模式》，载《中国社会科学》2006 年第 5 期。

62. 王锡锌：《行政过程中相对人程序性权利研究》，载《中国法学》2001 年第 4 期。

63. 王锡锌、章永乐：《专家、大众与知识的运用———行政规则制定过程的一个分析框架》，载于《中国社会科学》2003 年第 3 期。

64. 王锡锌：《公众参与和中国法治变革的动力模式》，载《法学家》2008 年第 6 期。

65. 王锡锌：《行政决策正当性要素的个案解读——以北京市机动车"尾号限行"政策为个案的分析》，载《行政法学研究》2009 年第 1 期。

66. 王锡锌：《当代行政的"民主赤字"及其克服》，载《法商研究》2009 年第 1 期。

67. 徐显明：《论"法治"构成要件——兼及法治的某些原则与观念》，载于《法学研究》1996 年第 3 期。

68. 夏恿：《法治是什么——渊源、规诫与价值》，载《中国社会科学》1999 年第 4 期。

69. 薛刚凌：《行政主体之再思考》，载《中国法学》2001 年第 2 期。

70. 谢晖：《法治保守主义思潮评析——与苏力先生对话》，载《法学研究》1997 年第 6 期。

71. 谢晖：《法治的道路选择：经验还是建构?》，载《山东社会科学》2001 年第 1 期。

72. 萧瀚：《解读<送法下乡>》，载于《中国社会科学》2002 年第 3 期。

73. 项继权：《我国基本公共服务均等化的战略选择》，载《社会主义研究》，2009 年第 1 期。

74. 应松年、王锡锌：《中国的行政程序立法：语境、问题与方案》，载《中国法学》，2003 年第 6 期。

75. 杨海坤、李兵：《建立健全科学民主行政决策的法律机制》，载《法律与政治》2006 年第 3 期。

76. 俞可平：《中国公民社会：概念、分类与制度环境》，载《中国社会科学》2006 年第 1 期。

77. 袁曙宏：《法治规律与中国国情创造性结合的蓝本——论<全面推进依法行政实施

纲要 > 的理论精髓》，载《中国法学》2004 年第 4 期。

78. 袁曙宏：《服务型政府呼唤公法转型——论通过公法变革优化公共服务》，载《中国法学》2006 年第 3 期。

79. 袁曙宏、韩春晖：《社会转型时期的法治发展规律研究》，载《法学研究》2006 年第 4 期。

80. 张树义：《行政主体研究》，载《中国法学》2000 年第 2 期。

81. 张康之：《限制政府规模的理念》，载于《行政论坛》，2000 年第 4 期。

82. 张国庆：《中国政府行政改革的"两难抉择"及其应对理路》，载《北京行政学院学报》2001 年第 5 期。

83. 张立荣：《行政首长负责制的宪政意蕴及完善对策》，载《湖北行政学院学报》2004 年第 2 期。

84. 张小山：《互联网推动中国社会转型》，载《中国改革》2008 年第 2 期。

85. 周佑勇：《行政法的正当程序原则》，载《中国社会科学》2004 年第 4 期。

86. 周汉华：《论行政诉讼中的司法能动性——完善我国行政诉讼制度的理论思考》载《法学研究》。

87. 朱应平：《澳大利亚行政说明理由制度及其对我国的启发》，载《行政法学研究》2007 年第 2 期。

90. 竺乾威：《地方政府决策与公众参与——以怒江大坝建设为例》，载《江苏行政学院学报》2007 年第 4 期。

91. 康特妮、马克·霍哲、张梦中：《新公共行政：寻求社会公平与民主价值》，载《中国行政管理》2001 年第 2 期。

92. 姜晓萍、范逢春：《地方政府建立行政决策专家咨询制度的探索与创新》，载《中国行政管理》2005 年第 2 期。

93. 卢剑峰：《"法治地方"是实现法治国家的积极途径——以浙江为例》，载《浙江万里学院学报》2008 年第 6 期。

94. 卢剑峰：《参与式民主的地方实践及战略意义——浙江温岭"民主恳谈"十年回顾》，载《政治与法律》2009 年第 11 期。中国人民大学复印报刊资料《中国政治》2010 第 1 期全文转载。

95. 卢剑峰：《试论协商性行政执法》，载《政治与法律》2010 年第 4 期，中国人民大学复印报刊资料《宪法学行政法学》2010 年第 7 期全文转载。

后 记

　　我在政府工作十年，亲历大大小小的行政决策，有成功，有失败，有清晰，有混沌。对行政决策核心理论问题的思考是后来的事。我离开政府，以较超脱的视野观察这一问题时，毅然选择"法治化"作为切入点。弃政从学的选择是一次人生冒险，坚守理想要付出更多，而以学术为业，我一直没有自信，直到提交"行政决策法治化"论文，通过答辩并获得博士学位之后，还是这样一个状态。因此，本书观点尚不成熟的声明绝非客套语。然而，我这里主要想表达一种感恩，念兹在兹，不能尽书。

　　我要感谢兰州大学管理学院给我一个学术训练的平台。包国宪院长以他的大度、雅致与热忱，将我这个学术"槛外人"延揽入内，并寄予无私的指导与帮助，这种感动长期激励我前行。我的导师刘志坚教授为研究选题、资料搜集、论文修改付出心血，理解并支持我的学业计划。在我弃政从教的转型过程，刘老师给我诸多鼓励，我的学术之路与刘老师的关切相伴，在此难以寥寥数语尽意。聂华林教授、王学俭教授、徐黎丽教授在我的两次开题答辩中给予指导与启发，这篇论文的逻辑结构有他们的贡献。田中禾教授、沙勇忠教授、吴建祖博士在我攻读期间给予诸多鼓励，授课解惑，韩伟女士为我的学习提供了热心支持。

　　厦门大学陈振明教授两度当面指教，如沐春风，如品香茗，让我参悟治学之道。世界与中国研究所所长李凡先生、浙江省温岭市民主恳谈办公室主任陈奕敏先生、澳大利亚迪肯大学何包钢教授在温岭调研中多次受教，颇受启发，开阔了研究视野。我的同事兼好友王崇兴博士、王宏志、任秀芳诸君阅读初稿并提出了有见地的批评意见。浙江万里学院及其法学院的领导给我的学习给予了理解与支持。我的同学高选、何欣、焦克源、姚远、李一男、董静、龚霄霞诸君互相切磋、互相激励、互相支持，在一起奋斗的日子里结下了深厚的友谊，这段情谊将永存于心。三年间，我的父母、岳父母为我更多牵挂操心，妻子姜志彦更多付出辛劳，女儿若澄少有时间陪伴……，思绪至此，于心有愧。

最后我要特别感谢教育部高等学校社会科学发展研究中心收拙著纳入"高校社科文库"，感谢光明日报出版社编辑对文稿所作的修订与编排。

本书的知识贡献极为有限，但它浸透师长亲友的真挚情感，于我而言，这是一笔弥足珍贵的财富。人生三十始读书，兰大求学已六载。这不是一项研究的终结，毋宁是一个研究的开始。它开启的是一个新期许，"命令"我在日后学术之旅中坚守初衷，甘于寂寞，耕耘不辍，并在未来的日子里尽可能有一丁点贡献出来。

卢剑峰　谨识

二〇一〇年九月于宁波学府苑